A GAROTA DA BANDA

KIM GORDON

A GAROTA DA BANDA
Uma autobiografia

Tradução de Alexandre Matias
e Mariana Moreira Matias

FÁBRICA231

Título original
GIRL IN A BAND

Copyright © 2015 by Kim Gordon

Todos os direitos reservados.
Nenhuma parte desta obra pode ser reproduzida ou transmitida por qualquer forma ou meio eletrônico ou mecânico, inclusive fotocópia, gravação ou sistema de armazenagem e recuperação de informação, sem a permissão escrita do editor.

FÁBRICA231
O selo de entretenimento da Editora Rocco Ltda.

Direitos para a língua portuguesa reservados
com exclusividade para o Brasil à
EDITORA ROCCO LTDA.
Av. Presidente Wilson, 231 – 8º andar
20030-021 – Rio de Janeiro, RJ
Tel.: (21) 3525-2000 – Fax: (21) 3525-2001
rocco@rocco.com.br
www.rocco.com.br

Printed in Brazil/Impresso no Brasil

preparação de originais
TIAGO LYRA

CIP-Brasil. Catalogação na fonte.
Sindicato Nacional dos Editores de Livros, RJ.

G671g   Gordon, Kim
            A garota da banda: uma autobiografia / Kim Gordon; tradução de Alexandre Matias e Mariana Moreira Matias. – 1ª ed. – Rio de Janeiro: Fábrica231, 2015.

            Tradução de: Girl in a band
            ISBN 978-85-68432-35-8

            1. Sonic Youth (Conjunto musical). 2. Grupos de rock – Estados Unidos – Biografia. I. Título.

15-24217   CDD-927.8
                                   CDU-92 (Sonic Youth)

Para Coco, minha Estrela do Norte

Agradecimentos

Eu gostaria de agradecer:

À minha editora, Carrie Thornton, por toda a sua indulgência paciente e por dar início ao projeto.

Também a Sean Newcott, editor-assistente de Carrie.

Ao restante da equipe da HarperCollins e a Dey Street Books, incluindo Lynn Grady, Sharyn Rosenblum, Michael Barrs, Kendra Newton, Rachel Meyers, Lorie Pagnozzi e Paula Szafranski.

À equipe da Faber no Reino Unido: Lee Brackstone, Dan Papps, Gemma Lovett e Dave Watkins.

Agradecimentos especiais a Peter Smith, que foi extremamente competente na organização deste livro. Gostaria também de agradecer a Henry Dunow por ter iniciado o processo.

A todos os fotógrafos que me permitiram usar as suas imagens.

A todos os amigos que me ajudaram ao longo dos últimos anos: Elaine Kahn, Luisa Reichenheim, Lili Dwight, Byron Coley, Bill Nace, Julie Cafritz, Marjorie Zweizig, Daisy e Rob von Furth, Rebekah Brooks, Xian Hawkins, Don Fleming, Margaret Bodde, Lizzi Bougatsos, Jutta Koether, John Kelsey, Isabelle Graw, Tony Oursler, Jon Wurster, Jessica Hutchins,

AGRADECIMENTOS

Stephen Malkmus, Chloë Sevigny, Mel Wansbrough, Sofia Coppola, Andrew Kesin, Mathew Higgs, Elissa Schappell, Sheila McCullough, Michele Fleischli, Cameron Jamie, Dave Markey, Emma Reeves, Tamra Davis, Mike D, Adam H, Kathleen, Chris Habib, Mark Ibold, Vicki Farrell, Andrew Kesin, Richard Kern, Carlos Van Hijfte, Tom Caw, Spike Jonze, Keith Nealy, Aimee Mann, Amy P., Carrie Brownstein, Ben Estes, Juan Amaya, Jim O Rourke, J Mascis, Shana Weiss, Hilton Als, Bill Mooney, Barbara Herrington, Patrick Amory, e Jamie Brisick.

Um agradecimento especial a Steve Shelley, Lee Ranaldo e Thurston Moore, sem os quais não haveria história.

Além disso, uma nota de agradecimento a toda a equipe do Sonic Youth ao longo dos anos, Aaron Mullan, Eric Baecht, Nick Close, Suzanne Sasic, Jim Vincent, Jeremy Lemos, Luc Suer, Dan Mapp, Bob Lawton, Peter Van Der Velde, Maurice Menares e todas as pessoas da SAM Management, Gaby Skolnek, Micheal Meisel, John Cutcliffe, Chris Kelly, John Silva, e Richard Grabel.

A Chris Stone, Nils Bernstein, Patrick Amory, Gerard Cosloy, Chris Lombardi e ao pessoal da gravadora Matador por lançar o LP duplo do Body/Head.

A Eric Dimenstein por marcar nossos shows.

A minha família: Keller, Kathryn, Eleanor e Louise Erdman, e Coco Gordon Moore.

À memória de meus pais excepcionais: minha mãe, Althea, e meu pai, Wayne. Seu espírito, humor e inteligência únicos me guiaram de alguma maneira.

E a todos os fãs, é claro, e o seu apoio, que eu nunca realmente acreditei que existia, até que eu precisei dele.

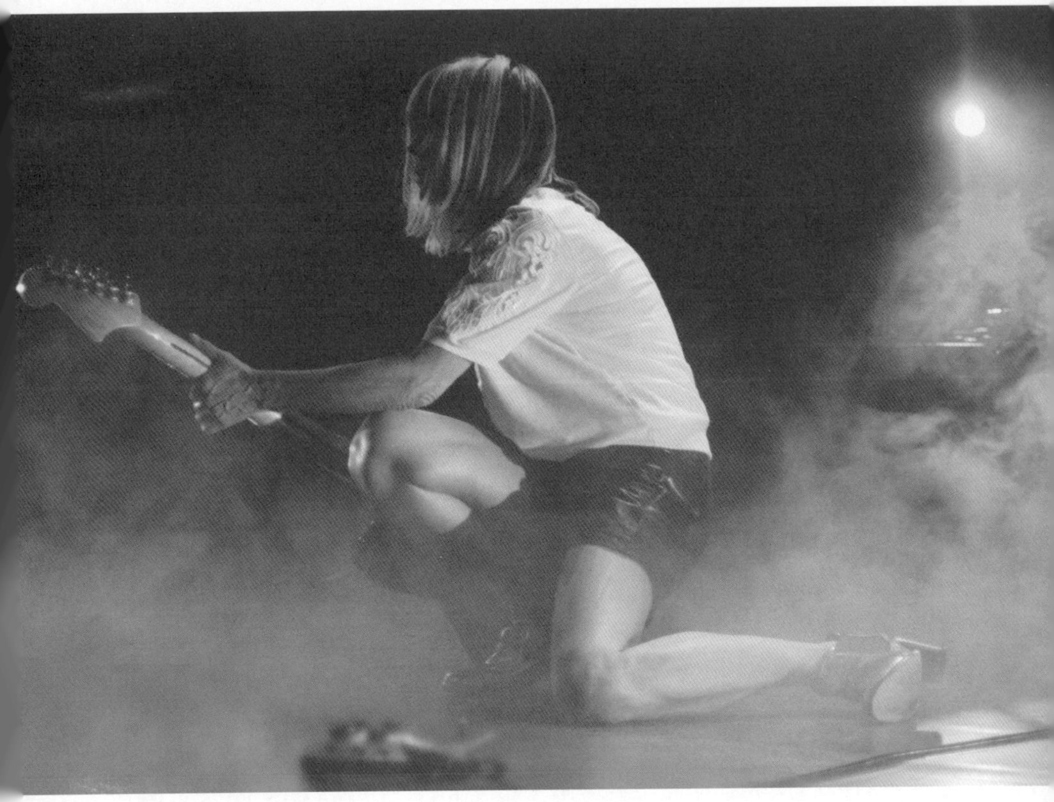

O fim

QUANDO ENTRAMOS NO PALCO para o nosso último show, a noite era toda dos rapazes. Por fora, todos pareciam mais ou menos os mesmos, como nos últimos trinta anos. Por dentro era outra história.

Thurston deu dois tapinhas no ombro do nosso baixista, Mark Ibold, e correu para a frente do palco, seguido por Lee Ranaldo, nosso guitarrista, e em seguida Steve Shelley, nosso baterista. Achei aquele gesto tão falso, tão infantil, tão fantasioso. Thurston tem muitos conhecidos, mas, com os poucos amigos homens que tinha, nunca foi de falar coisas pessoais, e nunca foi do tipo de dar tapinhas no ombro. Foi um gesto que anunciava: *Estou de volta. Estou livre. Estou solo.*

Fui a última a entrar, e tive o cuidado de deixar uma distância entre mim e Thurston. Eu estava exausta e cautelosa. Steve tomou seu lugar atrás de sua bateria como um pai atrás de uma escrivaninha. O restante de nós se armou com os instrumentos, como um batalhão, um exército que só queria que o bombardeio terminasse.

Chovia torrencialmente, formando cortinas de água. A chuva sul-americana é como a chuva em qualquer outro lugar, e faz você se sentir igual também.

Dizem que quando um casamento termina as pequenas coisas que você nunca percebeu antes praticamente fazem seu cérebro se partir ao meio. Durante toda a semana isso tinha sido verdade para mim sempre que Thurston estava por perto. Talvez ele sentisse o mesmo, ou talvez sua à cabeça estivesse em outro lugar. Eu realmente não queria saber, para ser honesta. Fora do palco, ele estava sempre escrevendo no celular e andando em volta de nós como um garoto culpado e obsessivo.

Depois de trinta anos, aquela noite era o último show do Sonic Youth. O Festival de Música e Artes SWU acontecia em Itu, nos arredores de São Paulo, Brasil, a oito mil quilômetros da nossa casa, na Nova Inglaterra. Era um evento de três dias, transmitido pela televisão latino-americana e também pela internet, com grandes empresas patrocinadoras, como Coca-Cola e Heineken. As atrações principais eram Faith No More, Kanye West, Black Eyed Peas, Peter Gabriel, Stone Temple Pilots, Snoop Dogg, Soundgarden, gente assim. Éramos provavelmente os menores artistas da escalação. Era um lugar estranho para as coisas chegarem ao fim.

Ao longo dos anos, nós tínhamos tocado em um monte de festivais de rock. A banda os via como um mal necessário, embora o aspecto tudo ou nada de não se ter passagem de som antes de tocar fazia com que eles fossem emocionantes também. Festivais significam trailers e tendas nos bastidores, equipamentos e cabos de alimentação em todo lugar, banheiros químicos fedorentos e algumas vezes encontrar músicos dos quais você gosta pessoal ou profissionalmente, mas nunca consegue ver ou encontrar ou conversar. Equipamentos podem quebrar, atrasos acontecem, o tempo é imprevisível. Há momentos em que você não consegue ouvir nada nos monitores, mas continua e tenta fazer a música chegar a um mar de gente.

Festivais também significam um set mais curto. Esta noite nós iríamos encerrar tudo com setenta minutos de adrenalina, assim como tínhamos feito nos últimos dias em festivais no Peru, Uruguai, Buenos Aires e Chile.

O que havia de diferente das turnês e festivais anteriores era que Thurston e eu não estávamos falando um com o outro. Nós tínhamos trocado talvez quinze palavras durante toda a semana. Após 27 anos de casamento, as coisas tinham desmoronado entre nós. Em agosto eu tive que pedir a ele para sair da nossa casa em Massachusetts, e ele saiu. Ele estava alugando um apartamento a um quilômetro de distância e indo e voltando sempre para Nova York.

O casal que todos acreditavam que era de ouro e normal e eternamente intacto, que deu a jovens músicos a esperança de que eles poderiam sobreviver no mundo louco do rock-and-roll, agora era apenas mais um clichê de um relacionamento maduro fracassado – uma crise de meia-idade masculina, outra mulher, uma vida dupla.

Thurston fingiu uma reação de surpresa quando um técnico lhe passou sua guitarra. Aos 53 anos, ele ainda era o garoto magro e desgrenhado de Connecticut que conheci em um clube no centro de Nova York quando ele tinha 22 e eu, 27 anos. Ele me disse depois que tinha gostado dos meus óculos de sol com lentes que levantavam. Em seu jeans, tênis Puma antigos e camisa branca de mangas compridas para fora da calça, ele parecia um menino de 17 anos congelado em um diorama, que não queria ser visto na companhia de sua mãe, ou de qualquer outra mulher, para falar a verdade. Ele tinha os lábios do Mick Jagger, e braços e pernas finos que parecia não saber como usar, e a cautela que você vê em homens altos que não querem dominar outras pessoas com sua altura. Seus longos cabelos castanhos camuflavam seu rosto, e ele parecia gostar assim.

Aquela semana foi como se ele tivesse voltado no tempo, apagado nossos quase trinta anos juntos. "Nossa vida" tinha voltado a ser "minha vida" para ele. Ele era um adolescente perdido em fantasias de novo, e o exibicionismo de rockstar que fazia no palco me irritava profundamente.

O Sonic Youth sempre tinha sido uma democracia, mas todos nós tínhamos nossos papéis também. Fui para meu lugar no centro do palco. Não tinha começado dessa forma e eu não tenho certeza de quando isso mudou. Era uma coreografia que datava de vinte anos atrás, quando o Sonic Youth assinou com a Geffen Records pela primeira vez. Foi então que soubemos que, para as grandes gravadoras, a música importa, mas muito se resume ao visual da garota. A garota ancora o palco, suga

11

o olhar masculino, e, dependendo de quem ela é, lança seu próprio olhar de volta para a plateia.

Como nossa música pode ser estranha e dissonante, minha presença no centro do palco também torna muito mais fácil vender a banda. *Olha, é uma menina, ela está usando um vestido, e ela está com esses caras, então deve estar tudo bem.* Mas não era assim que a gente funcionava como uma banda indie, por isso eu estava sempre preocupada em não ficar muito na frente.

Eu mal consegui me segurar durante a primeira música, "Brave Men Run". Em um ponto a minha voz parecia que estava raspando contra o seu próprio fundo, e aí o fundo caiu. Era uma música velha, bem do começo, do nosso disco *Bad Moon Rising*. Eu escrevi a letra na rua Eldridge, em Nova York, em um apartamento onde Thurston e eu morávamos na época. Essa música sempre me faz pensar nas mulheres pioneiras da família da minha mãe ralando para chegar na Califórnia através do Panamá, e minha avó sendo mãe solteira durante a Depressão, sem nenhuma renda de verdade. Poeticamente, ela me lembrava de como eu juntei pela primeira vez minhas influências artísticas na minha música. Eu tirei o título de uma pintura de Ed Ruscha que mostra um veleiro deslizando através de ondas e cristas espumosas.

Mas isso foi há três décadas. Esta noite Thurston e eu não olhamos um para o outro nem uma vez, e quando a música acabou, virei meus ombros para o público para que ninguém na plateia ou a banda pudesse ver meu rosto, embora isso tivesse pouco efeito. Tudo o que fazia e dizia era transmitido de uma das duas telas de vídeo de quarenta metros de altura no palco.

Por algum motivo – simpatia, ou tristeza, ou as manchetes e matérias em espanhol, português e inglês sobre a minha separação de Thurston que nos seguiram por todos os lugares que fomos naquela semana – tivemos o apoio apaixonado dos públicos da América do Sul. A multidão desta noite se espalhava na nossa frente e se misturava com as nuvens escuras ao redor do estádio – milhares de jovens encharcados de chuva, cabelos molhados, costas nuas, camisetas regata levantavam as mãos segurando celulares e meninas nos ombros escuros dos rapazes.

A GAROTA DA BANDA

O mau tempo tinha nos seguido pela América do Sul, de Lima para o Uruguai, para o Chile e agora para São Paulo – um filme-espelho cafona do estranhamento entre Thurston e eu. Os palcos dos festivais eram como versões musicais de estranhas cenas domésticas – uma sala de estar, ou uma cozinha, ou uma sala de jantar, onde o marido e a esposa se cruzam pela manhã e preparam xícaras de café para si mesmos sem nenhum se importar com o outro, ou com qualquer passado em comum.

Depois desta noite, era o fim do Sonic Youth. A nossa vida como um casal, e como uma família, já tinha acabado. Nós ainda tínhamos nosso apartamento na rua Lafayette, em Nova York – embora não por muito tempo – e eu ia continuar morando com a nossa filha, Coco, na nossa casa no oeste de Massachusetts, que compramos em 1999 de uma escola local.

"Olá!", Thurston gritou alegremente para a multidão pouco antes de a banda começar com "Death Valley '69". Duas noites antes, no Uruguai, Thurston e eu tivemos que cantar juntos outra música antiga, "Cotton Crown". A letra era sobre amor, e mistério, e química, e sonhos, e sobre ficar juntos. Era basicamente uma ode à cidade de Nova York. No Uruguai, eu estava muito chateada para cantá-la, e Thurston teve que terminar sozinho.

Mas eu ia conseguir cantar "Death Valley". Lee, Thurston e eu, e depois só nós dois, ficamos lá. Meu futuro ex-marido e eu enfrentamos aquela massa de brasileiros molhados pulando, nossas vozes juntas corrigindo as palavras antigas, e para mim foi uma trilha sonora em staccato de energia crua e surreal, de raiva e dor: *Hit it. Hit it. Hit it. Bater. Bater. Bater.* Acho que nunca me senti tão sozinha em toda a minha vida.

O comunicado para a imprensa emitido um mês antes por nossa gravadora, a Matador, não dizia muito:

> Os músicos Kim Gordon e Thurston Moore, casados em 1984, anunciam sua separação. O Sonic Youth, com a presença de Kim e Thurston, irá manter as datas da sua turnê sul-americana em novembro. Planos para além dessa turnê são incertos. O casal pediu respeito por sua privacidade pessoal e não pretende comentar o assunto.

"Brave Men Run", "Death Valley '69", "Sacred Trickster", "Calming the Snake", "Mote", "Cross the Breeze", "Schizofrenia", "Drunken Butterfly", "Starfield Road", "Flower", "Sugar Kane", e encerrando com "Teen Age Riot". O set list de São Paulo nos levava de volta para quando começamos, letras que Thurston e eu tínhamos escrito separados ou em conjunto, músicas que fizeram o Sonic Youth atravessar os anos 1980 e 90, e os nossos álbuns mais recentes.

O setlist podia parecer uma compilação de nossas melhores músicas, mas foi cuidadosamente pensado. Durante o ensaio e toda aquela semana, eu me lembro de Thurston fazer questão de dizer à banda que não queria tocar esta ou aquela música do Sonic Youth. Em um certo momento eu me toquei que algumas músicas que ele queria deixar de fora eram sobre *ela*.

Nós podíamos ter cancelado a turnê, mas tínhamos assinado um contrato. É tocando ao vivo que as bandas ganham a vida, e todos nós tínhamos famílias e contas para pagar, e no caso de Thurston e eu, a mensalidade da faculdade de Coco para pensar. Ao mesmo tempo, eu não tinha certeza se seria bom fazer esses shows. Eu não queria que as pessoas presumissem o que quer que tivesse acontecido entre mim e Thurston, eu estava fazendo o papel da mulher que aguenta tudo do marido, oferecendo apoio a ele. Eu não estava. E fora do nosso círculo mais próximo ninguém realmente sabia o que tinha acontecido.

Antes de irmos para a América do Sul, o Sonic Youth ensaiou por uma semana em um estúdio em Nova York. De alguma forma, eu consegui passar por aquilo, com a ajuda de um Xanax, a primeira vez que tomei um durante o dia. Em vez de ficar em nosso apartamento, que agora parecia contaminado para mim, os outros concordaram em me deixar em um hotel.

Fiéis à banda, todo mundo fingiu que tudo estava igual. Eu sabia que os outros se sentiam muito nervosos sobre como as coisas estavam entre mim e Thurston para interagirem comigo, considerando que todos sabiam as circunstâncias da nossa separação, e até mesmo conheciam a mulher em questão. Eu não queria que ninguém se sentisse desconfortável, e além de tudo eu tinha concordado em continuar com a turnê.

Eu sabia que todos tinham suas próprias opiniões e eram solidários, mas fiquei surpresa com a forma jovial com que todos estavam agindo. Talvez todo mundo estivesse muito chocado pela irrealidade. O mesmo aconteceu na América do Sul.

Alguém depois me mostrou um artigo do site *Salon* intitulado "Como Kim Gordon e Thurston Moore puderam se separar?". A autora, Elissa Schappell, escreveu que nós tínhamos mostrado a toda uma geração como se tornar adultos. Ela disse que chorou quando ouviu a notícia pela primeira vez.

Olhe para eles. Eu pensei: Eles eram apaixonados e casados e faziam arte. Eles eram legais e autênticos, com uma seriedade profunda a respeito de sua arte, e não tinham se vendido ou ficado mais calmos. Em uma era de ironia, enquanto eu fingia indiferença e encobria minha insegurança com cinismo, eles eram desencanados demais para se importar... O que é mais assustador do que um casal decidir – depois de trinta anos tocando em uma banda que eles criaram, 27 anos de casamento, 17 anos criando uma filha – que eles se separariam? Enquanto eles conseguiam, nós conseguíamos.

Ela terminava com a pergunta: "Por que eles deveriam ser diferentes do resto de nós?"

Boa pergunta, e nós não éramos, e o que tinha acontecido era provavelmente a história mais convencional do mundo.

Voamos separadamente para a América do Sul. Eu fui com a banda, e Thurston viajou com Aaron, nosso engenheiro de som.

Nas turnês, depois que o avião aterrissa, as vans te levam correndo para o hotel. As pessoas se espalham, dormem, leem, comem, fazem exercícios, caminham, assistem à TV, leem e-mails, mandam mensagens de texto. Naquela semana na América do Sul, porém, todos da banda, incluindo a equipe e os caras da técnica, se reuniram para as refeições. Uma boa parte da equipe trabalhava com a gente há anos e era como membros da família. Thurston se sentava em uma das pontas da mesa, eu na outra. Era como jantar fora com a família, a não ser pelo fato de que mamãe e papai estavam se ignorando. Todos pediam grandes pratos de comida e bebidas, e a maior parte das nossas conversas era sobre o que estávamos comendo e bebendo, como uma maneira de evitar falar sobre o que realmente estava acontecendo. O que estava acontecendo era o convidado indesejado e silencioso na sala.

Nosso primeiro show foi em Buenos Aires. O Sonic Youth não tocava na Argentina fazia um tempo, o público estava participativo e entusiasmado, e parecia saber todas as letras de todas as músicas. Nos primeiros dias, eu criei uma barreira em torno de Thurston, mas conforme a turnê foi passando, eu suavizei um pouco. Com toda a história entre a gente, eu ficava incrivelmente ansiosa por ter tanta raiva dele. Algumas vezes nós nos pegamos tirando fotos em frente ao hotel, e eu tomei uma decisão consciente de ser amigável, e Thurston fez a mesma coisa.

Naquela semana, outros músicos – pessoas que eu não conhecia, como Chris Cornell, o vocalista do Soundgarden – se aproximaram de mim para dizer o quanto lamentavam saber de nossa separação, ou para dizer o quanto a banda significava para eles. Bill e Barbara, o casal que fazia nossos produtos e camisetas, e que construiu sua empresa ao longo dos anos com a gente, nos encontrou em Buenos Aires para demonstrar seu apoio moral, assumindo, como todo mundo, que aquele era o último show do Sonic Youth.

O que me fez superar foi estar no palco, a liberação visceral de tocar. Barulho e dissonância extremos podem ser algo incrivelmente purificante. Normalmente, quando tocamos ao vivo, eu me preocupo se o meu amplificador está muito alto ou distorcido, ou se os outros membros da banda estão de mau humor por algum motivo. Mas naquela semana eu não poderia ter me importado menos sobre a altura do meu som ou se eu estava acidentalmente ofuscando Thurston. Fiz o que queria, e foi libertador e doloroso. Doloroso, porque o fim do meu casamento era uma coisa particular, e assistir ao Thurston ostentar sua nova independência na frente do público foi como se alguém esfregasse areia em um corte, e minha simpatia desaparecia a cada cidade, sendo substituída pela raiva.

Chegou a um ponto em São Paulo que eu quase falei alguma coisa no palco. Mas não fiz isso. Courtney Love estava em turnê pela América do Sul na mesma época. Algumas noites antes, ela havia brigado com um fã na plateia que estava segurando uma foto de Kurt Cobain. "Eu tenho que conviver com essa merda e o fantasma dele e a filha dele todos os dias, e levantar isso é estúpido e grosseiro!", gritou ela. Ela saiu do palco, dizendo que só voltaria se o público concordasse em gritar "O Foo Fighters é gay". O vídeo acabou no YouTube. Era um discurso típico da Courtney, mas eu nunca iria querer ser vista como o desastre que ela é. Eu não queria que o nosso último show fosse desagradável, já que o Sonic Youth significava tanto para tanta gente; eu não queria usar o palco para qualquer tipo de afirmação pessoal, e o que isso traria de bom, de qualquer maneira?

Alguém me disse que o show inteiro de São Paulo está on-line, mas eu nunca vi e não quero ver.

Naquele último show, eu me lembro de querer saber o que o público estava notando ou pensando sobre essa pornografia crua e estranha de tensão e distância. O que eles viram e o que eu vi foram provavelmente duas coisas distintas.

Durante "Sugar Kane", a penúltima música, um globo azul da cor do oceano apareceu no telão atrás da banda. Ele girava muito lentamente, como se exprimisse toda a indiferença do mundo em relação às suas próprias voltas e giros. Tudo passa, o mundo dizia, como o gelo derrete, e os postes de luz mudam de cor quando nenhum carro está por perto, e o mato cresce em paredes e calçadas rachadas, e as coisas nascem e depois se vão.

Quando a música terminou, Thurston agradeceu ao público. "Eu mal posso esperar para ver vocês de novo", ele disse.

A banda fechou com "Teen Age Riot", do nosso álbum *Daydream Nation*. Eu cantei, ou cantei pela metade, as primeiras frases: "*Spirit desire. Face me. Spirit desire. We will fall. Miss me. Don't dismiss me.*"[1]

---

[1] "Desejo do espírito. Me encare. Desejo do espírito. Nós vamos cair. Sinta minha falta. Não me dispense." (N. dos T.)

Casamento é uma longa conversa, alguém disse uma vez, e talvez a vida de uma banda de rock também seja. Poucos minutos depois, ambos tinham acabado.

Nos bastidores, como sempre, ninguém falou nada sobre este ser o nosso último show, ou sobre qualquer coisa, na verdade. De qualquer modo, todos nós – Lee, Steve, Mark, nossos técnicos de som – morávamos em diferentes cidades e regiões do país. Eu estava muito triste e preocupada que fosse explodir em lágrimas se fosse me despedir de qualquer um, embora eu quisesse. Em seguida, cada um seguiu o seu próprio caminho, e eu voltei para casa também.

Thurston já havia anunciado vários shows solo que começariam em janeiro. Ele iria para a Europa e, em seguida, voltaria para a Costa Leste dos Estados Unidos. Lee Ranaldo estava planejando lançar seu próprio álbum solo. Steve Shelley estava tocando direto com a banda Disappears, de Chicago. Eu faria alguns shows com um amigo músico chamado Bill Nace, e trabalharia em obras de arte para uma futura exposição em Berlim, mas ficaria principalmente em casa com a Coco, ajudando-a em seu último ano do ensino médio e no processo de candidatura para a faculdade. Na primavera, Thurston e eu tínhamos colocado à venda nosso apartamento da rua Lafayette, em Nova York, e ele fora finalmente vendido seis meses depois. Fora isso, assim como o comunicado para a imprensa dizia, o Sonic Youth não tinha planos para o futuro.

Eu vim para Nova York em 1980, e durante os trinta anos seguintes a cidade mudou tão rápida e lentamente quanto a minha vida. Quando foi que todos os ChockFull O'Nuts desapareceram, ou os bares Blarney Stone e as promoções de bufê de almoço com carne em conserva e repolho? O Sonic Youth foi criado, é claro, mas antes e mesmo depois disso eu trabalhei em um emprego de meio período após o outro – fui garçonete, pintei casas, trabalhei em uma galeria de arte, grampeei e tirei xerox em uma gráfica. Eu mudava de apartamentos sublocados a cada dois meses. Eu sobrevivia comendo papa de milho, macarrão de ovos, cebola, batata, pizza e cachorro-quente. Eu andava cinquenta quarteirões para chegar em casa de um emprego em uma livraria, porque não tinha dinheiro para os bilhetes do metrô. Não sei direito como consegui. Mas parte de ser pobre e batalhar em Nova York é ganhar a vida durante o dia e fazer o que você quiser com o resto do tempo.

Todas as horas e os anos desde então dentro de vans, ônibus, aviões e aeroportos, em estúdios de gravação e camarins toscos e motéis e hotéis só foram possíveis por causa da música que sustentou aquela vida. Música que só poderia ter saído da cena de arte boêmia do centro de Nova York e das pessoas de lá – Andy Warhol, o Velvet Underground, Allen Ginsberg, John Cage, Glenn Branca, Patti Smith, Television, Richard Hell, Blondie, os Ramones, Lydia Lunch, Philip Glass, Steve Reich, e a cena free jazz. Eu me lembro do poder eletrizante das guitarras barulhentas e de encontrar pessoas com os mesmos interesses que eu, e o homem com quem me casei, que acreditava ser minha alma gêmea.

Outra noite eu passei na frente do nosso antigo apartamento na rua Eldridge, 84, a caminho de um bar de caraoquê coreano, que parte das pessoas de Chinatown e Koreatown frequenta, ao lado dos habituais hipsters do mundo das artes. O tempo todo eu fiquei pensando em Dan Graham, o artista que me apresentou a várias coisas que estavam acontecendo no cenário musical no final dos anos 1970 e início dos 80, que morava no apartamento acima do nosso e testemunhou as primeiras versões do que algum dia se transformaria no Sonic Youth.

Me juntei a um amigo no caraoquê. Não havia palco. As pessoas simplesmente ficavam de pé no meio do salão, cercadas por telas de vídeo, e cantavam. Uma das músicas que alguém cantou foi "Addicted to Love", a velha canção de Robert Palmer que eu regravei em uma cabine de gravação portátil em 1989, e que acabou no LP *The Whitey Album* do Sonic Youth. Teria sido divertido cantar no estilo caraoquê, mas eu não conseguia decidir se era uma pessoa corajosa na vida real ou se só conseguia cantar no palco. Nesse sentido, eu não mudei nada em trinta anos.

Agora que eu já não moro em Nova York, eu não sei se poderia voltar. Todo aquele idealismo juvenil é de outra pessoa agora. Aquela cidade que eu conheci não existe mais, e está mais viva na minha cabeça do que quando estou lá.

Depois de trinta anos tocando em uma banda, parece meio idiota dizer "Eu não sou musicista". Mas na maior parte da minha vida eu nunca me vi como uma e eu nunca treinei formalmente para isso. Às vezes eu penso em mim como uma estrela do rock com letras minúsculas. Sim, eu sou sensível ao som, acho que tenho um bom ouvido, e amo o movimento visceral e a emoção de estar no palco. E mesmo como uma artista visual e conceitual, sempre existe um aspecto performático em tudo o que faço.

Para mim, se apresentar tem muito a ver com ser destemida. Escrevi um artigo para a *Artforum* nos anos 1980 que tinha uma frase que foi citada pelo crítico de rock Greil Marcus várias vezes: "As pessoas pagam para ver os outros acreditarem em si mesmos." Ou seja, quanto maior a chance de você cair em público, maior o valor que a cultura coloca nas coisas que você faz. Ao contrário, digamos, de um escritor ou um pintor, quando você está no palco, não pode se esconder de outras pessoas, nem de si mesmo.

Eu passei muito tempo em Berlim, e os alemães têm todas aquelas grandes palavras com múltiplos significados dentro delas. Algumas visitas atrás, me deparei com uma daquelas palavras, *Maskenfreiheit*. Significa "a liberdade concedida pelas máscaras".

Sempre foi difícil para mim criar um espaço emocional próprio perto de outras pessoas. É alguma coisa de infância, uma sensação de nunca me sentir protegida por meus pais ou do meu irmão mais velho, Keller, que costumava me provocar implacavelmente quando éramos pequenos – a sensação de que ninguém ali estava realmente prestando atenção. Talvez para um artista é isso o que um palco se torna: um espaço que você pode encher com o que não pode ser expresso ou obtido em qualquer outro lugar. No palco, já me disseram, eu sou opaca ou misteriosa ou enigmática ou mesmo fria. Mas mais do que qualquer uma dessas coisas, eu sou extremamente tímida e sensível, como se eu pudesse sentir todas as emoções se agitando em um ambiente. E acredite quando eu digo que, uma vez que você ultrapassa essa minha personagem, não existem mais quaisquer defesas ali.

1

É ENGRAÇADO PENSAR no que você se lembra, e por quê, ou se aquilo aconteceu mesmo, pra começo de conversa. Minha primeira opinião sobre Rochester, Nova York: céu cinzento, folhas coloridas e escuras, salas vazias, nenhum pai por perto, ninguém olhando ou tomando conta da loja. É o interior do estado de Nova York que eu estou relembrando ou alguma cena de um filme antigo?

Talvez seja um filme que meu irmão mais velho, Keller, e eu vimos na televisão – *Os dedos da morte*. Eu tinha 3 ou 4 anos. Peter Lorre faz o papel de um homem que é deixado de fora do testamento de seu chefe, um pianista famoso que acabou de morrer. Ele se vinga decepando a mão do pianista, e pelo resto do filme a mão não para de atormentá-lo. Ela anda e se esgueira por todo o imenso casarão. Ela toca notas e acordes sombrios no piano, e se esconde em um armário de roupas. À medida que o filme avança, Peter Lorre vai ficando mais louco e suado, até que no final a mão o alcança e o estrangula.

"A mão está debaixo da sua cama", Keller me disse depois. "Ela vai sair no meio da noite, enquanto você estiver dormindo, e vai te *pegar*."

Ele era meu irmão mais velho, então por que eu não iria acreditar nele? Nos meses seguintes, eu vivi em cima do meu colchão, me equilibrando com os pés descalços para me vestir de manhã. Eu adormecia à noite cercada por um exército de bichos de pelúcia, os menores perto de mim, um grande cão com uma língua vermelha vigiando a porta, não que qualquer um deles pudesse ter me defendido contra a mão.

Keller: uma das pessoas mais singulares que já conheci, a pessoa que mais do que qualquer outra no mundo todo moldou quem eu era, e quem eu acabei virando. Ele era, e ainda é, brilhante, manipulador, sádico, arrogante, quase insuportavelmente articulado. Ele também é doente mental, um esquizofrênico paranoico. E talvez por ele ter sido tão incessantemente verbal desde o início, eu me transformei no seu oposto, a sua sombra – tímida, sensível, fechada, até o ponto em que, para superar minha própria hipersensibilidade, eu não tive escolha senão me tornar destemida.

Uma antiga foto em preto e branco de uma casa pequena é tudo o que eu tenho para provar que Rochester foi onde nasci. Preto e branco combina com a cidade, com seus rios, aquedutos, fábricas e invernos intermináveis. E quando minha família foi para o Oeste, Rochester foi esquecida como qualquer canal de parto.

Eu tinha 5 anos quando meu pai foi convidado para ser professor do Departamento de Sociologia da Universidade da Califórnia em Los Angeles (UCLA), e nós – meus pais, Keller e eu – fomos para Los Angeles em nossa velha caminhonete. Quando chegamos aos estados do Oeste, eu me lembro de como minha mãe ficou empolgada em pedir batatas fritas no estilo *hash browns* em um restaurante de beira de estrada. Para ela, as *hash browns* eram uma coisa do Oeste, um símbolo, cheio de um significado que ela não conseguia exprimir.

Quando chegamos em Los Angeles, ficamos em uma pocilga chamada Motel Seagull, provavelmente um dos milhares de lugares idênticos com o mesmo nome na costa da Califórnia. Este Motel Seagull ficava à sombra de um templo mórmon, uma enorme estrutura monolítica no topo de uma colina, rodeada por hectares de grama verde, farta e bem aparada, que ninguém estava autorizado a pisar. Por toda parte havia sistemas de irrigação com sprinklers, pequenos aparelhos metálicos aqui e ali girando e trabalhando o tempo todo. Nada era originário dali – nem a grama, nem a água da irrigação, nem qualquer uma das pessoas que eu conheci. Até ver o filme *Chinatown*, eu não sabia que L.A. era, antes de tudo, um deserto, uma extensão infinita de vegetação rala e espaçada. Aquela foi a minha primeira impressão do paisagismo de L.A.

Também não fazia ideia de que ir para a Califórnia significava um retorno às raízes da minha mãe.

Na minha família, a história aparecia em comentários casuais. Eu estava no meu último ano do ensino médio quando minha tia me disse que a família da minha mãe, os Swalls, era uma das famílias originais da Califórnia. Pioneiros. Colonizadores. A história conta que, junto com alguns parceiros de negócios japoneses, meus tataravós administravam uma fazenda de pimenta em Garden Grove, em Orange County. Os Swalls tinham até uma fazenda em West Hollywood, na Doheny Drive e Santa Monica Boulevard, em um lugar em que hoje só há lava a jato e galerias comerciais e estuque ruim. Em algum momento a ferrovia instalou trilhos, dividindo a rua em Big e Small Santa Monica Boulevard. As fazendas não existem mais hoje em dia, é claro, mas a Swall Drive ainda está lá, serpenteando de norte a sul, um fóssil de DNA ancestral.

Eu sempre achei que há algo geneticamente incutido e inato nos californianos – que a Califórnia é um lugar de morte, um lugar para o qual as pessoas são atraídas porque não percebem, no fundo, que elas na verdade têm medo do que querem. Tudo é novidade, e elas estão fugindo de suas histórias enquanto ao mesmo tempo correm em direção à sua própria extinção. Desejo e morte se misturam com a emoção e o risco do desconhecido. É uma variação do que Freud chamou de "instinto de morte". Nesse sentido, os Swalls provavelmente não eram diferentes de qualquer outra família da Califórnia daquela época, demarcando um novo lugar, atraídos pela corrida do ouro e atingindo uma muralha de oceano.

Do lado dos Swalls também havia o pai da minha mãe, Keller Eno Coplan, um bancário. Diz a lenda que um dia ele falsificou um cheque que pertencia a seus próprios sogros e foi preso. Meu pai sempre ria quando falava do meu avô, dizendo coisas como "ele não era burro, só não tinha nenhuma noção". Era estranho, portanto, e não exatamente uma bênção, que meus pais tenham dado ao seu único filho o nome dele. Tradição de família, eu acho.

Com o marido na prisão, minha avó se mudou com os cinco filhos, incluindo minha mãe, que era jovem na época, para o norte da Califórnia, para ficar mais perto do clã, em Modesto. Durante a Depressão, minha avó fez as malas e mudou-se novamente, desta vez para o Colorado, onde a família de seu marido tinha raízes. Quando meu avô não estava na prisão, ele vagava pelo país à procura de trabalho. Sem dinheiro e com cinco filhos para alimentar, ela deve ter sofrido bastante.

A única razão pela qual eu sei disso é porque minha tia descobriu que um de seus trabalhos temporários era vender lápis. Acontece que apenas ex-presidiários conseguiam esses trampos.

Em algum momento, minha avó e seus filhos acabaram transformando o Kansas em seu lar permanente. Foi lá que meus pais se conheceram quando tinham vinte e poucos anos, em uma pequena cidade chamada Emporia, onde os dois faziam faculdade.

Meu pai, Wayne, era do Kansas, de uma grande família de agricultores, com quatro irmãos e uma irmã. Ele era frágil quando pequeno, com um problema no ouvido médio que o impediu de se alistar nas Forças Armadas ou ser convocado. Ele foi a primeira pessoa de sua família a frequentar a faculdade, e sonhava em um dia dar aulas na universidade. Para ajudar a pagar a mensalidade, ele foi professor do ensino fundamental em uma escola com uma única classe em Emporia, do primeiro ao sexto ano, ensinando desde formas e cores até ortografia, história e álgebra.

Meus pais se casaram durante a faculdade, e depois de se formarem pela Universidade de Washington em Saint Louis, onde Keller nasceu, foram para o norte do estado de Nova York e Rochester, onde meu pai começou a escrever sua tese de doutorado. Três anos depois, eu cheguei. A história de como meus pais se conheceram vinha à tona apenas em coquetéis, com detalhes sempre incompletos. Meu pai era desmiolado, minha mãe gostava de dizer, acrescentando que seu hábito de fazer pipoca na casa dela sem colocar a tampa na panela na época do namoro quase a fez repensar a ideia de se casar com ele. Ela sempre dizia isso rindo, embora o que ela tentasse dizer, talvez, era que meu pai não era tão centrado e responsável como parecia.

Os nomes na nossa família – Keller, Eno, Coplan, Estella, Lola – sempre me fazem pensar se há algo mediterrâneo na mistura. Há também o lado "de Forrest", da mãe da minha mãe, que era francês e alemão, mas com um traço italiano também, olhos brilhantes e sobrancelhas estilo Groucho Marx misturados com toda a lisura do Kansas. O Kansas foi onde, até morrer no ano passado, aos 92 anos, a irmã da minha mãe – a fonte de tudo o que sei sobre a história da minha família – viveu em uma casa de fazenda no final de uma longa estrada de terra. Ela foi uma mulher que durante toda a vida eu nunca ouvi dizer sequer uma palavra de autopiedade. Com ela morreram todas as histórias do passado da minha família. Meus pais não me contaram quase nada.

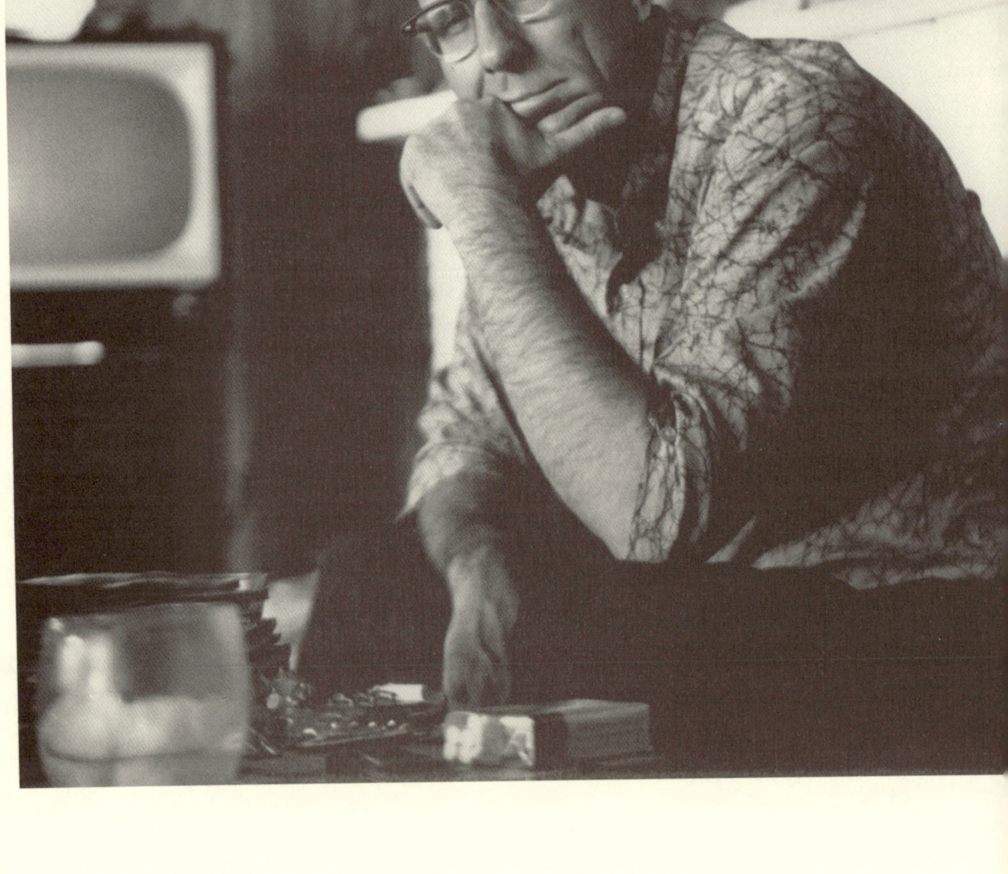

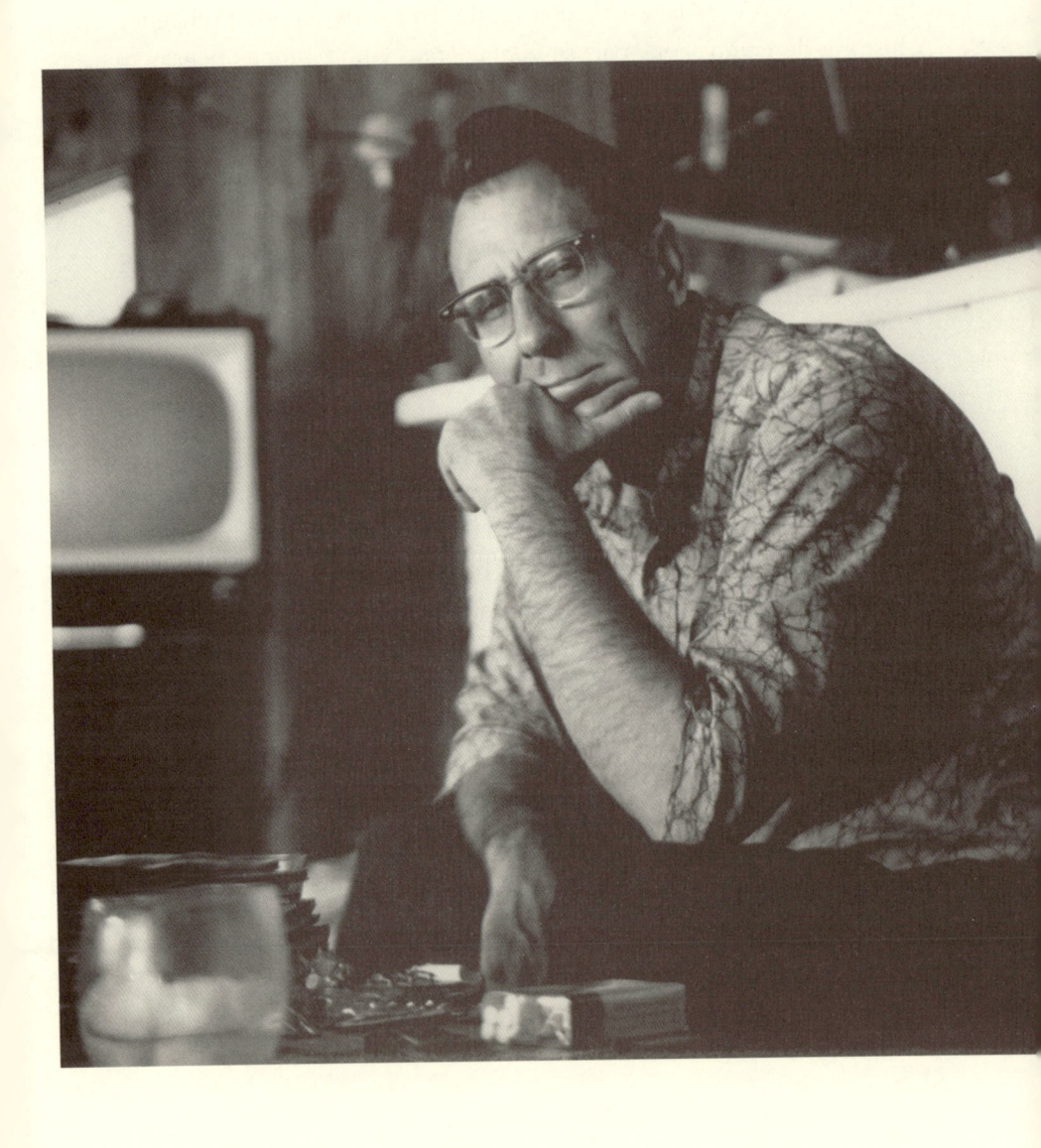

2

CERTA VEZ, quando o Sonic Youth passou com a turnê em Lawrence, Kansas, abrindo para o R.E.M., Thurston e eu fomos visitar William Burroughs. O Michael Stipe veio com a gente. Burroughs morava em uma pequena casa com garagem, e a mesa de centro de sua sala de estar era coberta de facas e punhais ornamentais – armas de destruição elegantes e decoradas. Naquele dia, eu só conseguia pensar no quanto Burroughs me lembrava meu pai. Eles compartilhavam a mesma simplicidade, o mesmo senso de humor seco. Eles até eram um pouco parecidos. Coco, nossa filha, era bebê, e em um momento, quando ela começou a chorar, Burroughs disse, daquele jeito Burroughs, "Oohhh – ela *gosta* de mim". Acho que ele era alguém que não passava muito tempo com crianças.

A especialidade acadêmica do meu pai era a sociologia na educação. Em Rochester, ele tinha feito seu doutorado sobre o sistema social nas escolas de ensino médio americanas. Foi a primeira pessoa a dar um nome para vários grupos e arquétipos escolares – CDFs, atletas, nerds, esquisitos, artistas e daí por diante – e, em seguida, a UCLA o contratou para criar um currículo acadêmico com base em suas pesquisas.

Uma das condições para meu pai assumir o cargo na UCLA foi que Keller e eu pudéssemos frequentar a Escola-Laboratório da UCLA. Aquela escola era um lugar incrível. O espaço, projetado pelo arquiteto modernista Richard Neutra, era cortado por um grande e belo córrego. De um lado, tinha grama, do outro, concreto – para pular amarelinha ou girar bambolê ou o que a gente quisesse. O córrego seguia em direção a uma área selvagem, onde havia uma carroça e uma casa de adobe embaixo de algumas árvores. Nós, os alunos, tecemos xales, assamos tortilhas e tiramos o couro de vacas entre aquelas árvores. Nosso professor nos levou até Dana Point, em Orange County, onde deixamos nossos couros de vaca na praia para barcos imaginários que viriam, imitando o que os antigos comerciantes deviam fazer. Não havia notas na escola – você aprendia tudo fazendo.

Meu pai era alto e gentil, tinha um rosto grande e expressivo e óculos pretos. Ele era um cara gestual, físico, enfático com os braços e as mãos, mas também incrivelmente caloroso, embora as poucas vezes que me lembro dele bravo com Keller ou comigo tenham sido assustadoras. As palavras enfurecidas pareciam começar nas solas de seus pés e subir por todo seu corpo. Como muitas pessoas que vivem com seus pensamentos, ele podia ser um pouco distraído; havia aquela história da pipoca, afinal. Uma vez, quando eu era pequena, ele me colocou na banheira sem tirar minhas meias – ele não tinha percebido –, o que, naturalmente, eu pedi a ele para fazer todas as vezes a partir de então.

Ele cresceu fazendo as tarefas de casa com a mãe e a irmã – cozinha e jardinagem, praticamente qualquer coisa que envolvesse as mãos – e o hábito permaneceu. Durante a hora do coquetel, que minha mãe e ele nunca perdiam, ele fazia Martinis e Manhattans incríveis com uma coqueteleira que era mantida no congelador o tempo todo. Isso era no final dos anos 1950 e início dos 60 – as pessoas levavam a sério a hora do coquetel. O quintal da nossa casa em L.A. era denso e pegajoso por causa dos tomateiros que ele plantava. Minha mãe gostava de me dizer que a habilidade do meu pai com as mãos era algo que ele tinha passado para mim, e eu sempre adorei ouvir isso.

Alguém escreveu uma vez que entre as vidas que vivemos e as vidas que desejamos viver fica o lugar em nossas mentes onde a maioria de nós realmente vive. Minha mãe me disse uma vez que meu pai sempre quis ser poeta. É provável que ter crescido durante a Depressão, sem dinheiro, o fez querer buscar segurança, levando-o em direção a uma carreira como professor, em vez disso. Mas, além de seu amor pelas palavras e das piadas e trocadilhos autodepreciativos que ele contava para seus amigos mais próximos, isso foi algo que, até que ela me dissesse, eu nunca soube sobre meu pai, o que é impressionante, especialmente porque meu irmão mais tarde tornou-se um poeta.

Da minha infância eu recordo dias passados em casa quando ficava doente e faltava à escola, experimentando roupas da minha mãe e assistindo a um programa de televisão após outro. Eu me lembro de comer pudim de chocolate ou de tapioca direto da caixa – *tapioca*, uma palavra que quase ninguém usa mais. O cheiro da casa, úmido e nítido. O aroma das antigas casas indígenas de L.A., mesmo as do interior, vem do mar, a trinta quilômetros de distância, uma pitada de bolor, mas seco também, e inerte, perfeitamente imóvel, como uma estátua. Eu ainda consigo sentir o mínimo traço do cheiro de gás do fogão velho dos anos 1950, um odor invisível misturado com a luz do sol que entrava pelas janelas, e, em algum lugar, eucalipto banhado na bruma da ambição.

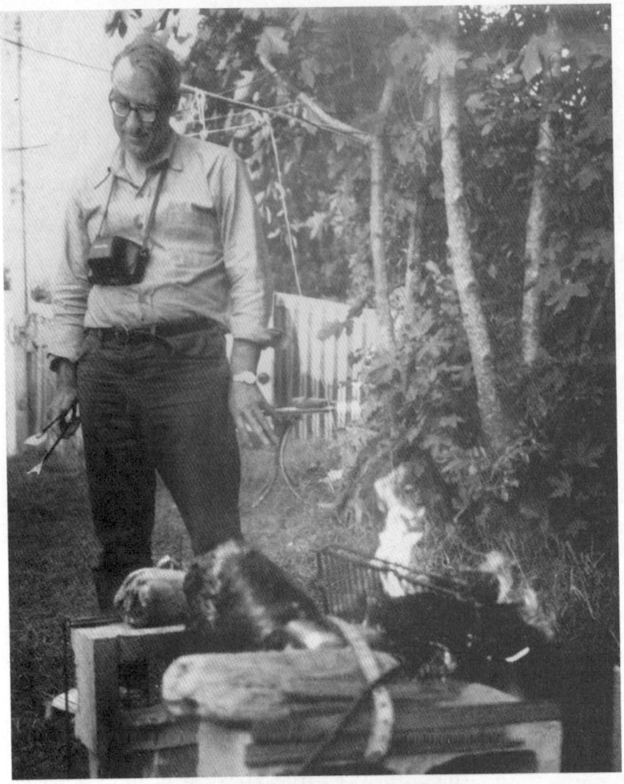

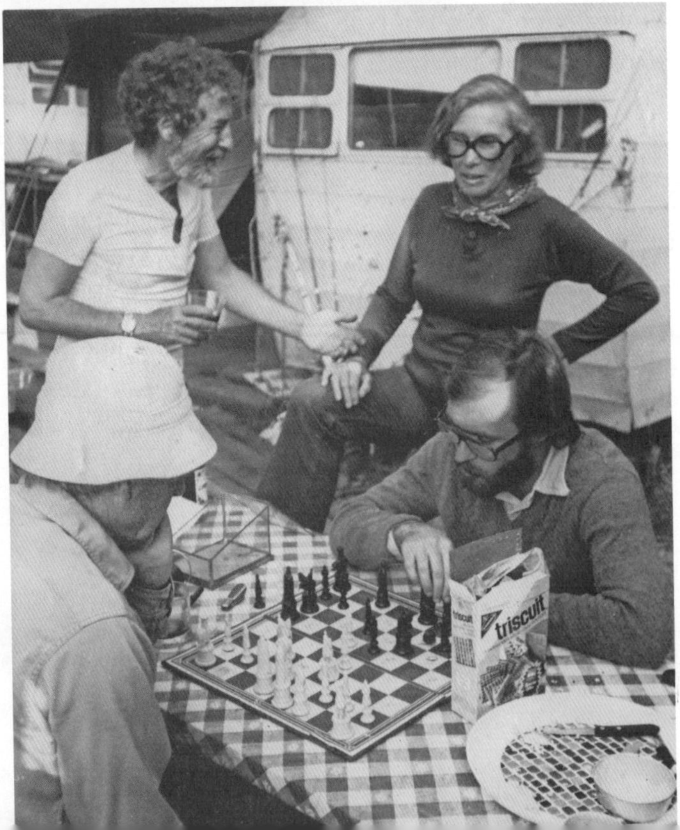
triscuit

3

NO ANDAR DE CIMA da minha casa no oeste de Massachusetts, eu tenho uma pilha de DVDs com filmes antigos dos meus pais pescando no rio Klamath, ao sul da fronteira do Oregon. Eles estão com seus melhores amigos, Connie e Maxie Bentzen, e outro casal, Jackie e Bill, todos eles membros do grupo liberal e amante da culinária da UCLA, a que meus pais pertenciam. Eram pessoas engraçadas e irônicas que por acaso também eram pescadores apaixonados.

A partir do final dos anos 1960, meus pais viajaram de carro até Klamath todo verão, ficavam em um trailer alugado e passavam o mês seguinte pescando com este grupo de pessoas, e outros que iam e vinham. Em Klamath, só se fazia pescar e socializar e cozinhar e comer, e acordar no dia seguinte para começar tudo de novo. Meu pai fazia seus próprios defumadores – cestos caseiros que ele colocava em latas de óleo e mergulhava na brasa quente para defumar peixes, asinhas de frango ou suas famosas costelas. Não havia regras sociais, exceto que era obrigatório se passar "bons momentos". Você comia o que pegava, e até hoje o salmão recém-defumado que Connie Bentzen fazia é a melhor coisa que eu já provei. Uma única regra de Klamath: você só tinha permissão de levar dois peixes para casa. Minha mãe uma vez escondeu um terceiro peixe no acampamento dentro de seu macacão, uma história de transgressão que se transformou em uma piada recorrente entre ela e seus amigos.

Os Bentzens eram documentaristas, amigos próximos de cinegrafistas e diretores, como Haskell Wexler, que trabalhou em filmes como *Um estranho no ninho*, e Irvin Kershner, que trabalhou em *Star Wars*. Maxie Bentzen era uma ex-aluna do meu pai, engraçada e divertida, a primeira mulher que eu conheci que usava calça jeans o tempo todo. O marido dela, Connie, tinha os mesmos olhos azuis elétricos de Paul Newman. Durante o ano, eles moravam em Malibu, em uma casa sobre palafitas, com tiras do *Peanuts* e revistas *New Yorker* na mesa da sala de estar. Se você passasse a noite em seu quarto de hóspedes, pouco abaixo da linha da maré alta, podia ouvir as ondas batendo ferozmente debaixo da casa, o verdadeiro ruído branco que o colocava para dormir. Eu me lembro que quando era criança queria ser exatamente como os Bentzens, para oferecer jantares exatamente como os deles, com os filhos dos meus amigos correndo no quintal, crianças que iriam olhar para trás algum dia e usar palavras como *mágicas*, porque é isso que aquelas noites eram. Eu sempre vou lembrar da noite em que JFK foi eleito, a festa que eles deram, o som carregado de conversas e risadas de adulto.

Os Bentzens se mudaram para Klamath em 1953. Durante as décadas seguintes, a região cresceu em volta deles, ficando cada vez mais cheia de gente, com empresas madeireiras derrubando enormes faixas de abetos e pinheiros, mas os Bentzens se orgulhavam de serem descobridores e pioneiros e se afastaram. Klamath ficou tão movimentada e populosa, que, nos anos 1980, para marcar o seu lugar e também manter os caipiras longe, Connie fez um grande espantalho de um mascote da UCLA, que todos chamavam de "Johnny Bruin".

Nos vídeos, aparece minha mãe, vestindo um cardigã preto-azulado, justo, de botões, e aparece meu pai também, com seus óculos grandes. Ele está segurando um salmão que acabou de pegar, apoiando o peixe sob seu queixo. Os amigos entram e saem de cena. *Esse tem dois quilos e meio*, posso ouvir Maxie dizer. *Olha o tamanho dessa coisa*, diz Connie, e *Tira uma foto* e *Ele está ficando cansado* e *Difícil de acreditar que você pegou essa coisa usando aquele seu molinete, Wayne*. Jackie sai tirando fotos. Depois eles vão tomar dry martinis duplos em Steelhead, um restaurante próximo onde iam beber à noite.

Fui com meus pais para Klamath apenas uma vez, quando eu era nova, quando tinha 17 anos. Quando eles saíam, Keller e eu tínhamos a casa toda para nós. Eu nunca gostei muito de pescar, mas adorava estar lá com meus pais e seus amigos. A natureza pode ser lenta, e, se você não fosse para o rio – que pode ser perigoso e caótico, como um cruzamento de autoestrada –, não havia muito mais o que fazer, a não ser se sentar e ler e comer, montar quebra-cabeças e encontrar um local tranquilo, longe do vento, onde você pode se sentar sozinho e relaxar. O cenário todo era tranquilo e repousante em seu deslumbramento americano selvagem.

Em um momento em um dos vídeos – deve ser 1986 – eu apareço, e Thurston me segue, embora geralmente ele gostasse de se entocar em nosso motor-home, lendo, até a hora do coquetel. Keller está lá também, calmo, mas animado, conversando e brincando, o habitual tufo de barba preta cobrindo seu queixo. Sempre que ia para Klamath, Keller dormia em sua própria tenda, um tipo de caverna no meio do pequeno acampamento dos meus pais.

Connie está por trás da câmera, perguntando delicadamente o que eu andava fazendo. Era por volta da época do *Evol*, o terceiro álbum do Sonic Youth. "Quer dizer, sim, nós ganhamos um *pouco* de dinheiro com isso", digo.

"Talvez vocês fiquem milionários", diz Connie. Ele sempre teve um delicioso jeito brincalhão e rouco de falar. "Essa gente do rock-and-roll ganha tanto dinheiro que quase não dá para suportar."

33

"Bem, você está falando de uma coisa totalmente diferente do que o que *nós* fazemos", falo.

"E você não vai *entrar* nessa, Kim?"

"Bem, o problema é que nós teríamos que adaptar muito a nossa música. Teríamos que começar a usar perucas longas e sombra nos olhos e calças com glitter."

"OK, OK, bem, é a vida", diz Connie. "Agora, quem quer *comer*?"

De certa forma, era mais fácil não falar sobre o que eu fazia para viver. A cidade de Nova York e nossa música eram muito difíceis de traduzir. E Klamath não tinha a ver com o que você fazia no mundo, de qualquer maneira; tinha a ver com família e pesca e comer e socializar e fazer piadas bestas, como quando eu tentei atirar alguns dardos em um alvo na parede e alguém gritou: "Kim, isso é um *objet d'art*!" Maxie, porém, era uma grande defensora dos jovens e estava sempre dizendo: "Vocês são tão incríveis!", enquanto Connie sempre dizia: "Vocês, jovens, nunca vão estar à altura da geração mais velha", o que fazia todos rirem.

Meus pais nunca ficavam tão relaxados quanto quando estavam em Klamath. Os Bentzens eram como se fossem da família, mas ainda melhor, uma tribo que, diferentemente de seus parentes de verdade, não se impunha nem lhe pressionava. Meu pai não tinha muito contato com seus próprios parentes do Kansas. Não era esnobismo que o mantinha afastado, era mais uma divisão cultural, já que a maior parte da família de meu pai era de religiosos de cidades pequenas. Ele mantinha contato com a mãe e a irmã. Com Connie, Maxie, o filho deles, Mike, Jackie, e Bill, meus pais eram eles mesmos, à vontade e de folga.

Hoje Klamath está irreconhecível, embora isso provavelmente valha para qualquer lugar para o qual você olhar para trás – certamente vale para Nova York. Hoje em dia você dificilmente consegue autorização para pescar em Klamath, e a indústria do turismo praticamente não existe mais. Klamath sempre foi deprimente, mas está pior do que nunca, deserta, assustadora, um lugar que pressupõe laboratórios de metanfetamina abandonados na floresta.

Jackie ainda mora em Malibu. Seu marido, Bill, está morto. Maxie e seu filho, Mike, ainda moram em Santa Cruz, mas a maioria dos outros, incluindo os meus pais, já se foi. No final dos anos 1980, pouco tempo depois do meu pai parar de trabalhar, ele foi diagnosticado com o mal de Parkinson. Suas funções neurológicas básicas começaram a deixá-lo, uma após a outra. Chegou a um ponto em que minha mãe realmente não era capaz de cuidar dele sozinha, e ela deixou claro que ele ficaria melhor – na verdade, era papel e responsabilidade dele fazer assim, ela disse a ele – se fosse para uma casa de repouso, o que ele fez. Minha mãe foi dura e pragmática, embora, para ser justa com ela, não tivesse dinheiro para pagar a equipe de enfermagem 24 horas que a condição dele exigia.

Não foi o mal de Parkinson que o matou. Foi a casa de repouso, onde ele contraiu pneumonia, e depois o hospital. Uma enfermeira que trabalhava lá há bastante tempo e deveria ser mais responsável inseriu um tubo de alimentação no canal errado. Mas minha família nunca processou o hospital, porque, naquela altura, o Parkinson do meu pai estava tão avançado que de qualquer maneira já havia levado a maior parte da pessoa que todos nós nos lembrávamos. No ano anterior a sua morte, eu me lembro de como ele nunca se queixou. Tenho certeza de que ele tinha saudade de fazer coisas, como cozinhar, e cuidar de seus tomates, e brincar com defumadores caseiros. Eu tinha saudade do pai que me deu um livro de poemas de Emily Dickinson, com uma dedicatória carinhosa, em meu aniversário de 16 anos, embora eu achasse a Dickinson cafona. Eu tinha saudade do homem que me levava para almoçar com o corpo docente da UCLA, me apresentando com orgulho às pessoas com quem trabalhava, me deixando tão feliz, em troca, por ele ser o meu pai. Durante seu último ano, eu me lembro principalmente de sua docilidade, sua meiguice, sua aceitação do que vinha pela frente.

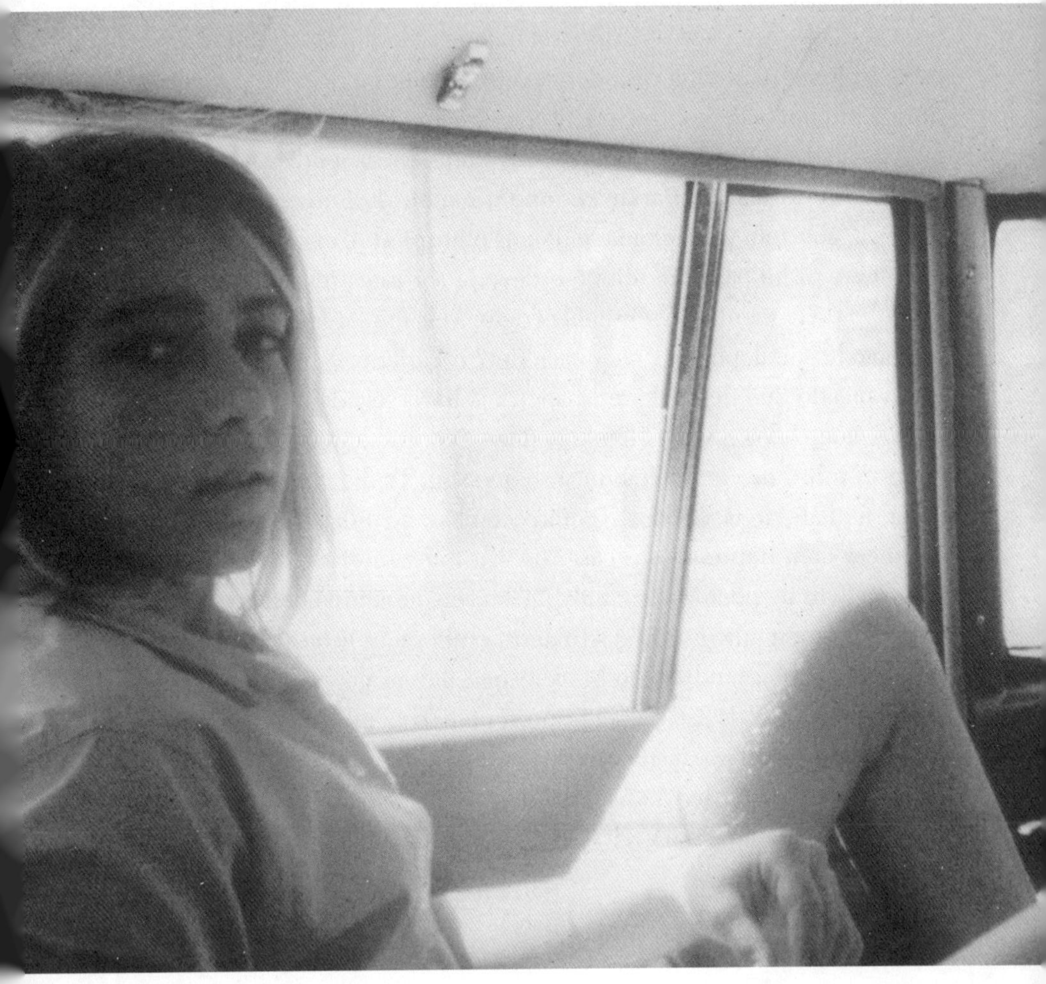

4

NA ADOLESCÊNCIA, meus amigos e eu costumávamos andar dentro de uma das tubulações de esgoto gigantes que iam em direção ao oceano Pacífico. Os canos eram enormes e faziam eco, tinham cheiro de coisa velha, sal endurecido, algas podres. Havia sempre a possibilidade eletrizante de que uma torrente de água jorrasse pelo cano sem nenhum aviso, e é por isso que tínhamos que estar prontos para, a qualquer momento, subir correndo uma escada na parede. O risco das águas me puxarem e me levarem embora, e a perspectiva de ter que pensar rápido, sempre fez aquela longa caminhada para o mar valer a pena. Risco e emoção estavam em falta para mim no bairro onde morávamos, então nós os buscávamos no litoral instável e também no interior.

Quando éramos crianças, meus amigos e eu costumávamos brincar em enormes montes de terra, que nenhum de nós percebeu na época que eram rampas de acesso à rodovia em construção. Uma vez, Keller e alguns de seus amigos foram para um barranco próximo, pularam do penhasco e caíram em um terreno mole e arenoso. Como é aquele velho clichê dos pais – *Se os seus amigos pularem de um penhasco, você vai pular também?* A resposta, no meu caso, foi sim. Para tentar provar como uma irmã mais nova pode ser corajosa, eu caí de costas, e o ar deixou o meu corpo.

Eu não conseguia respirar, até o ponto em que pensei que ia morrer. Eu me senti tão burra e envergonhada que nem sequer contei aos meus pais. Eu sempre odiei cometer erros, me meter em confusões, não estar no controle.

Para mim, os cânions em L.A. tinham muito glamour. Encostas rústicas com carvalhos retorcidos, desalinhados e íngremes, com os raios de sol da Califórnia, mais claros que a luz, sendo filtrados pela folhagem. No inverno, a chuva os fazia parecer mais bagunçados que o normal. Eles também ficavam mais densos, mais capazes de esconder o conjunto de casas moderno e organizado. Os cânions estavam sempre sombreados. Era aqui que estavam todas as pessoas interessantes e aparentemente não obcecadas consigo mesmas, e onde os músicos legais moravam – Buffalo Springfield, Neil Young e assim por diante. Nas colinas, você podia imaginar que estava em qualquer lugar do mundo, pelo menos durante o dia, quando as árvores e o mato crescido escondiam a vastidão grudenta logo abaixo. Eu ouvia muito Joni Mitchell quando era adolescente, e sempre a imaginava sentada em uma casa de madeira bacana, construída de qualquer jeito, no desfiladeiro, talvez com uma varanda, com árvores e plantas caindo do telhado. Ela estaria melancólica, olhando pela janela. Eu ficava no meu quarto, a poucos quilômetros de distância, pintando, fumando maconha e ficando triste enquanto a ouvia.

Os cânions faziam um grande contraste com o bairro de classe média banal e plano de Los Angeles onde minha família morava. Mesmo quando nos mudamos para uma casa de estilo espanhol maior e mais bonita no mesmo bairro, era a mesma coisa: gramados recém-cortados que camuflavam o solo seco e desértico; regas e podas compulsivas e constantes; tudo em ordem, mas com seu próprio tipo de inquietação, com a constante pressão para ser feliz, para ser novidade, para sorrir. E, por baixo de tudo, sombras e rachaduras e falhas – todo o instinto de morte freudiano.

Lembro da minha mãe certa vez apontando para uma grande área pouco desenvolvida, com areia, lama e mato, que depois se tornou o Century City. "Vai existir uma cidade lá algum dia", disse, não como uma profecia, mas porque era óbvio que, em breve, cada centímetro de Los Angeles seria tomado por mais carros, mais postos de gasolina, mais shoppings, mais corpos, e é claro que ela estava certa.

Éramos uma família acadêmica, ao contrário de uma família de artistas, uma divisão que eu entendi logo no início e que tinha muito peso em Los Angeles, principalmente. No ensino médio, tinha uma amiga que morava com a mãe e os irmãos, e seu pai tinha sido diretor de cinema antes de morrer. Eles moravam em um apartamento em Beverly Hills, em Beverly Glen. A mãe era bonita e requintada, calorosa e efusiva, e eu admirava seu jeito emotivo mais do que tudo. Uma noite eles vieram jantar conosco, e depois que foram embora meu pai imediatamente disse algo contundente, e que não combinava com ele, sobre como ela não era uma pessoa "real". Ser "real" era um grande ideal nos anos 1960. Ele viu, acho, como eu estava encantada pela mãe da minha amiga, como eu a achava glamorosa – o jeito dela de me chamar de "querida" e falar comigo sobre coisas que minha mãe não falava. Ele não queria que eu fosse sugada para aquilo tudo.

Quando as pessoas me perguntam como era L.A. nos anos 1960, digo que não havia tanto estuque horroroso como hoje: nem mini-shoppings parecidos com edificações espanholas de dois andares, nem SUVs gigantes ultrapassando as linhas de demarcação das vagas de estacionamento. O que costumava ser chamado de "estilo espanhol" é agora algo de aparência mórbida. Ninguém parece saber mais como se usar o estuque.

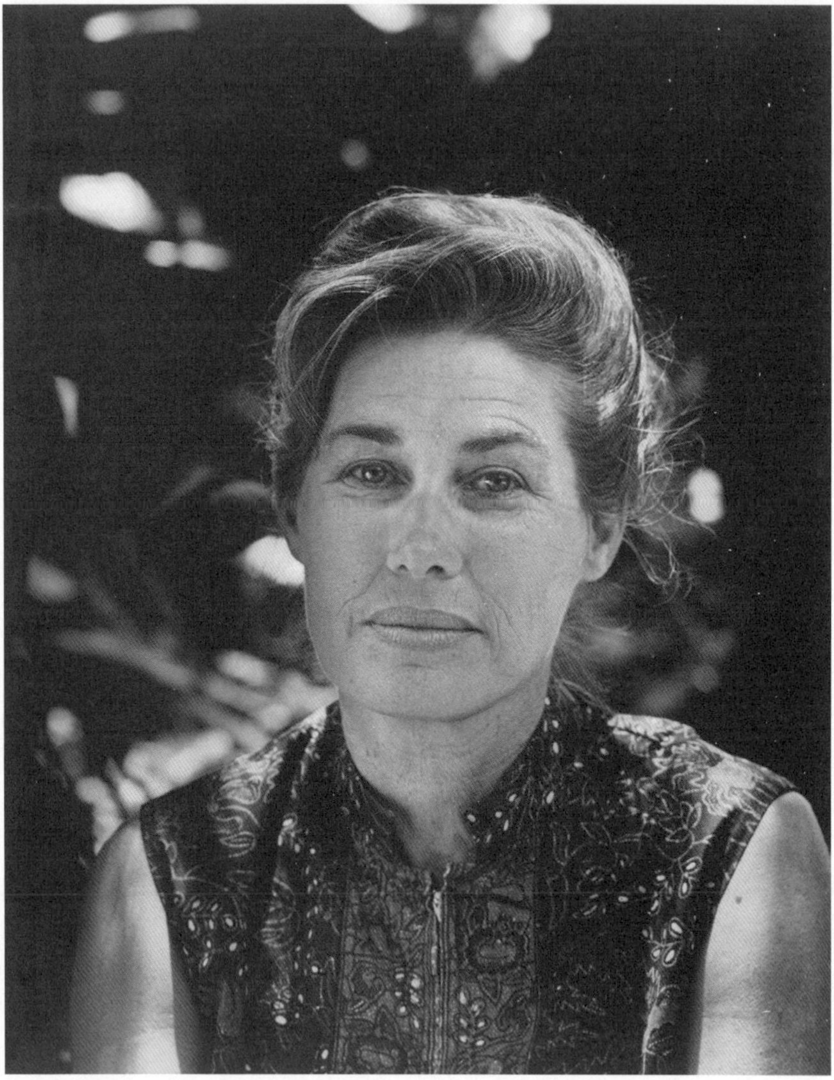

5

QUANDO MEU PAI trabalhava para obter seus títulos acadêmicos, ele ficou amigo de alguns de seus alunos, primeiro hipsters, depois beatniks, que lhe mostraram o jazz. Eles moravam em Venice, em uma casa deteriorada, em uma época em que não se falava muito em morar lá. Coltrane, Brubeck, Billie Holiday, Charlie Parker, Dizzy Gillespie, Stan Getz – esses eram os heróis reinantes do jazz pra eles. John Coltrane era provavelmente o mais vanguardista de todos, mas meu pai o adorava também. Tenho quase certeza de que a coleção de discos de jazz do meu pai me influenciou mais tarde, ou pelo menos me acostumou com a música abstrata – ela e os LPs de blues, folk e música clássica dos dois, já que minha mãe sempre voltava de bazares de garagem da vizinhança carregada de caixas de discos de Mozart e Beethoven. Mas o jazz sempre foi um amor e interesse meu durante toda a vida. Me lembro que quando era pequena meu pai e eu fomos visitar um daqueles caras beatniks de Venice, embora eu me lembre principalmente de sua namorada glamorosa, com longos cabelos pretos e lisos, unhas pintadas de vermelho e seu violão. Ela foi a primeira beatnik que conheci. Me sentei em seu colo, pensando, *queria que minha mãe fosse tão legal quanto ela*.

Minha mãe trabalhava em casa, como costureira. Ela era a pessoa a quem todos no bairro recorriam para fazer suas roupas. Ela fez todas as minhas roupas quando eu era pequena, e o que ela não desenhava, cortava e costurava, comprava em brechós locais, um hábito que certamente vinha de sua infância durante a Depressão. Quando eu era adolescente, ela começou a fazer coisas mais floridas e excêntricas – caftans, roupas de veludo ou chiffon, estampadas por um designer que conhecia. Eram roupas de estilo hippie que ela vendia ao lado dos produtos de outros amigos com inclinação artística – cerâmicas, joias. Ainda assim, eu odiava que ela fizesse minhas roupas ou comprasse pechinchas em lojas de segunda mão. Ironicamente, durante meu período de falsa-hippie no ensino médio, eu aprendi a amar brechós e bazares, um hábito que carreguei durante meus anos em Nova York – qualquer coisa, menos o estilo careta e formal que era moda na minha escola. Eu explorava o quarto de costura da minha mãe em busca de caftans exóticos e coloridos, e belos "abas", como ela os chamava, de seda tingida.

Basicamente, eu nunca realmente soube como me vestir na minha época do ensino fundamental e médio. Ainda tenho uma foto minha onde estou no meu quarto, com 16 anos, sentada em uma colcha turquesa – minha cor favorita na época e até hoje –, vestindo uma calça larga e florida feita em casa, que minha mãe costurou a partir de uma colcha indiana, e uma blusa vinho de gola alta com zíper até o pescoço, vestida de trás para frente. Isso ou calças boca de sino de veludo e cintura baixa, ou jeans, com uma blusa mexicana com franjas. Sempre que falava para minha mãe que queria comprar um jeans ela soltava um suspiro dramático e me levava para a loja de artigos militares na Venice Boulevard. Ela ainda existe, acho. Além de equipamentos militares de alta qualidade e artigos para acampamento, eles vendiam Landlubber, uma marca popular naquela época.

Olhando para trás, tenho certeza de que a noção de moda criativa-mas-não-convencional da minha mãe, juntamente com minha sensação de privação, me fazia querer "roupas novas", ao mesmo tempo que provocava uma ambivalência em relação à moda convencional que as revistas sobre o assunto mostravam: como uma garota ou uma mulher deve se vestir; o que expressa sua personalidade; como ela lida com querer ser sexy ou atraente e ainda ser fiel a si mesma? Em casa, eu ficava olhando por horas as capas de discos e fotos de Marianne Faithfull, Anita Pallenberg, Peggy Lipton, Joni Mitchell e outras garotas descoladas, querendo ser como elas. Era uma época em que não se usava sutiãs, de cabelos soltos ao vento, laços antigos e veludos tirados de tradicionais cenários *boudoir* de sexualidade passiva feminina e trazidos para os holofotes. O olhar de Anita Pallenberg era selvagem o suficiente para influenciar os Rolling Stones. Os homens usavam roupas femininas, coletes de pele de carneiro, calças curtas brancas, lenços de lamê e joias marroquinas exóticas, enquanto as mulheres se enfiavam em ternos de risca de giz, e namorados e namoradas trocavam camisas e calças sem preocupação, todos os estereótipos masculinos-femininos eram bagunçados e trocados e subvertidos. A mais nova garota sensação do momento era Françoise Hardy, uma cantora francesa que se vestia como um menino. Em Westwood, havia uma loja que vendia camisetas francesas pequenas e muito caras no estilo de Jane Birkin, e lembro que finalmente cedi e comprei uma.

Ao mesmo tempo, minha mãe desde cedo achava que eu era sexy "demais", e o resultado foi que passei muito tempo oscilando entre querer ser vista como atraente, aterrorizada por receber muita atenção e querer me encaixar com sucesso, sem que ninguém me percebesse. Em L.A., os corpos estão sempre à mostra, e o simples ato de andar pela rua quando se é adolescente pode ser assustador. Os homens nos carros assobiavam, passavam devagar, davam ré, ofereciam carona para sabe-se lá onde. Quando completei 15 anos, minha mãe me disse que eu estava velha demais para usar shorts curtos, e Keller, me lembro, falou que ela era uma "puritana". Hoje em dia, eu acho até legal ser um pouco antiquada.

Ainda assim, minha mãe sempre soube que não adiantaria tentar me ensinar a fazer minhas próprias roupas. Algumas vezes eu peguei sua máquina de costura para costurar meus jeans, mas a tecnologia sempre me assustou. Além disso, eu não gostava dela me dizendo o que fazer, e eu ainda fico arrepiada com autoridade. Quando Coco nasceu, alguém lhe deu um macacão dos anos 1970 escrito QUESTIONE A AUTORIDADE. Fazia sentido para mim. Eu me lembro de uma vez perguntar para minha mãe se ela achava que eu teria um corpo bonito quando crescesse. "Sim", ela disse, "você tem quadris estreitos e ombros largos", mas quando meu corpo amadureceu, ela parecia ter bastante receio de que eu fosse me meter em problemas, engravidar, o maior medo de toda mãe.

Se meu pai estava perdido em seus pensamentos na maior parte do tempo, minha mãe era prática, centrada, um pouco compenetrada demais em si mesma. Ela mandava na nossa casa. Ela fazia tudo, como a maioria das mães donas de casa. Ela refletia muito, falava pouco sobre sua vida antes de ter a própria família, mas ainda assim você nunca pensaria que ela era uma dona de casa comum dos anos 1950. Eu sabia que na infância seu irmão mais velho tinha sido cruel com ela, e é por isso que olhando para trás eu acho tão estranho seu estilo de educar sem interferência quando se tratava de mim e de Keller. Talvez eu tenha me tornado tão boa em esconder minha supersensibilidade que ela não tivesse ideia do quanto ele me traumatizava. Talvez ela não tenha percebido. Talvez percebesse, mas tinha a esperança de que isso me deixaria mais forte. Eu tinha 7 ou 8 anos quando meu gato foi atropelado, e alguns dias ou semanas mais tarde minha mãe me disse que era hora de parar de ficar triste, era hora de seguir em frente. Talvez ela estivesse certa. Quanto a ela, nunca a vi chorar, exceto uma vez, quando fiquei fora a noite toda, sem dizer a ela, e suas lágrimas naquela noite tinham mais a ver com raiva e alívio. Como eu disse, até ir para a faculdade eu não sabia nada sobre as antigas origens na Califórnia de sua família, e, mesmo após descobrir, minha mãe não tinha nada a acrescentar. Dois anos antes de morrer, ela disse, de passagem, para minha tia: "Eu nunca deveria ter deixado a Califórnia."

Ainda não tenho certeza sobre como entender essas palavras, mas eu me lembro de ficar perturbada quando minha tia me disse isso. Será que minha mãe queria dizer *Eu nunca deveria ter me casado com seu pai?* Ou, *Se eu nunca tivesse saído da Califórnia para ir para o Kansas, eu nunca teria acabado como uma esposa de um acadêmico e mãe?* Ou, *Eu nunca teria sido a mãe de um filho paranoico-esquizofrênico?* Ninguém sabe o que se passa dentro do casamento de ninguém, principalmente no dos pais. Durante as poucas vezes que se encontraram, minha mãe e a mãe de Thurston, Eleanor, que era uma década mais jovem, desenvolveram uma certa amizade. Uma vez minha mãe confidenciou a Eleanor que ela tinha pensado em deixar meu pai, mas que era feliz por não ter feito isso.

Sempre tive a sensação de que minha mãe preferia ter feito outra coisa, que ela queria *mais* para si – mais reconhecimento, talvez, como uma pessoa criativa. Talvez secretamente quisesse ser uma atriz de cinema, quisesse ser reconhecida menos como a esposa de um acadêmico e mais como a pessoa que ela sentia que era por dentro – eu nunca vou saber. Uma vez, eu me lembro, ela fez uma colagem de capas da *New Yorker*, que colocou acima do fogão. Era para aparar a gordura, ela nos disse, mas na verdade era mais do que isso, uma peça de arte inteligente, não convencional. Outra vez ela fez uma série de relevos de parede retangulares, compridos, com conchas grudadas com cimento colorido na madeira, mais arte do que artesanato, fazendo com que eu desejasse que ela fizesse mais. Talvez, assim como eu, as roupas que ela cortava e desenhava e costurava fossem a arena onde ela se sentia mais livre para mostrar as coisas de sua vida que foram bloqueadas ou frustradas. Quando ela se arrumava para sair à noite, na moda dos anos 1950 – vestidos decotados, seios fartos, cintura marcada, saias rodadas –, ela ria e se divertia com uma facilidade que eu não via muito em sua vida cotidiana. Eu não podia deixar de sentir, às vezes, que nunca disseram que ela era linda quando era pequena, que ela se sentia como a pessoa menos atraente de sua família. Para mim, ela era linda, como Ingrid Bergman.

Meu pai já era idoso quando Coco nasceu, no verão de 1994. O mal de Parkinson havia se instalado, e ele não conseguia realmente pegá-la no colo de um jeito seguro. Minha mãe tinha quase a mesma idade de meu pai, mas sempre fez ioga e jogou golfe e caminhou. Minha mãe realmente amava Coco – ela foi sua primeira e única neta –, mas, em vez de pegá-la no colo, passava horas olhando para ela. "Ela vai ficar bem, porque você realmente brinca e interage com ela", minha mãe me disse uma vez, como se dissesse que isso era algo que ela nunca tinha feito comigo. Sempre fui muito independente, ela me lembrava, mas, olhando para trás, eu sentia falta dessa proximidade com minha mãe. Quando eu tinha 10 anos, minha família passou um ano no Havaí, e eu tenho uma lembrança daquela época de um dia me perguntar: *Por que é que eu não me sento mais no colo da minha mãe? Por que ela não me pega no colo ou me abraça?*

Meus pais pensavam muito. Meu pai era preocupado com a política acadêmica. Durante anos ele foi um reitor associado, e mais tarde se tornou reitor. Minha mãe ficava igualmente absorta em seus próprios pensamentos. Em sua privacidade, ela se preocupava com um monte de coisas. Keller diria algo a ela como "Você está tão nervosa!", e eu acrescentaria "É, mãe, por que você está tão triste?", e ela diria algo como: "Porque o mundo é tão deprimente – a guerra, para início de conversa."

Não eram apenas os anos 1960. Eram coisas de família, a maioria relacionada ao Keller, e a preocupação e o estresse que pareciam acompanhá-lo. Mesmo depois que meu pai se aposentou da UCLA, ele nunca quis viajar ou tirar férias. Em vez disso, cuidava do jardim e caminhava. Às vezes eu podia ouvi-lo em sua selva de tomateiros no meio da noite, rondando, e eu me sentia mal por ele. Ele nunca falou sobre o que estava acontecendo com meu irmão, mas devia ficar vigiando, esperando, na pior das hipóteses, para estar lá caso algo acontecesse com o Keller, porque naquela época algo estava sempre acontecendo com ele.

6

TODA A INFÂNCIA DE KELLER se transformou em material de fábulas familiares, lendas engraçadas, homenagens à sua esperteza ou à sua independência ou ambas. Aqui vai uma: no exato momento em que eu estava nascendo, Keller, que tinha três anos e meio, desapareceu na rua com sua namorada de 4 anos para roubar doces de uma farmácia no bairro. Ou esta: Keller não aprendeu a ler até a quarta série, o que parece improvável, se não impossível.

Em fotos antigas tiradas quando ele era pequeno, Keller está sempre vestido com uma fantasia de caubói, com botas imitando couro e um chapéu grande, sorrindo um sorriso monumental e misterioso. Desde cedo ele era obstinado e teimoso, um encrenqueiro, e isso em nossa família fez dele o centro das atenções, geralmente de uma forma negativa. Ele era muito inteligente também, e falante, a torrente de palavras que saíam de sua boca era tão densa e constante que era como se ele estivesse se afogando nelas. Ele sempre tinha uma reação, uma resposta, um retorno que encerrava qualquer conversa ou discussão. De muitas maneiras, ele me atropelou, me apagou, me fez sentir invisível até para mim mesma.

Eu adorava meu irmão. Eu queria *ser* como ele. Mas ele foi cruel comigo durante nossa infância – me provocando sem parar, lutando fisicamente comigo –, com momentos ocasionais de gentileza salpicados. Olhando para trás, eu me pergunto se seu sadismo poderia ser um sintoma da doença que se manifestou mais tarde.

Suas zombarias e provocações iam além da típica implicância entre irmãos. No jantar, era só eu falar alguma palavra ou expressão da moda para Keller atacá-la, e a mim, pelo meu modismo, minha simplicidade, minha falta de originalidade. Quando uma cena de um filme ou de um especial da Disney me fazia rir ou chorar, ele tirava sarro de mim por rir e tirava sarro de mim por chorar e tirava sarro de mim quando eu não dizia nada. Ele sempre sabia que conseguiria uma reação minha, o que o estimulava a fazer ainda mais.

Em determinado momento, eu desliguei por completo. Sabendo que eu ia ser ridicularizada ou provocada, faria qualquer coisa para não chorar, ou rir, ou mostrar qualquer emoção. O maior desafio para mim era fingir que eu tinha alguma habilidade sobre-humana para suportar a dor. Acrescente a isso a pressão que as meninas sentem de qualquer maneira para agradar as outras pessoas, para serem boas, e bem educadas e organizadas – e eu desviei ainda mais para um mundo onde nada poderia me perturbar ou me prejudicar.

Às vezes as provocações do meu irmão chegavam à violência física. Uma noite, nós brigamos com tanta força na cama dos meus pais que a TV caiu no chão com as vibrações. Outra vez, Keller, que havia se tornado uma espécie de líder do bairro, organizou uma luta entre mim e um menino da rua. Ele chegou até a apostar com seus amigos que eu podia ganhar. Eu sabia que não podia, mas fui em frente com aquilo de qualquer maneira, porque queria que ele sentisse orgulho de mim. Quando eu reclamava para meus pais do Keller, ou pedia para que fizessem ele parar de me atormentar, eles apenas diziam: "Ah, bate nele de volta."

A GAROTA DA BANDA

Ah, bate nele de volta – palavras que ainda circundam meu cérebro quarenta, quase cinquenta anos depois. Porque não importa o quanto tentasse, eu nunca conseguia *não* reagir ao Keller, mas eu também não podia depender dos meus pais para me proteger ou ficar do meu lado. Se algo acontecesse bem na frente deles, eles iriam intervir, mas, se não, meu pai diria algo como "para com isso". Mas não havia justiça naquilo – somente uma eventual retaliação de Keller.

Talvez seja por isso que, para mim, a página, a galeria e o palco se tornaram os únicos lugares em que minhas emoções poderiam ser expressas e encenadas confortavelmente. Esses eram os locais onde eu poderia expor a sexualidade, a raiva, a falta de preocupação com o que as pessoas pensavam. A imagem que muita gente tem de mim de desapegada, impassível ou distante é uma *persona* que vem de anos sendo provocada por todos os sentimentos que já expressei. Quando eu era pequena, nunca houve qualquer espaço onde pudesse receber alguma atenção que não fosse negativa. Arte, e a prática de se fazer arte, era o único espaço que era só meu, onde eu podia ser qualquer pessoa e fazer qualquer coisa, onde apenas usando minha cabeça e minhas mãos eu podia chorar, ou rir, ou ficar brava.

Mas durante minha adolescência, meu irmão era o carismático – um nerd com uma cabeça grande como um astro do cinema e um brilho sobrenatural, o líder de seu pequeno grupo de amigos apaixonados. Muito antes de *Freaks and Geeks* aparecer, Keller criou um fanzine, que ele chamou de *The Fiend Thinker (O Pensador Diabólico)*. Era uma celebração do nerdismo e do não pertencimento, incluindo definições de palavras que ele havia inventado, que ele mimeografava e distribuía aos seus seguidores. No ensino médio, ele e seus amigos até fizeram seu próprio estudo sociológico sobre sua turma da oitava série. Eles entrevistaram garotos de vários grupos sociais – surfistas, nerds, os mais populares e os hispano-americanos, ou HAs, como eram conhecidos na época. Meu pai ficou orgulhoso de Keller por isso, como ele aplicou suas ideias em uma situação contemporânea, mesmo que o estudo fosse uma apropriação direta. Meu irmão foi muito reconhecido por esse estudo. Foi uma de suas primeiras e últimas grandes realizações.

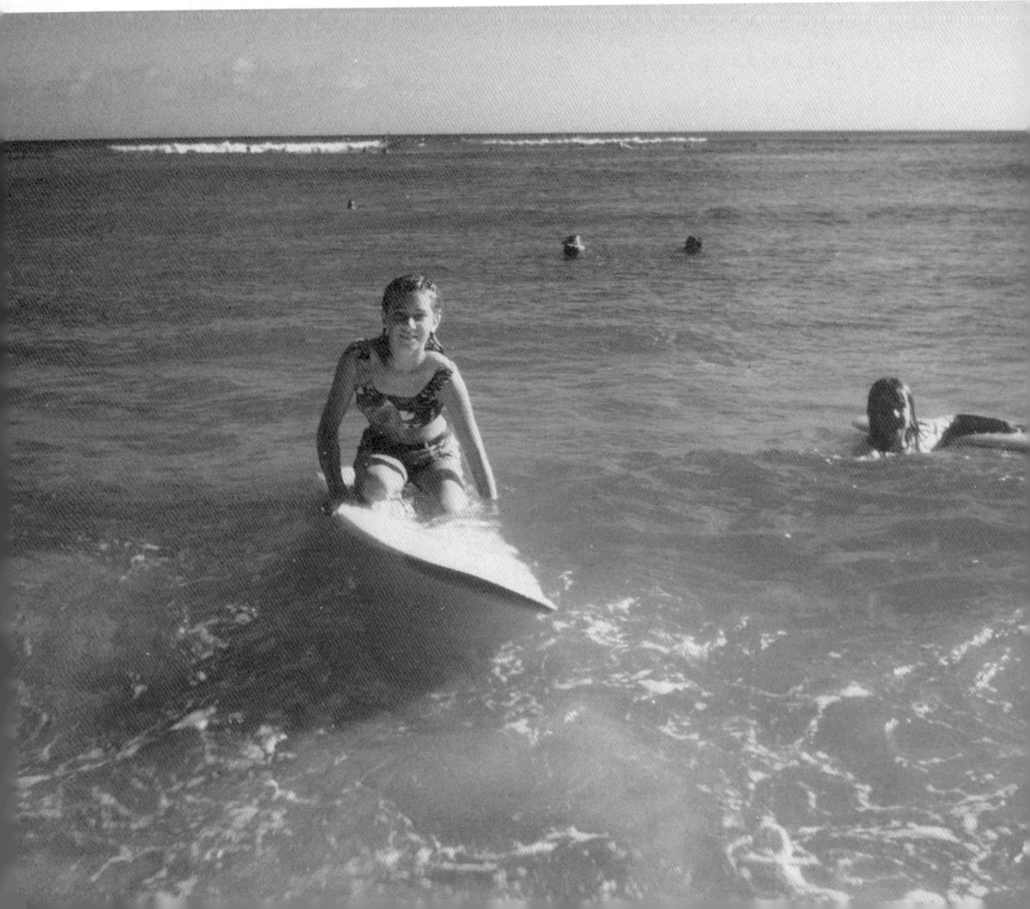

7

EM 1963, o ano em que JFK morreu e os Beatles foram ao Ed Sullivan, meu pai tirou um ano sabático em um *think tank*, e minha família foi morar no Havaí. Eu estava incrivelmente empolgada para ir. Quando eu era pequena, adorava o musical *South Pacific*, que se passa em uma ilha, Bali Ha'i, e passei muito tempo reencenando as músicas no meu quarto. Aos 10 anos, eu era uma pré-adolescente inquieta, madura para minha idade, curiosa sobre sexo, começando a sentir meu lado sensual, e o verbete da enciclopédia sobre o Havaí mostrava fotos e mais fotos de mulheres seminuas com flores em volta de seus pescoços. No avião, as aeromoças da Pan Am eram lindas e serviam a todos, inclusive a mim, champanhe grátis. Quando chegamos, insisti em comprar um biquíni com um pouco de enchimento na parte de cima, o que me fazia sentir um pouco mais velha.

O glamour terminou quando comecei a frequentar uma escola pública, onde pela primeira vez eu era minoria. Nas culturas asiáticas, "Kim" é um nome masculino, e a população do Havaí é praticamente toda asiática, então estavam sempre pegando no meu pé. Ainda assim, não era de todo mau. Eu me lembro de andar descalça pelo Manoa Valley. A grama era úmida, e o cheiro no ar era o pano de fundo ideal para minhas sensações sexuais pré-adolescentes. Keller e eu tínhamos surfado um pouco em Latigo Shore Drive, perto de Malibu, por isso estava acostumada com a praia e a água. Eu tinha meu biquíni novo e minha própria prancha de surf, uma pequena Hobie, e os lindos e jovens professores de surf havaianos me paqueravam em frente ao Royal Hawaiian Hotel. Eu sempre pareci mais velha do que realmente era – como uma clássica garota californiana, de fato. O espaço que sempre existiu entre meus dois dentes da frente desapareceu, e as marcas de catapora do meu rosto, que sempre me fizeram sentir tão insegura, se misturaram ao meu bronzeado.

Dois anos depois, quando eu estava com 13 anos, meu pai foi convidado para lançar um programa de estudos no exterior pela UCLA, e nossa família arrumou as malas para passar um ano em Hong Kong. Me afastar dos meus amigos era a última coisa que eu queria fazer, embora ter começado as aulas no meio do ano e ser jogada na estrutura estranha das escolas públicas de L.A. depois das minhas experiências na escola-laboratório e no Havaí não me deixassem exatamente ansiosa por ficar. Tudo na escola havia mudado. Eu estava desligada, passava o tempo no córrego que seguia pela escola, procurando um pouco de confusão. No Havaí, eu era como uma criança selvagem, ia pra escola descalça, enquanto em L.A. fui empurrada para a escola pública, onde as outras meninas usavam saias com pregas e casaquinhos. Eu odiava aquilo. Ainda assim, deixei claro para meus pais que não queria ir para Hong Kong. Houve até um papo sobre eu ir morar em Nova Jersey com antigos amigos dos meus pais, uma família que fora nossa vizinha em Rochester, que tinha dois filhos da minha idade. Ou que Keller e eu poderíamos até ir para um internato na Suíça, o que, em retrospecto, parece ridículo. No fim, não fizemos nada disso, e eu ainda adoro dizer que meu pai inaugurou um projeto de estudos na China para a UCLA.

A GAROTA DA BANDA

Nós quatro chegamos a Hong Kong logo após a passagem de um tufão. No aeroporto, os funcionários distribuíam guarda-chuvas, que quebravam na mesma hora. Hong Kong não era como nada que eu já tinha experimentado antes. O ar era tão quente e úmido que era como entrar dentro de um forno, e você tinha que respirar fundo para recuperar o fôlego. Os cheiros e os sons eram avassaladores. Na minha primeira noite lá, eu me lembro de trombar com as pessoas na rua, e chorar, o que embaçava e desfocava ainda mais as luzes amarelas da cidade. Eu me sentia tão oprimida pelo calor, caos, barulho e os cheiros de Hong Kong que me convenci de que nunca – nunca – iria sobreviver lá por um ano.

Naquele primeiro mês nós moramos em um hotel no centro de Kowloon. Meninas chinesas usando saias em camadas de chiffon no estilo dos anos 1950 tocavam músicas dos Beatles no bar do térreo do hotel. Andar pelas ruas de Hong Kong era como se mexer no meio de um vagaroso tumulto. À noite, era possível ouvir os dados espalmados e os tapas discretos dos jogos de mahjong. Naquela época, como hoje, o cenário predominante da cidade parecia ser a troca de dinheiro por mercadorias, a toda hora. As coisas eram baratas também. O dia amanhecia, e com ele a familiar onda de calor úmido, além dos lojistas agressivos e desprezíveis que ficavam em suas portas acenando para mim ou qualquer outra garota que passasse. Naquela época, Hong Kong era uma colônia inglesa e um importante porto, e hoje eu me pergunto como meus pais me deixavam andar sozinha. Marinheiros do mundo todo vagavam pelas calçadas, dizendo coisas insinuantes, um deles até me cutucou levemente na barriga, falando: "Ei, menina, o que você está fazendo?" Eu passei rápido por ele, desesperada, mas extasiada também, porque em um estranho mundo novo eu me sentia visível e notada.

Como nós estávamos morando em um hotel, Keller e eu tínhamos que dividir um quarto, e uma noite ele tentou subir na minha cama. Ele estava nu. Quando eu o empurrei e falei para ir embora, ele me chamou de vagabunda, uma palavra que foi difícil de esquecer, embora eu soubesse que ele não estava em seu juízo perfeito. Ainda assim, eu tive medo de pedir aos meus pais para que eles pagassem por um outro quarto. Eles iriam perguntar por quê, e como sempre, não importava o quão assustada e chateada eu pudesse estar, eu não queria que Keller tivesse qualquer problema. Eu ainda o idealizava, me convencia de que ele era melhor do que era, queria protegê-lo, e eu sempre odiei ouvir meu pai gritar com ele. Naquela época, Keller era excêntrico, mas ninguém, especialmente eu, reconheceu os sinais da sua futura esquizofrenia. Em vez disso, eu me deixava sentir culpada, como se eu fosse de alguma forma responsável por tudo o que ele fazia de errado.

Nossa escola de Hong Kong, batizada em homenagem ao rei George V, estava cerca de duas décadas atrás das escolas que conhecíamos nos Estados Unidos. Além de surras, varas e uniformes obrigatórios (que eu meio que gostava, como num filme romântico), havia punições, que incluíam escrever a mesma frase centenas de vezes – "Não devo conversar durante a aula" –, entre outras habilidades maravilhosamente úteis. O professor mais temido e implacável do corpo docente era o de religião. Ele fiscalizava a classe em busca dos menores indícios de mau comportamento e usava bermudas coloniais brancas tão engomadas que era possível ver através delas sempre que ele se sentava.

As escolas inglesas iniciavam um ano antes das escolas americanas, o que significava que todos na minha classe eram um ano mais novos que eu. Os meninos batiam na altura do meu peito. Durante o semestre, conheci um menino inglês mais velho, um baterista de 15 anos que se tornou meu primeiro namorado. Nosso relacionamento era extremamente cerimonioso. Nós íamos para a casa dele e ficávamos namorando no quarto; em seguida, tínhamos um almoço formal e silencioso na antiga sala de jantar com os pais dele, a refeição servida pela ama da família – uma empregada doméstica. Em Hong Kong, ao que parecia, todos tinham pelo menos uma ama, mas a família dele tinha duas.

Eu sabia muito bem da existência do lendário distrito da luz vermelha de Hong Kong, Wan Chai – era bem conhecido, até mesmo para os turistas –, conforme eu ia ficando mais curiosa sobre sexo. Eu fui lá uma vez com uma amiga, e durante o dia os bordeis, casas de massagem e bares de mulheres pareciam comuns, desinteressantes. Em uma tentativa de aumentar meu limitado conhecimento sexual, li *The World of Suzie Wong*, mas nesse aspecto ele foi decepcionante. Também li todos os livros de Ian Fleming, na época um passo além de Nancy Drew. Minha mãe me deu, ou me deixou ler, *Lolita* e *Candy*, a paródia popular de sexo de Terry Southern, que li com os olhos bem abertos, absorvendo cada palavra. Como minha sexualidade crescente parecia chatear e preocupar minha mãe, ela deve ter pensado que estes livros iriam me mostrar como *não* ser. Por volta dessa época, eu também me lembro dela me dizendo que os meninos podiam gostar das meninas por sua aparência, mas a qualidade do cérebro de uma menina era a passagem para um relacionamento mais gratificante. Foi um conselho que me causou todos os tipos de neuroses. E que também provou ser errado.

Hong Kong é dividida em três áreas, e depois de um mês em Kowloon nós nos mudamos para um apartamento em uma colina no setor de Novos Territórios da cidade. Era montanhoso e pacífico, a cerca de uma hora de carro do centro da cidade, com uma varanda que dava para um mar cintilante e plácido, geralmente pontilhado por um ou dois barcos de junco chineses ao longe. Se você pegasse um trem, chegaria eventualmente à Grande Muralha da China, mas eu não a veria até o Sonic Youth tocar lá muitos anos depois.

Keller e eu tínhamos um amigo americano chamado Barry Finnerty, que morava na parte de baixo da colina, ao lado dos trilhos do trem. Um adolescente espinhento dois anos mais velho que eu, que estava aprendendo a tocar músicas dos Beatles em sua guitarra elétrica, e cuja mãe sempre recebia reclamações dos vizinhos sobre o barulho, Barry tinha conseguido ser expulso do Rei George V no segundo dia de aula por inventar letras cheias de palavrões para os hinos da cerimônia da manhã. Ele gostava de andar falando alto que era um "judeu aposentado e um ateu agnóstico". Os vagões de carga paravam em frente ao prédio de Barry, alguns deles carregando porcos para o abate, seus focinhos cutucando as infinitas barras do trem. Envolto em sua repulsa americana por todas as coisas terrenas, carnais e exóticas, Barry corria para a estação e tirava fotos dessas centenas de focinhos, uma das coisas que ele mais gostava de fazer.

Barry mais tarde se tornou um guitarrista de jazz respeitado, chegando a tocar com Miles Davis, e nós fomos amigos por bastante tempo. Quando minha família voltou para L.A., eu costumava ir até San Francisco, onde Barry morava com a mãe. Naquela época, o último voo da PSA Airlines era às dez ou onze da noite, às sextas, e a passagem custava 10 dólares. Aos 15 anos, eu podia ser muito nova para ficar na Sunset Strip – havia um toque de recolher às dez horas para os menores de 18 anos –, mas em San Francisco eu era livre para andar por aí e ver bandas no Fillmore e no Avalon Ballroom. Eu amava San Francisco e dizia a mim mesma que um dia iria estudar numa escola de arte de lá.

Nesse meio-tempo, nós aproveitamos os baixos preços de Hong Kong, especialmente dos costureiros. Keller encomendou camisas de botões em várias cores com uma grande listra no meio, no estilo dos surfistas, feitas sob medida para ele. Eu gastei toda minha mesada em um biquíni, mas quando finalmente o provei, não fiquei parecida com as meninas e os biquínis das revistas femininas. Minha ideia de paraíso era frequentar uma loja de Hong Kong que vendia roupas no estilo *mod* inglês: calças boca de sino de cintura baixa em veludo cotelê vermelho, calças rosa-queimado com laços na frente, blusas curtas. Eu passava os dias vagando pelas prateleiras de roupas que não podia pagar, pensando em todos os lugares em que iria usá-las. Como sempre, Keller atraiu toda a atenção quando uma noite ele e alguns amigos foram escondidos para a ilha de Macau, o porto escuro e nefasto onde o jogo era legal. Meus pais tinham lhe dito várias vezes que ele não podia ir lá e ficaram furiosos quando descobriram que ele tinha ido mesmo assim. Esse foi o início da adolescência rebelde de Keller, um momento em que ele também fez amizade com um garoto chamado Mitch, cujos pais eram missionários. Um ano depois, Mitch iria desempenhar um pequeno papel na decadência de Keller.

8

DE VOLTA A L.A., com quase 14 anos, eu fui novamente confrontada com a perspectiva de estudar em uma escola pública. Eu não me encaixava com as "boas meninas de classe média". Realmente não entendia o conceito de notas ou de se vestir de forma convencional. Em vez disso, eu saía com uma turma mais pobre e tentava evitar chamar a atenção das garotas mexicanas, que batiam em quem ousasse olhar para elas da maneira errada. Eu fui muito mais feliz alguns anos depois, no ensino médio, quando o final dos anos 1960 estava em plena ebulição, a moda tornou-se mais caótica, e eu conseguia fazer amigos mais naturalmente.

Keller estava agora no ensino médio e não era mais nerd. Ao se tornar surfista, ele ficou com uma aparência melhor, e começou a sair com várias garotas bonitas. Seu amigo de Hong Kong, Mitch, tinha vindo morar com a gente, porque seus pais queriam que ele terminasse o ensino médio nos Estados Unidos. Em retrospecto, esta não foi a melhor decisão em nenhum aspecto, já que Mitch e Keller passavam a maior parte do tempo no quarto, fumando maconha e tomando LSD, as paredes cobertas com pôsteres que brilhavam com luz negra e todo o espaço aceso por caixas com luzes.

Depois do ensino médio, Keller começou a cursar a faculdade e a se interessar por Shakespeare e Chaucer, embora mais tarde ele trancasse o curso. Ele escreveu sonetos que pareciam estranhamente como os de um bardo, e saía recitando publicamente essas e outras obras antigas. "Você quer ouvir o meu novo poema?", ele perguntava. Sem esperar que eu respondesse, ele começava a entoar linhas ou estrofes inteiras. Mesmo assim, não me ocorreu que o comportamento de Keller era extremo, compulsivo, ou pelo menos estranho. Todo mundo fumava maconha e tomava ácido. O clima da época era o de quebrar fronteiras, alterar convenções, e agir de forma estranha, e naquele momento eu não achava que aquilo estivesse ligado a uma doença mental. Keller fazia parte de um tempo que permitia que o comportamento de qualquer um alternasse do excêntrico charmoso para o antissocial preocupante para o esquizofrênico sem que ninguém acendesse sequer um pequeno sinal de alerta. Pelo contrário, se encaixava perfeitamente com a abordagem hippie do estilo de vida elisabetano encarnado antes nas feiras renascentistas.

Nesse período eu e meu irmão tínhamos nos tornado amigos, aliados e conspiradores contra nossos pais. Ele estava no auge, uma evolução que começou no Havaí e intensificou-se em Hong Kong. Em casa, uma conversa séria era travada – e se Keller fosse convocado para lutar no Vietnã? Afinal, ele havia frequentado a faculdade por um tempo, mas tinha parado, e, durante meu último ano do ensino médio, ele morava em um trailer na garagem dos meus pais. Mesmo que não estivesse na faculdade, alguém de sua idade ainda poderia ser convocado. Mas dentro do trailer todos os conflitos eram suavizados e desfocados na fumaça de haxixe e gravações de áudio de *Hamlet*, *Macbeth* e *Noite de Reis*. Keller me apresentou a Nietzsche, Sartre, Balzac, Flaubert, Baudelaire e a todos os outros pensadores, escritores e poetas franceses que minha escola considerava desnecessário ensinar. Nós ouvíamos jazz de vanguarda – Ornette Coleman, Coltrane, Albert Ayler, Don Cherry e Archie Shepp. Nossa falta de qualquer tipo de formação musical não nos impedia de fazer *jam sessions* improvisadas na sala de estar dos meus pais com um tambor africano, um gongo chinês, uma flauta doce e nosso próprio piano de armário tosco. Era apenas algo que Keller e eu fazíamos juntos, música improvisada selvagem e desorganizada, sendo eu, de longe, a mais autoconsciente e inibida.

Mas meu irmão estava indo ladeira abaixo em um ritmo muito lento. Ele mudou seu trailer para Malibu. Ninguém percebeu como ele estava se tornando antissocial e solitário, como ele afastava um velho amigo após o outro. Ele terminou com sua bela namorada de forma abrupta, sem lhe dar qualquer motivo, e sua reclusão me deixou preocupada. Na maior parte do tempo ele ficava sozinho, escrevendo sonetos para um mundo que não se importava com isso. Um ano depois do ensino médio, eu fui, para todos os efeitos, morar com meu namorado, e uma noite Keller apareceu na casa do rapaz. Ele não conseguia parar de chorar. Ele ficava deprimido o tempo todo, disse, e não sabia o que fazer. Fiquei assustada e disse aos meus pais que eu achava que ele deveria consultar um psiquiatra, mas eles descartaram a ideia.

Era uma estranha inversão de papéis. De repente Keller estava recorrendo a mim, sua irmã mais nova, para conseguir ajuda. Eu havia me tornado uma irmã mais velha simbólica, uma protetora, que é o papel que ainda desempenho para Keller até hoje. Ele nunca fez isso por mim.

Não havia um nome, naquela época, para o que estava acontecendo com ele. Meus pais eram de uma geração que se preocupava com seus próprios problemas, que considerava a psicoterapia um luxo. Ambos vieram de famílias em que cada um mantinha seus problemas para si mesmos e tocavam a vida adiante. Se Keller estava começando a agir de uma maneira um pouco fora do comum, todo mundo não estava tentando abre-e-fecha-aspas *se encontrar* no sul da Califórnia no início dos anos 1970? Sem falar que a psiquiatria tinha uma certa paranoia sobre isso. Apareciam constantemente artigos nos jornais sobre pais frustrados que internavam seus filhos iconoclastas em hospitais psiquiátricos, o que levou à aprovação de uma lei na Califórnia em que os hospitais não poderiam legalmente manter pacientes contra sua vontade por mais de 48 horas. Meus pais eram educados, mas eles não tinham nenhuma atração pela psicologia, e terapia e remédios psiquiátricos eram para os realmente loucos, não para os idiossincráticos, e certamente não para seu próprio filho idiossincrático. Mesmo que eles tenham finalmente cedido e arranjado um psiquiatra para Keller, foi um pouco tarde demais. Todos nós passamos a conhecer bem a lei-das-48-horas nos anos seguintes.

Em um momento, quando morava em Malibu, meu irmão começou a se vestir inteiramente de branco. Ele deixou a barba crescer e passou a carregar uma Bíblia, não por qualquer motivo religioso, ele diria se alguém perguntasse, e sim por sua excelência literária. Começou a inventar palavras, seu próprio alfabeto e idioma particulares. Ele começou a se referir a si mesmo como Édipo, com a intenção de fazer uma referência engraçada a Sófocles. Ainda assim, isso não parecia tão extraordinário, já que naquela época havia *muitos* caras barbudos vestidos de branco vagando por L.A. Charlie Manson estava começando a aparecer nas praias e desfiladeiros de Malibu. Keller às vezes dormia em uma casa ao pé do Topanga Canyon, onde numa noite ele conheceu outro membro da família Manson, Bobby Beausoleil. Bobby dizia repetidamente: "Você devia vir até o rancho qualquer dia." Felizmente, Keller nunca foi. No ensino médio, uma das ex-namoradas do meu irmão, Marina Habe, foi supostamente morta pela família Manson. Marina tinha 17 anos, era linda e dirigia um carro esportivo vermelho, chamativo. Ela havia voltado da Universidade do Havaí para casa, em L.A., para o feriado de Natal, quando alguém a empurrou para dentro de um carro e a sequestrou. Seu corpo foi encontrado mais tarde perto da Mulholland Drive. Ela havia sido esfaqueada repetidas vezes.

Keller e eu costumávamos pegar carona até Malibu, assim como Manson fazia. Para falar a verdade, eu constantemente encontrava pessoas que haviam dado carona a Manson ou o tinham deixado na beira da estrada. "Eu conheci um cara estranho que falava sobre o fim do mundo e 'Revolution 9' e o deserto", diziam. Após o assassinato de Sharon Tate, em 1969, eu ficava dizendo para mim mesma que tudo ia ficar bem, que eu morava em um bairro de classe média onde nada como aquilo poderia acontecer em um milhão de anos.

Keller acabou se formando na Universidade da Califórnia em Irvine e foi para Berkeley, onde obteve seu mestrado em clássicos. A carreira acadêmica do meu irmão era demorada e com muitas pausas, e foi provavelmente por esse motivo que nem meus pais nem eu estávamos lá no dia em que ele se formou em Berkeley. Esse foi o dia em que ele teve seu primeiro episódio psicótico completo. No meio de um delírio inspirado por Shakespeare sobre as mulheres ao seu redor serem "donzelas", ele investiu contra uma menina no refeitório, e os seguranças do campus acabaram arrastando-o para a ala psiquiátrica.

Quando ele foi solto, voltou para casa e foi morar com meus pais. Nos anos seguintes, ficou cada vez mais difícil para eles o controlarem. Ele se mudava para uma casa de recuperação, se comprometia a começar a tomar seus remédios de novo, e depois quebrava a promessa e acabava nas ruas, ou aparecia na casa dos meus pais agressivo, ameaçador e paranoico. Eles o devolviam para a ala psiquiátrica da UCLA, e 48 horas depois ele era liberado e o ciclo começava todo novamente. Certo dia ele acabou no sistema carcerário.

É assim que as coisas são era a resposta dos meus pais – uma tragédia, orgânica, inexplicável. O quanto a minha mãe lia ou sabia sobre a condição de Keller eu não sei. Em um momento ela foi atrás de ajuda, eu me lembro dela me dizendo uma vez que os grupos de apoio à esquizofrenia para as famílias eram "deprimentes". Ela sempre teve a esperança de que Keller iria melhorar, renascer das cinzas, recomeçar sua vida. Isso não aconteceu. Um dia, um lugar em Santa Monica que oferecia algo chamado Step Up on Second ajudou meus pais a descobrir a melhor maneira de navegar pelo sistema.

Apesar de sua grande população de rua, a Califórnia está numa posição bem no fundo na lista dos estados americanos que oferecem serviços sociais ou programas de saúde mental dignos, e Reagan fez o que pôde para fechar instituições para doentes mentais em todos os Estados Unidos. Naquela época, quase não existiam programas para ajudar as famílias a lidar com parentes maiores de 18 anos com doenças mentais, a menos que você pudesse provar que eles pretendiam ferir a si mesmos ou a outras pessoas. Havia apenas as casas de recuperação, algumas melhores do que outras, mas a maioria eram lugares tristes e perigosos.

No final, meus pais não tiveram outra escolha a não ser deixar Keller sob a guarda do Estado. Isso significava que eles já não eram legalmente responsáveis pelo seu bem-estar, não eram mais as pessoas cujo telefone tocaria às duas da manhã, quando alguma crise ocorresse. No final, eles arrumaram um lugar para ele perto do CalArts, uma clínica de reabilitação composta de uma população mista de dependentes de drogas, alcoólatras e pessoas como Keller. Posteriormente, ele se mudou para algo parecido com uma casa de repouso no vale de San Fernando, onde morou até recentemente.

Todos os anos, às vezes duas vezes por ano, vou para a Califórnia visitá-lo. Eu tenho feito esta viagem nas últimas décadas. A casa onde ele mora atualmente fica em um bairro latino de classe média baixa e é administrada por um grupo de cristãs afro-americanas. Apenas outros dois pacientes vivem lá. Os quartos são claros, a comida é boa e tem um quintal com um pouco de grama. Eu levo cigarros, batatas fritas e Coca-Cola. Ele é completamente feliz. Não há computadores ou e-mail, e nós não conversamos por telefone durante o ano, pois sei que ele vai inevitavelmente encerrar a conversa com "Onde você está?" e "Quando você vem me ver?", e eu não quero lhe dar esperança nem desapontá-lo.

    Keller está com sessenta e poucos anos agora e parece melhor do que há muito tempo. Seu cérebro ainda é o mesmo, passando rapidamente da realidade para a fantasia e de volta outra vez, embora a medicação que ele está tomando o tenha tornado mais agradável, mais carinhoso. É difícil, às vezes, lembrar da pessoa agressiva, paranoica e à beira da violência que sua doença o transformou. Num minuto ele está falando sobre o Prêmio Nobel da Paz que acabou de receber em Oslo, e no minuto seguinte menciona algum detalhe assustadoramente preciso sobre uma pessoa ou lugar real que eu mesma tinha esquecido. No ano passado, ele recitou um poema que me disse que tinha escrito em alemão, uma língua que ele fala, embora a partir de seu sotaque alemão florido você pudesse jurar que ele era um berlinense nativo.

    Ele ainda é meu irmão, a única ligação que eu tenho com a minha família de origem, e um lugar e uma época. Ainda luto com a ideia de que eu o deixei fazer com que eu me sentisse mal comigo mesma. A noção moderna de autoajuda é que "só você pode fazer de si mesmo uma vítima". Me pergunto o que ou quem eu teria me tornado se ele não fosse meu irmão.

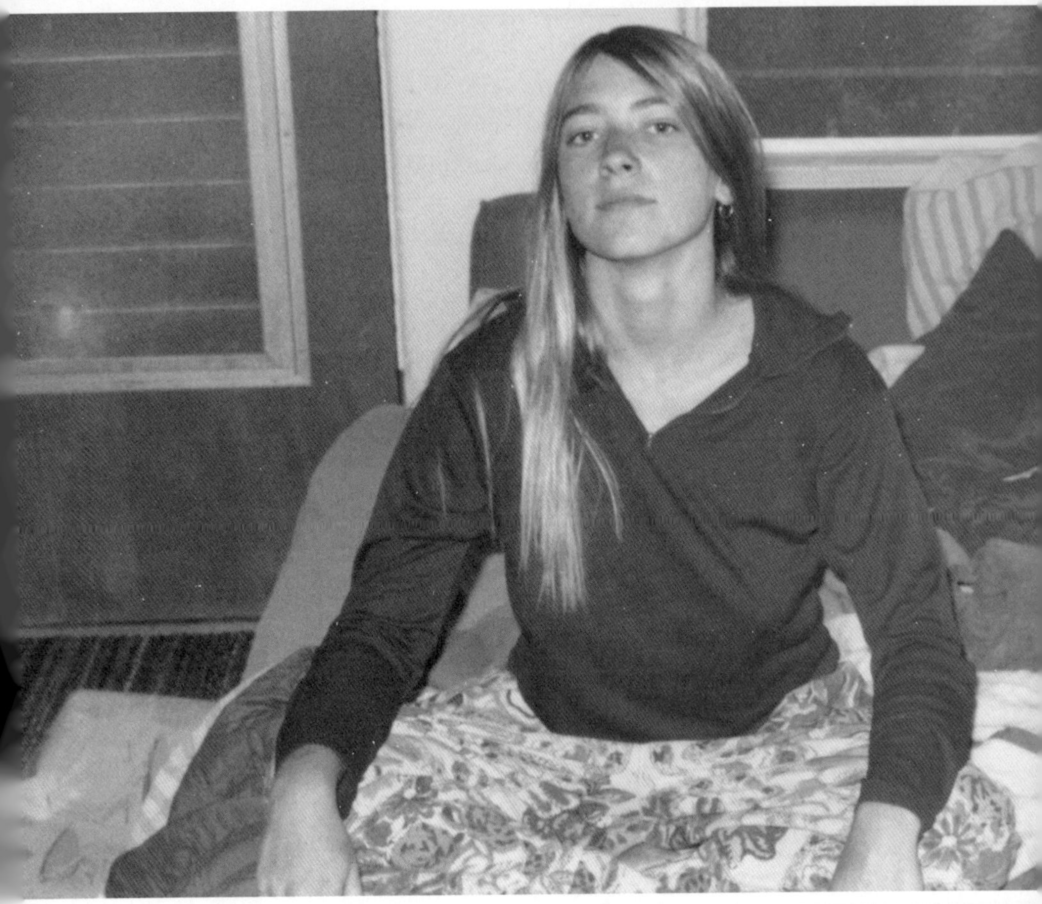

9

L.A. NO FINAL DOS ANOS 1960 tinha um ar de desolação, uma perturbação. Mais do que qualquer coisa, tinha a ver com um sentimento, que ainda se encontra em partes do vale de San Fernando. Havia uma sensação de extensão apocalíptica, das calçadas e casas avançando sobre as montanhas e continuando para sempre, misturado a uma espécie de decadência. Por ter sido criada em L.A., eu sempre tive a consciência de sua dispersão, da falta de uma ligação com qualquer coisa que não fosse seu próprio reflexo no espelho.

Minha mãe não me deixava ir com os outros jovens para a Sunset Strip. Para ela, a Strip era um território maligno, espalhafatoso, fugaz, destrutivo. Uma das minhas amigas mais próximas no ensino fundamental tinha uma babá, e eu me lembro do dia em que ela reclamou que minha amiga ia para a Sunset Strip e colocava muita maquiagem. A babá perguntou por que minha amiga não era mais parecida comigo. Achei isso engraçado. O fato é que eu realmente queria ir para a Strip, mas para isso precisaria de uma identidade falsa, e minha mãe e eu discutimos muito sobre isso, desde que eu havia assumido como minha responsabilidade e dever questionar as autoridades. Na época, e até hoje, sob as palmeiras e a areia e a luz do sol, L.A. é um estado policial com leis rigorosas de toque de recolher. Enunciado: "É ilegal a qualquer menor com idade inferior a 18 (dezoito) anos estar presente em qualquer rua pública, avenida, rodovia, estrada, meio-fio, viela, parque, parque infantil ou outra área pública, espaço público ou edifício público, área de diversão ou alimentação, lote vago, ou lugar sem supervisão entre as 22h de qualquer dia e o nascer do sol do dia imediatamente seguinte." Em 1967, um filme de baixo orçamento, *Riot on Sunset Strip*, foi lançado nos cinemas com uma trama que girava em torno dos tumultos que aconteceram na Strip entre 1966 e 1970. O filme mostrava com precisão o que acontecia lá, e quem não queria fazer parte daquilo?

O ensino médio foi um período negro para mim – eu nunca senti que me encaixava, e os outros jovens pareciam estranhos, porque, na verdade, eles eram – mas eu sobrevivi. Naquela época, as pessoas mencionavam as palavras *crise de identidade* em relação aos adolescentes, e alguns ainda o fazem. Uma frase estranha, na qual eu costumava refletir por horas. Eu pensava que a geração mais velha estava moldando a ideia de crescer de uma forma terrível. Esse termo instila muita ansiedade e temor em relação a se tornar quem você realmente é e quem você vai ser um dia. Por que *Quem sou eu?* é considerado uma crise? Eu não tinha nenhuma crise. Minha identidade era simples: eu tinha feito arte desde que tinha 5 anos de idade, e além da dança, a arte era a única coisa que me interessava. Se isso não se encaixava nas convenções da época, quem se importava?

No final dos anos 1960, Alan Watts e outros pensadores estavam introduzindo nos Estados Unidos ideias da filosofia oriental e do budismo. A ideia de banir o ego estava em alta, em contraste com o pensamento ocidental, que se relacionava com a estrutura de três atos de

A GAROTA DA BANDA

Hollywood, de começo, meio e fim. Eu estava muito mais interessada no fluxo de narrativa não tradicional, que era encarnado pelo cinema francês da Nouvelle Vague. Isso, junto com tomar ácido e fumar maconha, me levou a uma nova direção de pensamento. Daquele ponto em diante, eu nunca iria ter certeza, ou me sentir confortável, em relação a chegar a conclusões ou declarações definitivas e rigorosas sobre qualquer coisa. Questionar as coisas tinha a ver com "tornar-se", que por sua vez me deixava mais perto de viver no presente e mais longe da ideia de que você está terminado, pronto, formado ou maturado em alguma idade pré-definida, como os vinte e poucos anos. Talvez seja por isso que tantas pessoas se identifiquem com a série *Girls*, da HBO. Ela mostra aquela fase da vida em que as pessoas mais velhas assumem que só porque você se formou na faculdade você sabe quem é ou o que está fazendo, e na verdade a maioria das pessoas não sabe. Eu sabia uma coisa: eu não conseguiria descobrir quem eu realmente era até que deixasse L.A. e a minha família. Até que esse dia chegasse, eu fiquei apenas esperando, em suspensão. Famílias são como pequenas aldeias. Você sabe onde está tudo, como tudo funciona, sua identidade é fixa, e você não pode realmente sair ou se *conectar* com qualquer coisa ou qualquer um de fora, até que não esteja mais lá fisicamente.

Os meninos ajudavam a matar o tempo. Eles sempre gostaram de mim, apesar de eu nunca ter certeza se também gostava de qualquer um deles. Eles se aproximavam com os clichês californianos do momento. "Você é tão *negativa*, Kim", disse um, e depois me convidou para sair. "Você tem que ser mais *aberta*", disse outro, enquanto um outro ia na onda do pensamento positivo, e outro ainda queria que eu cantasse com ele. Um menino me escreveu um poema cheio de divagações sobre como eu seria mais feliz dançando livremente, sozinha, em uma selva. Eu tinha 17 anos, era um pouco selvagem e rebelde, embora nem uma fração do que era o Keller, e era o final dos anos 1960 no sul da Califórnia. Hipercautela era minha especialidade.

No final do ensino fundamental, namorei um menino mexicano alguns anos mais velho que eu. *Tenha cuidado*, costumava dizer minha mãe. *Aonde vocês vão?* Ela tinha medo de que nós fôssemos perseguidos pelo fato de a gente ser um "casal misto". Na época, minha mãe trabalhava para a ACLU, o que sempre me fez revirar os olhos. Tive outros namorados também, nenhum a sério. E então eu conheci Danny Elfman.

Hoje Danny é um músico e compositor de cinema conhecido por uma série de coisas – foi vocalista e compositor do Oingo Boingo, compôs a maior parte das trilhas dos filmes do Tim Burton e até escreveu a música-tema dos *Simpsons* – mas naquela época ele gostava mais de cinema e surrealismo do que de qualquer outra coisa. Danny parecia ter se materializado um dia em nossa escola. Ele estava numa série antes que eu, era carismático e ligado em política, um menino que pelo menos dava a impressão de ter um mapa do caminho a seguir dali para frente. Era o outono de 1969 e uma época volátil na cultura, para dizer o mínimo. A nossa escola era um microcosmo do mundo. Havia manifestações e greves de professores. Lorna Luft, uma das duas filhas de Judy Garland, estudava lá, e chegou a trazer Sid Caesar para dirigir uma peça. Mais tarde, algumas pessoas passaram a acreditar que um culto real tinha se infiltrado na escola, apesar de que naquele momento já era difícil dizer a diferença.

Eu estava passando pelo meu próprio minimotim, matando aula, querendo estar em qualquer lugar, menos numa sala de aula. Danny resolveu liderar uma manifestação, levando os alunos a marchar em volta da escola para mostrar nossa solidariedade para com os professores. Por volta dessa época, nós começamos a namorar oficialmente. Foi a primeira vez que eu senti que tinha encontrado um par, e Danny foi o primeiro garoto com quem eu sentia que podia conversar de verdade, que compartilhava os meus pontos de vista, bem como a necessidade de ir contra a corrente.

Danny e eu íamos acampar bastante. Fomos para Sequoia e Yosemite, dormimos em sacos de dormir sem uma barraca sobre nós, e Danny filmou um curta-metragem cheio de significados adolescentes: minha mão enquadrada na frente de um monte de neve, com sangue, que Danny acrescentou depois pintando as células do filme de vermelho – mas talvez isso seja amor quando se está no ensino médio.

Nos anos seguintes, Danny e eu ficamos juntos e nos separamos algumas vezes – mas parecia que não conseguíamos permanecer fora da vida um do outro. Nós terminamos quando Danny se formou e foi para a África com um amigo. Ou era o que eu achava. Enquanto Danny estava no exterior, nós não nos comunicamos – parecia haver uma competição silenciosa sobre qual de nós dois se importava menos com o nosso relacionamento –, então segui com minha vida.

Meu quarto em casa tinha uma porta que dava para o quintal. Uma noite, um outro menino estava lá quando Danny – que eu não via desde que ele tinha ido para a África – bateu na porta. Eu tive que sair e dizer a ele que estava com uma visita. Danny ficou muito irritado. Depois, ele me disse muito sério que este incidente o havia humilhado, e tinha sido responsável por transformá-lo em, em suas próprias palavras, um completo "idiota". É claro que as coisas entre nós não tinham acabado, e quando, mais tarde, ficamos juntos de novo por um breve período, foi a vez de Danny me deixar. Ainda assim, Danny se abriu para mim como ele nunca tinha feito com ninguém antes – um dos benefícios, talvez, de se conhecer as pessoas antes que elas estejam totalmente formadas – e ele sempre incentivou minha arte.

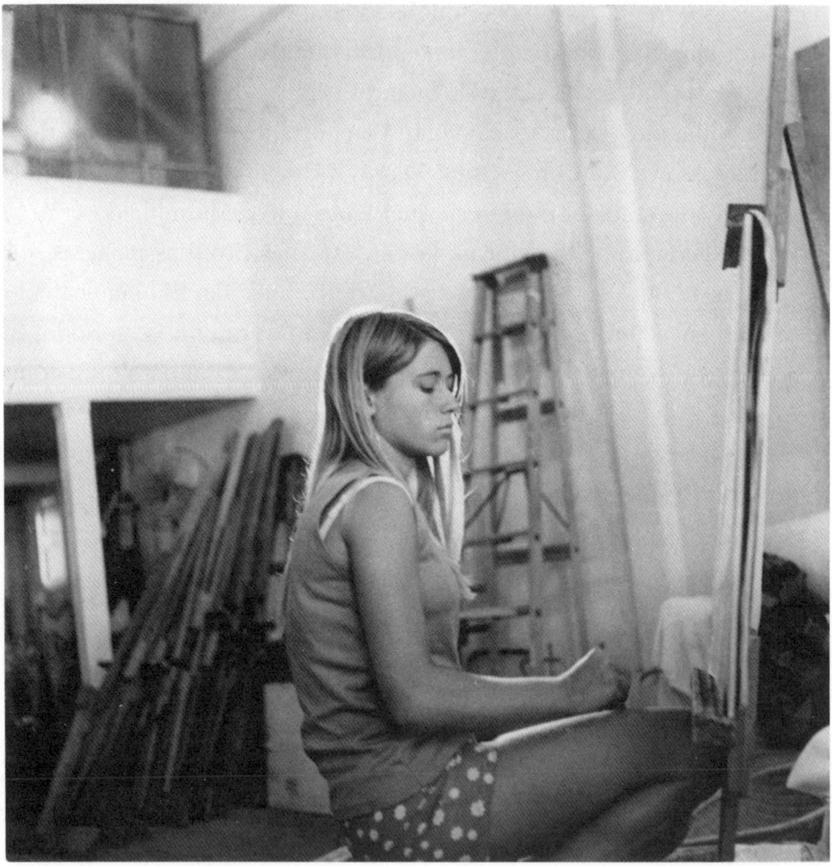

10

MICHAEL BYRON, um aspirante a músico que namorei antes de Danny, morava perto da escola, e durante o último ano do ensino médio meus amigos e eu fugíamos e pulávamos a alta cerca de arame para ir à casa dele, onde a gente ficava chapado, ouvia o *Bitches Brew*, do Miles Davis, e namorava. Eu tinha outro grande amigo, Willie Winant, cujo irmão mais velho depois criou a série de TV *Minha Vida de Cão*, que coincidentemente foi filmada na minha escola. Willie era baterista, e nenhuma das outras meninas da nossa turma queria muito papo com ele – ele tinha um grande coração, mas não estava exatamente em sintonia com seu corpo. Eu costumava criar coreografias em nossa aula de dança moderna, com Willie sempre no centro do espetáculo. Para mim era um desafio mostrar para as outras meninas, e para minha professora, que não sabia nada sobre dança, que o tipo de corpo não importava.

Fora da escola, eu fazia aulas em um estúdio de Martha Graham com uma francesa excêntrica, mas minha mãe não queria que eu seguisse com a dança – era muito *showbiz* para ela. A professora de dança na minha escola também dava aulas de ginástica, e para mim essas eram as únicas aulas realmente criativas que eu tinha. Qual era a coisa mais ultrajante que você poderia fazer e ainda chamar de "dança" sem ser expulsa da escola? Eu me lembro de ter criado uma coreografia para uma música do Frank Zappa, "Dog Breath, in the Year of the Plague", do álbum *Uncle Meat*. Willie representava alguém no banheiro, enquanto eu e as outras dançarinas éramos os mecanismos da privada, jogando papel higiênico na plateia. Um ano depois, Matthew Bright, que mais tarde dirigiu o infame *Freeway – Sem Saída*, com Reese Witherspoon, contava vantagem dizendo que, durante um espetáculo de dança seu, ele jogou fígados de frango na plateia.

Minha melhor amiga na época era uma garota chamada Marge. Marge e eu costumávamos sair escondidas à noite, e nos encontrávamos no meio do caminho entre as duas casas. Uma noite, alguns de nós roubamos uns grandes blocos de gelo da máquina de gelo da escola e invadimos o campo de golfe Bel Air às duas da madrugada. Nós colocamos toalhas sobre o gelo e deslizamos pelas encostas escuras. Outra vez fomos até Beverly Hills e cortamos as flores dos jardins das pessoas. Foi uma aventura inofensiva, pensamos, porque, afinal de contas, Beverly Hills era muito perfeita para começo de conversa.

Marge também gostava de me arrastar para as passeatas e os *love-ins*. Por ser a mais velha de três irmãos, e uma líder, ela era bem mais durona e madura que eu. Na noite surreal e chocante em que Bobby Kennedy foi morto, Marge tinha ido para o Ambassador Hotel para vê-lo falar. Em um momento ela estava falando em ir para lá, e duas horas depois RFK estava morto – em L.A., ainda por cima, aquele lugar seguro e bonito dos cenários dos filmes, com carros novos brilhantes e gente bonita bronzeada, uma cidade onde, graças às leis de toque de recolher, ninguém podia nem sequer perambular pelas ruas.

Terminei o ensino médio um semestre mais cedo. Eu estava feliz que tinha acabado, e como uma "jovem" formada no ensino médio que tinha recém-completado 17 anos, eu decidi tirar um ano de folga antes de começar no Santa Monica College. Meus pais não pagariam as mensalidades da CalArts, mas eu era teimosa e não queria estudar em nenhum outro lugar. Finalmente, cansei de trabalhar como garçonete e de fazer outros trabalhos braçais, e fui morar com uma amiga, Kathy Walters, uma aluna do Santa Monica College. Se minha memória não falha, a mensalidade no Santa Monica College era de 30 dólares por semestre. É claro que isso foi antes de Ronald Reagan destruir todo o sistema educacional da Califórnia, desde as faculdades comunitárias até as universidades estaduais, com suas ideias brilhantes sobre congelar impostos sobre a propriedade, não deixando, assim, qualquer dinheiro para a educação. Em seguida, ele partiria para cima do país todo.

No outono seguinte ao final do ensino médio, eu estava saindo com um cara tranquilo, introvertido e gentil chamado Rick, que tinha vinte e poucos anos. Rick morava em Westwood Village, que durante o início dos anos 1970 era o único lugar que tinha qualquer tipo de cena, uma colmeia para a criatividade. Rick me apresentou a outro morador de Westwood Village, seu amigo Larry Gagosian.

Larry passava o tempo todo em Westwood, vendendo livros de arte na rua. Os empreendedores sempre apresentam sinais precoces de quem eles irão se tornar, eu acho. Larry tinha alugado um espaço ao ar livre, que ele sublocou para outros comerciantes, a fim de criar uma espécie de minimercado. Ali ele vendia gravuras toscas, produzidas em massa, de obras de artistas contemporâneos – o tipo que chama a atenção de mulheres adolescentes ou na faixa dos 20 anos que se consideram românticas – em molduras de metal feias e baratas. Marge e eu queríamos ganhar dinheiro – eu estava tentando ser o mais financeiramente independente possível, depois de ver Keller viver às custas dos meus pais por anos, ficar desempregado e deixá-los preocupados, o que eu não queria fazer –, então nós começamos a trabalhar para ele.

Quadro após quadro – eu devo ter montado milhares daquelas coisas, e as dimensões de sessenta centímetros por um metro ainda estão gravadas no meu cérebro. Teria sido um trabalho simples e digno se Larry tivesse sido um bom chefe, mas ele não era. Ele era grosso, gritava com a gente o tempo todo por atrapalhar, ou por ser muito devagar, ou por simplesmente *existir*. Ele era instável, e a última pessoa no planeta que eu imaginaria que mais tarde se tornaria o mais poderoso marchand do mundo. Larry tinha uma bull terrier chamada Muffin, que ele estava sempre tentando abandonar, e uma vez ele me disse que, sempre que uma mulher dormia na casa dele, Muffin ficava com ciúmes, ia para baixo da cama e rasgava a roupa da mulher com os dentes.

Um dia eu parei de trabalhar para o Larry – simplesmente não podia mais aguentar –, mas nossos caminhos voltariam a se cruzar diversas vezes.

11

ÀS VEZES EU ACHO QUE, em algum nível, nós sabemos o tipo de pessoa que vamos ser na vida, que, se prestarmos atenção, podemos extrair essa informação. Acho estranho quando as pessoas não sabem o que querem fazer na vida. Porque, mesmo quando eu era uma garotinha brincando com objetos de argila na Escola-Laboratório da UCLA, eu sabia que queria ser artista. Nada mais importava. Eu estremeço quando lembro de Andrea Fraser, a artista performática, uma das artistas mais destemidas que eu conheço, usando essa frase em uma de suas apresentações para criticar as instituições de arte e os mitos sobre artistas: "As palavras exatas são: 'Eu queria ser artista desde que tinha 5 anos.'" Porque essa era a minha frase.

Minha mãe sempre achou que um dia eu iria me tornar uma artista gráfica, embora eu nunca tivesse mostrado qualquer interesse em design gráfico (eu era pintora/escultora – tudo malfeito, nada gráfico). Mas às vezes ela também dizia a seus amigos que eu ia acabar como intérprete nas Nações Unidas – "Ela se relaciona muito bem com todo mundo", dizia a eles, embora eu ainda não entenda por que ela diria algo assim sobre alguém tão obviamente tímida e pouco comunicativa. Mais tarde, meus pais, especialmente meu pai, apoiaram a ideia de eu seguir uma carreira criativa. O colapso de Keller pode ter minado suas expectativas, deixando tudo num patamar muito mais baixo: Kim pode fazer o que ela quiser, desde que não enlouqueça.

Eu me lembro do irmão mais velho de um amigo me interrogando quando eu era adolescente. Artista? Como você vai virar artista? O que você vai fazer se não conseguir virar artista? E se você falhar? Você tem um plano B? Nunca me ocorreu que eu poderia falhar. "A sua arte é muito pessoal", Danny me disse uma vez. "Então vai ser popular." *Pessoal* é algo que eu ainda relaciono a pintores de ocasião. Ainda carrego comigo uma luta entre o trabalho conceitual – arte baseada em uma ideia principal – e meu puro amor carnal e sensorial pelos materiais.

Em 1972, comecei a estudar no Santa Monica College. A esta altura, Rick, meu namorado na época, tinha começado a sofrer convulsões. Com 18 anos, eu me sentia jovem demais para conviver com o medo constante de alguém ter uma convulsão e eu ficar ali, impotente, sem saber o que fazer. Isso, e minha ida para a faculdade, contribuíram para a nossa separação.

Eu me envolvi, mais uma vez, com Danny e fui morar em Venice com alguns amigos. A arquitetura pós-moderna estava na moda, e em algumas áreas de Venice havia construções em madeira bem diferentes, com ângulos estranhos e janelas imprevisíveis de madeira e chapas de metal corrugado, ao lado dos pequenos chalés indígenas usados nos finais de semana por atores de Hollywood e andarilhos. Em meados dos anos 1970, Venice também era um lugar inóspito e assustador. Uma rua podia não ter problemas, mas a quadra seguinte poderia ser uma área disputada por traficantes. Eu morava em uma das piores ruas. No dia em que estávamos tirando as malas do meu Fusca 68, um cara que parecia louco se aproximou de nós segurando uma grande faca de açougueiro. Seus movimentos eram tão lentos e floreados que ele só podia estar chapado, e nós fizemos um círculo em volta dele antes de correr para dentro da casa e trancar a porta. Outra noite, quando eu não estava, alguém passou de carro atirando em todas as casas do nosso lado da rua.

Guillermo, o proprietário da casa, era um argentino que também era roadie do Crosby, Stills, Nash & Young. Ele era nosso vizinho, o que significava que havia sempre um clima de festa. Na época, eu era amiga de um cara chamado Richie O'Connell, e de um grande amigo de Richie, Bruce Berry, que tinha alguma ligação com Jan Berry, da dupla de rock dos anos 1960 Jan & Dean. Sempre que Guillermo e Bruce voltavam de uma turnê, a gente fazia festas que iam até de madrugada. Uma noite, fomos para a casa de Jan no alto de uma colina, uma caixa de vidro contemporânea e cafona em um lugar duvidoso que um dia seria um bairro, sem nada ao redor. A cocaína era onipresente, a heroína, um pouco mais escondida, mas eu não curtia aquilo. Eu lembro de estar lá uma manhã, por volta das oito horas, vendo uma menina de topless flutuar pela sala de estar enquanto tocava um violino.

Depois, Bruce começou a trabalhar só com o David Crosby. Quando ele disse a todos que conhecia que alguém tinha entrado no carro de David e roubado sua Stratocaster, todos nós sabíamos que tinha sido Bruce e que ele tinha vendido a guitarra de David para comprar heroína. No início dos anos 1990, quando o Sonic Youth saiu em turnê com o Neil Young, eu percebi que a música "Tonight's the Night", do Neil, sobre um roadie que tinha tido uma overdose, tinha sido escrita para o mesmo Bruce Berry. Ele morreu em 1973.

Tudo isso viria depois. Quando eu morava em Venice, Richard, Bruce e eu gostávamos de ficar acordados a noite toda dirigindo por Hollywood Hills, indo parar nas casas de pessoas improváveis, como Hal Blaine, o famoso baterista de estúdio que já tinha trabalhado com Elvis, os Beach

KIM GORDON

Boys e o Steely Dan. Outra noite um grupo de amigos e eu fomos até a casa de Arthur Janov. Janov foi o criador do grito primal, uma técnica terapêutica que supostamente revivia sua experiência traumática do nascimento e o libertava através de gritos e outras desinibições vocais. Os Janovs moravam em uma daquelas casas da Mulholland Drive. O lugar não era tão assustador como a famosa casa de *Dublê de corpo*, mas chegava perto – uma bela casa moderna, fria e vazia, com uma enorme janela com vista para o centro de L.A. Eu não conhecia muito bem a filha deles, Ellen, ela era amiga de um amigo. Ela tinha muitos problemas, e também era viciada, embora eu não soubesse disso na época. Diziam que ela saía com os Rolling Stones, que eram amigos de seus pais. À medida que a noite passou, todos os meus amigos desapareceram em um ou outro quarto gelado, e eu me lembro de ficar ali esperando sozinha até a manhã seguinte, quando eles estavam prontos para ir embora. Poucos meses depois, Ellen morreu em um incêndio.

Dizem que a guitarra de Joni Mitchell no disco *Song to a Seagull* fez Jimmy Page chorar. Gostaria de saber se, como muitos desses músicos ingleses que cresceram no meio do fog e do frio, Jimmy Page era apaixonado pela Califórnia e pela ideia dos cânions, ou pelos próprios cânions. Mesmo que eu precisasse sair de Los Angeles para me tornar eu mesma, eu adorava a mística dos cânions também, e tudo que eles representavam. Em meados dos anos 1970, a estética californiana estava definitivamente sendo exportada, e eu teria que levá-la comigo.

12

DEPOIS DE DOIS ANOS no Santa Monica College, me transferi para a York University, em Toronto. Willie Winant, meu amigo da escola e das aulas de dança, estava planejando estudar percussão lá e me falou sobre o lugar. York tinha um currículo interdisciplinar, e eu fantasiava que lá eu poderia estudar dança e artes visuais. O dinheiro era um grande fator também. Eu descobri que as faculdades canadenses custavam quase nada, o que deixou York muito mais atraente, já que eu ainda estava tentando pedir o mínimo possível aos meus pais, mesmo que eles pudessem pagar a conta.

    Fomos juntos em comboio, eu seguindo o Willie pelo país no meu Fusca. Quando chegamos a Saint Louis, o mundo de repente ficou marrom. A paisagem tornou-se feia, difícil de enfrentar, os edifícios minúsculos e decepados, como peças de algum triste jogo de tabuleiro. Eu não estava acostumada com o marrom, ou mesmo com sombras – a luz do sul da Califórnia transformava até mesmo as áreas mais feias e as cores decrépitas da cidade em cinza-claro e brilhante – e eu comecei a sentir que tinha cometido um erro gigante ao deixar a Califórnia.

Toronto era totalmente diferente de Los Angeles também – o centro da cidade brilhante e reluzente, misturado com conjuntos de casas idênticas que pareciam medíocres e sombrias. Fui morar em uma grande e bonita casa vitoriana com a irmã de um amigo de escola e duas amigas dela, todas mais novas, todas bailarinas. Poderia ser uma combinação perfeita, mas elas eram calouras, e difíceis de lidar, e eu não gostava de morar em um lugar onde era obrigada a contribuir com dinheiro para gastos com refeições coletivas ou ter que ir ao supermercado, principalmente porque eu não pensava em ficar lá a maior parte do tempo. E o currículo de arte da York também não era tão interdisciplinar como eu achava que seria, o que significava que eu ficava basicamente sozinha, fazendo arte em uma salinha. Willie e eu logo ficamos amigos de outros americanos que estudavam em York, bem como de dois chilenos que eram primos. Só recentemente, quando eu voltei a ter contato com um deles, percebi que em alguma época os meninos foram membros de uma banda cult chilena de rock progressivo dos anos 1970 chamada Los Blops, que havia emigrado para os EUA para escapar da ditadura no Chile.

Meu professor de mídia em York era o cineasta George Manupelli, do Fluxus. George era, de longe, o professor mais interessante da faculdade, que bebia bastante e tinha uma namorada muito mais jovem que havia sido sua aluna. O Fluxus explorava a arte como um processo, usando o espectador, ou a plateia, para completar o trabalho. E perguntava: O que a arte pode ser?

Para um projeto, eu e um grupo de amigos decidimos montar uma banda. Nós a batizamos de Below the Belt, e a formação era eu, uma menina canadense chamada Rae, Willie na bateria comum (embora ele fosse percussionista, Willie não estava acostumado com baterias comuns e encerrava qualquer música quando se cansava), e os dois chilenos, Felipe na guitarra e Juan Pablo no baixo. Rae, uma beleza de cabelos negros, e eu cantávamos e tocávamos pandeiro. Em suas calças apertadas de cetim verde os dois chilenos eram muito mais próximos dos Rolling Stones na aparência e perspectiva do que o resto de nós, que éramos mais despreocupados com a coisa toda.

Nosso segundo show foi no Ann Arbor Film Festival. Antes do show, todos ficamos bêbados. Naquela noite, Willie usava um vestido e um chapéu, e antes do show começar, ele colocou fogo no palco, um estilo e um truque que ele tinha desenvolvido durante seu curto período com os Mystic Knights of the Oingo Boingo, com Danny Elfman. Willie gostava de chocar as pessoas, e nos convidou a entrar no palco pedindo que "os chicanos e as putas viessem tocar". A gente fez, eu me lembro, uma bagunça barulhenta, puro caos e gritos estridentes. Nós dançamos, jogamos nossos pandeiros no chão, e quebramos tudo em uma jam de garage noise. Não demorou muito para os responsáveis puxarem a tomada. A gente tocou só duas ou três vezes, principalmente para se divertir, mas eu sabia que essa banda não ia a lugar nenhum. Anos mais tarde, meu amigo desde sempre, o artista Mike Kelley – que sempre extraía um imenso prazer do inaceitável –, me contou que estava na plateia naquela noite, e que a nossa performance o tinha inspirado a ir para casa e montar uma "banda de *noise garage*". Em retrospecto, vejo que a banda que Mike montou tornou-se a Destroy All Monsters e cresceu a ponto de incluir ex-integrantes dos Stooges. Até Mike me dizer isso, eu não fazia ideia do gênero ao qual a Below the Belt pertencia, se é que havia um. Mas eu sabia de uma coisa: eu gostava de estar no palco.

A York University tinha acabado de inaugurar um novíssimo departamento de música – sempre tinha algum show acontecendo, incluindo apresentações de obras dos compositores residentes. Eu vi grandes shows de música contemporânea enquanto estava lá, desde o Art Ensemble of Chicago até a estreia da peça bicentenária *Rainforest*, de John Cage e David Tudor, embora eu ficasse entediada na maior parte do tempo, fazendo pinturas minimalistas, contidas e pretensiosas, sem professor. Em vez de escrever uma dissertação para a minha aula de cinema, decidi fazer um filme surrealista, mudo, sobre Patty Hearst, que tinha acabado de ser solta pelo Exército Simbionês de Libertação. Com os cabelos pretos na altura do ombro, minha companheira de banda Rae foi uma Patty perfeita. Felipe, que também era cineasta, filmou e me ajudou a editar o filme. George Manupelli me emprestou uma câmera de dezesseis milímetros e filme. Eu estava imersa na arte, mas ainda crua e testando tudo o que podia.

Mas eu sentia saudades de casa também, e ficava cada vez menos feliz conforme o inverno vazio de Toronto vinha chegando. Sem a ajuda do sol da Califórnia, meu cabelo foi ficando cada vez mais escuro, e eu não tinha ideia de como me vestir para o frio. Quando o ano letivo terminou, dirigi de volta à Califórnia, e em vez de fazer planos para regressar a York, comecei a estudar no Otis Art Institute, no centro de L.A. Por 600 dólares o semestre, o Otis era medíocre, mas barato. Morei em vários lugares: Culver City, Silver Lake, Venice de novo. Para pagar as contas, fui trabalhar em um pequeno restaurante indiano chamado Dhaba, que servia comida indiana caseira, cozida eternamente em fogo brando. Meus pais não estavam tão felizes – eles queriam que eu terminasse o que tinha começado em York –, mas o Otis mudou minha vida.

Por algum motivo, fiquei muito próxima de John Knight, um artista conceitual com experiência arquitetônica que tinha vindo a Otis como artista residente e para ministrar um seminário. Eu tinha 24 anos, ele, 31. John era cativante, o primeiro mentor de verdade que eu tive. Eu nunca tinha conhecido ninguém como ele, e a paisagem de L.A. era nosso playground para qualquer tipo de discussão intelectual. John nasceu e foi criado em L.A., e sua prática artística se centrava em todas as forças políticas e sociais que fossem inerentes ao design, arquitetura, história e função do mundo visível, enquanto se conectava simultaneamente com a relação do espectador com a arte ou com o espetáculo em questão. Sua carreira recentemente se tornou mais visível e influente.

Por outro lado, porém, ele era uma luz intelectual, e de certa forma renegado, tendo sido expulso da Otis em sua época por cortar as cercas vivas e usá-las em uma escultura. Nós passamos horas dirigindo por L.A., analisando esquisitices locais e invenções suburbanas, drive-thrus e conjuntos residenciais periféricos com suas casinhas-modelo sufocantes. Ele me mostrou bairros na zona Leste que eu nunca tinha visto antes. Como sempre, tudo em L.A. ou era uma justaposição idiota e bizarra – uma antiga e pitoresca casa de um andar espremida ao lado de uma McMansão gigantesca – ou um destino para piqueniques em potencial, fossem os jardins de Huntington ou um gramado verde na frente de algum novo empreendimento. Não importa aonde eu vá na minha vida, visualmente L.A. será sempre meu lugar favorito na Terra.

John Knight me ensinou que qualquer coisa – um carro, uma casa, um gramado – poderia ser vista e analisada em termos estéticos. Ele me apresentou à arte conceitual, me mostrou como toda arte deriva de uma ideia. Toda semana, sua aula acontecia em um lugar diferente, normalmente uma das casas ou apartamentos de seus alunos. Nós discutíamos em detalhes qualquer coisa que aparecesse ou que estivesse ali por acaso – que tipo de fonte uma máquina de escrever usava, por exemplo. Era Helvética, ou Futura, ou uma fonte menos previsível e rebuscada? Isso pode parecer trivial, mas nos ensinou que o detalhe é importante – na própria obra de John, como na maioria da arte conceitual, o detalhe praticamente *se torna* a obra –, mas as grandes coisas importam também. Foi John, afinal, quem me disse que eu tinha créditos suficientes para pedir a minha saída da Otis, o que acabou sendo algo surpreendentemente fácil de fazer. Mas, antes que isso acontecesse, Dan Graham apareceu.

13

EM 2009, THURSTON e eu fomos convidados a aparecer no Sculpture Center, em Long Island City, que fazia uma homenagem a Dan Graham em seu baile anual para arrecadação de fundos. Sabendo como Dan é obcecado por astrologia, pedi a um amigo que faz mapas profissionalmente que interpretasse o mapa astral dele para nós. Ele concordou, e nós incorporamos trechos em nossa apresentação – Capricórnio ascendente, Sol em Áries, regido por Marte em Gêmeos, em conjunção com Júpiter na Sexta Casa, e assim por diante, antes de Dan finalmente entrar no palco. Nós também tocamos sua música favorita do Fall, "Repetition", já que o vocalista Mark E. Smith é um dos antigos heróis punk marxistas de Dan.

Dan era colega de John Knight, embora fosse um pouco mais velho. John tinha falado muito sobre a obra de Dan em sala de aula, o suficiente para eu saber que Dan era um herói marginal do mundo da arte contemporânea. Quando Dan deu uma palestra na CalArts naquela primavera, eu segui o conselho de John e fui vê-lo, sem saber de todos os papéis que ele iria representar na etapa seguinte da minha vida.

Dan era original. Em 1964, ele lançou a primeira mostra de arte conceitual de Nova York na John Daniels Gallery, um espaço de exposição que tinha aberto com alguns amigos. Na época de sua palestra na CalArts, sua obra mais conhecida era *Homes for America*, uma série de fotos de conjuntos habitacionais de Nova Jersey que a revista *Arts* publicou em 1966. O empreendimento, para onde Dan se mudou quando tinha 3 anos, foi um dos primeiros conjuntos habitacionais de casas idênticas dos Estados Unidos. Alguns críticos se referiram ao trabalho de Dan como as primeiras "fotos minimalistas". Aquelas casinhas eram tristes e iguais, sem graça, pareciam caixotes e eram assombrosas. Elas me faziam lembrar de um grupo de pontas de flechas perto do chão. Posteriormente, Dan descreveu *Homes for America* como um "editorial falso".

Dan era, e ainda é, um pensador e comunicador volátil e selvagem, um antropólogo social autodidata que passou sua adolescência dissecando as obras de Margaret Mead, Jean-Paul Sartre e Wilhelm Reich. Ler um ensaio que Dan escreveu uma vez para a revista *Fusion* sobre Dean Martin, onde ele comparou o artista, com seu cigarro e copo de bebida, a Brecht e Godard, e chamou a *persona* de Martin tanto de "mito" como de "suporte", me fez perceber que tudo e todos podem parecer interessantes.

Dan adorava a aura barata, despretensiosa e exibicionista da astrologia, uma arte e ciência de observação de 6 mil anos de idade condenada a acabar no século XXI nas últimas páginas ensebadas das revistas femininas. A astrologia não era nem remotamente intelectual, e, apesar de Dan nunca ter estudado os planetas a fundo, ele tinha prazer em despejar uma grande quantidade de conhecimento inútil em uma conversa formal. Salpicar sua conversa com referências zodiacais era a maneira de Dan de ser moleque, um punk. Isso deu a ele atalhos para compreender as pessoas, ajudou-o a se aproximar delas. Algumas das obras mais recentes de Dan, que exploravam a relação do artista com o público como um espelho, correspondiam estranhamente ao que ele me disse ser sua própria constituição astrológica, como absorvia as qualidades de quem estivesse conversando com ele no momento.

Eu estava na plateia quando Dan apareceu para palestrar na CalArts. O achei inesquecível. Com a cabeça inclinada para um lado, os dedos enrolando mechas de seu próprio cabelo, Dan falava rápida e pausadamente, lançando ideias aleatórias e tortuosas para a plateia à esquerda e à direita. O histórico sociológico do meu pai provavelmente deixava o trabalho de Dan ainda mais atraente para mim, mas eu também sabia que nunca tinha estado na presença de alguém tão brilhante.

Entre os temas que Dan falou durante sua palestra estavam as origens do punk rock. Quem começou? Foi Malcolm McLaren ou outra pessoa? Mike Kelley, que também estava lá naquela noite, levantou a mão e começou a discutir o assunto. Por ser de Detroit, Mike acreditava que Iggy Pop e os Stooges foram os primeiros punks, e que Detroit era o marco zero da música punk. Dan reconhecia esse fato, e também falou sobre como McLaren tinha ido a Nova York, visto Richard Hell e o Television no CBGB com suas roupas rasgadas e alfinetes, levado isso para a Inglaterra e misturado com o situacionismo. Mike e Dan estavam essencialmente de acordo, mas faziam picuinhas sobre detalhes. A discussão ficou mais intensa, a voz de Dan foi ficando cada vez mais alta, e Mike cada vez mais agitado. É uma conversa que eu testemunhei muitas vezes desde então. O que ficou mais claro sobre aquele dia e aquela troca foi o quão Dan e Mike eram apaixonados por música e como, se pudessem escolher, os dois prefeririam falar sobre rock-and-roll do que sobre arte.

Quando a palestra acabou, eu me apresentei a Dan, e também a Mike. Poucos meses depois, Mike e eu nos tornamos amigos e, por um breve período, envolvidos romanticamente. Dan voltou para L.A., e eu me lembro de levá-lo a um evento de música comunitário em um parque em Orange County. Todo fim de semana o parque apresentava um tema musical diferente. O tema daquela semana era o punk, e, especificamente, o Black Flag. Famílias pontilhavam a grama superverde, espalhando-se em mantas e cadeiras de plástico com seus filhos.

Na época, o vocalista do Black Flag era um cara chamado Keith Morris. Eu gostava do Keith. Ao contrário de outros punks da época, ele evitava usar a moda punk estilizada. Com sua jaqueta camuflada surrada, ele mais parecia um veterano militar assombrado por pesadelos. Quando o Black Flag começou a tocar, algumas das crianças pequenas na plateia começaram a jogar garrafas no palco. O apresentador por fim subiu ao palco e avisou ao público que se aquilo não parasse ele ia encerrar o show ali mesmo. Em resposta, todos começaram a aplaudir. Antes de Orange County ficar conhecida pelo apelido mais cool, O.C., ela era conhecida apenas por ser conservadora.

Durante anos depois disso, Dan falou sobre esse show do Black Flag. O sul da Califórnia era uma fonte inesgotável de diversão para ele: seus bolsões de conservadorismo banhados de sol, as boas maneiras e a delicadeza bizarras, como se a vida tivesse sido reduzida a uma série de curvas embotadas, similares, imutáveis.

Era o início de dois dos relacionamentos mais importantes da minha vida. A influência de Mike sobre mim, se é que existiu, foi sutil, pois nós éramos mais como parceiros. Eu tinha muito prazer em ver outro artista fazer um trabalho que não parecia em nada com a arte conceitual, que não era convencional, que misturava altos e baixos. Por meio do Mike eu também conheci algumas pessoas importantes na minha vida, como Tony Oursler, artista de instalações de vídeo e multimídia, que é ao mesmo tempo uma pessoa generosa e um gênio criativo, e que sempre apoiou o que quer que eu estivesse fazendo. Tony depois me ajudou a filmar e editar um minidocumentário que eu queria fazer sobre o clube Danceteria, e também dirigiu um vídeo incrível para a música "Tunic", do Sonic Youth. Eu também colaborei com Tony e o cineasta Phil Morrison em um projeto chamado *Perfect Partner*, um espetáculo multimídia que criei e apresentei mais de meia dúzia de vezes na Europa e uma vez nos EUA. Eu tinha escrito um roteiro baseado no texto de um anúncio de carro que tentava fazer uma paródia à Nouvelle Vague. Michael Pitt atuou nele. Meu quarteto de improviso tocou a trilha sonora ao vivo, quase sem ensaiar nada, entre duas telas, uma mostrando cenários que Tony filmou, e a outra, logo em frente e semitransparente, mostrando as cenas e os atores que Phil tinha rodado. O efeito era como uma peça gigantesca em 3-D de Tony Oursler. Tony e eu ainda colaboramos em projetos e continuamos amigos.

A influência de Dan foi mais estranha, mais difícil de definir. De uma maneira concreta, Dan me apresentou a todas as bandas de No Wave que tocavam no centro de Nova York em qualquer noite, e eu também adorava o jeito belo-mas-profundo que ele dramatizava ou escrevia sobre questões psicológicas ou sociológicas, como a ideia de apreciar arte como uma espécie de voyeurismo. A paixão de Dan pela música era tão forte quanto seu interesse pela arte, e o rock-and-roll frequentemente era um de seus temas. Uma vez, Dan me disse que gostaria de conseguir criar uma obra de arte que fosse como uma música do Kinks. (Vários artistas ouvem música enquanto trabalham, e muitos pensam: *Por que eu não consigo criar uma obra de arte que pareça tão intensa quanto os sons que eu estou ouvindo?* Eu não tenho uma resposta.)

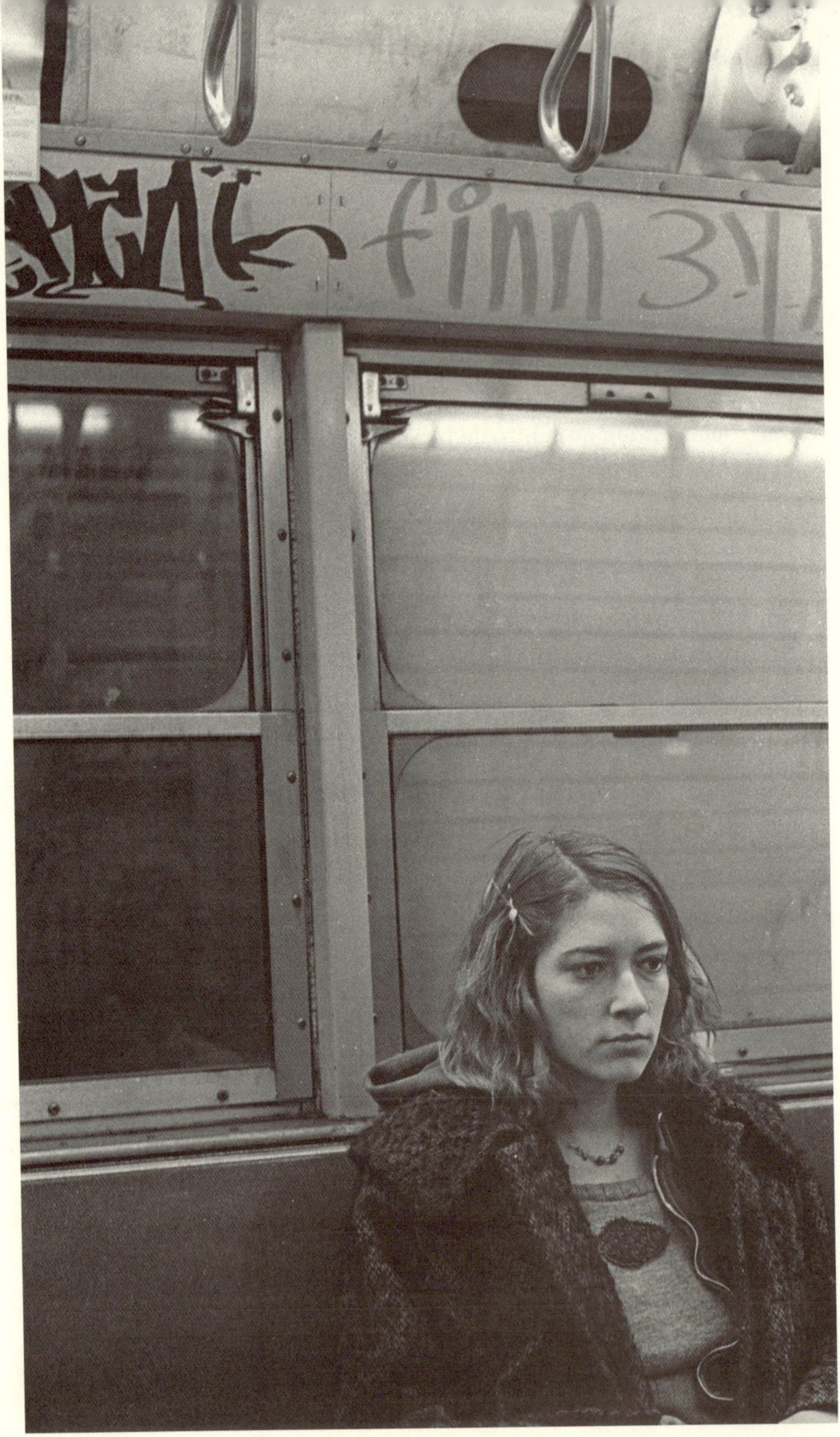
finn

14

DIRIGIR PELA WEST SIDE HIGHWAY ainda me dá a mesma emoção de quando dirigi pela primeira vez pela ponte para chegar em Manhattan, em 1980. Acho que nunca vou perder essa sensação. Hoje, a Henry Hudson Parkway é uma grande reta de asfalto liso para carros esportivos e Range Rovers com placas de Connecticut e Westchester. Do outro lado do rio, as construções de Nova Jersey cortam o horizonte, omoplatas fortemente pressionadas contra o Palisades. Na primeira vez que dirigi pela Hudson Parkway, ela era irregular e estressante, como se seu carro estivesse sendo lançado de uma máquina de fliperama por uma encosta em uma floresta fechada. Tudo era desconhecido e uma possibilidade.

Em 1980, Nova York estava à beira da falência, com greves de lixeiros todos os meses, ao que parecia, e uma infraestrutura frágil e esquelética. Hoje, ela brilha e se eleva de um jeito que a maioria das pessoas que eu conheço odeia e não consegue compreender. Ao lado da avenida nas ruas de números 60 a 70 do lado oeste há um horroroso muro de edifícios Trump, um monumento à corrupção urbana, ao dinheiro fácil e aos nativos que devem ter sido jogados às ruas sem dizer nada. Mais abaixo na ilha, atletas, carrinhos de bebê e bicicletas azuis e vermelhas fluem ao lado do rio por uma passarela ornamentada e cheia de flores ao lado de docas que já foram assustadoras, mas que agora estão esquecidas, onde gays costumavam se encontrar no escuro para namorar ou transar, e prostitutas com casacos de pele e botas altas trabalham nas noites até o amanhecer e o café da manhã.

 O Westway, o antigo clube de strip na Clarkson Street, ainda está lá, mas seu proprietário hoje é um empresário hipster da área de restaurantes, que recebe autoridades culturais irônicas, mais ligadas ao mundo da moda do que à arte, pessoas que são "cool" porque moram em Nova York. O pequeno parque com a quadra de basquete ainda existe na esquina da Spring com a Thompson, um velho marcador de livros cinza-ardósia de uma era que foi reescrita por lojas de marca e consumidores da West Broadway até Tribeca. Qualquer lugar que antes eu sempre sabia que estaria deserto agora está repleto de corpos e carros pretos compridos e sotaques de terras distantes o dia todo, a noite toda.

 Na primeira vez que vim a Nova York, o edifício-galeria na West Broadway, 420, que abrigava Leo Castelli e Mary Boone, era praticamente a única grande galeria estabelecida no centro. A Dia Art Foundation ficava do outro lado da rua, e mais para baixo você podia encontrar espaços extremamente modestos, apesar de formais, que já abrigaram arte "eternamente" minimalista, como o "The Broken Kilometer", de Walter De Maria. Hoje o Soho foi tomado por redes de lojas de shopping cheias de slogans uma atrás da outra: American Apparel, Gap, Forever 21, H&M. Acho que ninguém mais consegue pagar o preço dos aluguéis. A Dave's Luncheonette, bar 24 horas na Broadway com a Canal, parada obrigatória depois do Mudd Club, não existe mais há muito tempo. A Canal Jean, cujas caixas com tudo a 5 dólares na calçada um dia vestiram todos que eu conhecia com jeans coloridos e blusas pretas, é outra instituição desgastada e perseguida. A parte italiana de Little Italy é outro fantasma decadente. Seus clubes para homens, vazios, com exceção das máquinas de café expresso e das atividades suspeitas nos quartos dos fundos, desapareceram. Talvez a clínica de tratamento para usuários de metadona na Spring Street, onde Sid Vicious costumava ir, ainda esteja lá. Caso contrário, não restou nada, a não ser a grande igreja católica na Church Street, embora hoje ela esteja sendo duramente espremida por lojas e pequenos restaurantes temáticos.

O bairro que está sobrepujando Little Italy e o Lower East Side, que um dia foi predominantemente judeu, é Chinatown, sempre crescendo, um miniuniverso de mulheres asiáticas vestidas caprichosamente na última moda, e fachadas de lojas que parecem instalações de arte. À noite, ninguém, incluindo eu, nunca se sentiu seguro para caminhar entre as ruas Grand e Houston em qualquer lugar a leste da Bowery. Por falar nisso, em Alphabet City nenhum quarteirão a leste da Segunda Avenida até o rio era seguro – havia muitos traficantes. Hoje só há estudantes, uma multidão de maças do rosto salientes, barbas por fazer e jeans apertados. O parque assustador entre as ruas Forsyth e Chrystie foi recuperado a tal ponto que hoje as crianças realmente brincam lá.

Hoje em dia, quando estou em Nova York, me pergunto: *Do que se trata este lugar, realmente?* A resposta é consumo e meios de se fazer dinheiro. Wall Street impulsiona todo o país, com a indústria da moda como a cereja do bolo. Tudo o que as pessoas acham fabuloso ou incrível dura cerca de dez minutos, antes que a cultura passe para a próxima coisa. Ideias criativas e ambição pessoal já não são mutuamente exclusivas. Um amigo descreveu recentemente o trabalho de um artista que nós dois conhecemos como "corporativo", e não era um elogio. O Museu de Arte Moderna é como uma loja de presentes gigante do centro.

Nova York é hoje uma cidade anabolizada. Ela agora se parece mais com um desenho animado do que com qualquer coisa real. Mas Nova York nunca foi ideal, e as pessoas sempre se queixaram amargamente sobre as mudanças da cidade, a perda da autenticidade.

Quando você estuda arte contemporânea em Los Angeles, Nova York é continuamente apontada como o único lugar possível para se viver e trabalhar com arte. Ela sempre esteve no meu campo de visão como uma possibilidade. Eu ainda tinha interesse na dança, até tive aulas de balé enquanto estava na escola de arte. Eu me lembro de ler sobre o conjunto disperso de bailarinos de Nova York que colaboravam com cineastas e compositores para apresentar peças de vanguarda na Judson Memorial Church, em Greenwich Village. Fiquei especialmente tocada pela ideia do "No Manifesto", de Yvonne Rainer. Yvonne rejeitou todas as técnicas, todo o glamour, todo o teatro em sua dança. Ela preferiu se concentrar na maravilhosa e bela trivialidade dos corpos em movimento. A ideia de que um filme poderia ser dança fundiu minha mente.

Tudo parecia estar acontecendo em Nova York, e ir pra lá se tornou meu objetivo assim que eu me formei pela Otis. Não seria minha primeira viagem para lá. Poucos meses antes peguei o ônibus para o leste em uma missão de reconhecimento, em parte para conhecer a cidade, em parte para escapar de um relacionamento com um artista mais velho que eu sabia que era ruim para mim. Sabia que se ficasse naquela relação ninguém jamais iria me levar a sério ou me tratar como qualquer coisa além da brilhante jovem protegida de um velho. Passei seis meses em Nova York antes de pegar o ônibus de volta para L.A., para juntar dinheiro para financiar um possível futuro lá.

Antes que pudesse ir embora, eu me envolvi em um acidente de carro. Aconteceu no mesmo dia em que Keller teve seu primeiro episódio psicótico após sua formatura em Berkeley. Eu estava parada em uma ruazinha no trânsito pesado do sul da Califórnia, no meu velho Fusca, esperando para virar na Robertson Boulevard, em Culver City, quando um carro descendo a rua bateu em um segundo carro. Eu sou a testemunha, disse para mim mesma, e logo em seguida o mesmo carro deslizou até a calçada, batendo no meu Fusca e esmagando-o contra um muro. Não tive ferimentos graves – torci as costas, levei alguns pontos e o incidente foi passado para as companhias de seguro –, mas um ano depois o dinheiro que recebi por causa do acidente tornaria possível minha vida em Nova York.

15

ESCREVER SOBRE NOVA YORK é difícil. Não porque as memórias se cruzam e se sobrepõem, porque é claro que isso acontece. Não porque os incidentes e as épocas se misturam, porque isso acontece também. Não porque eu não me apaixonei por Nova York, porque apesar de eu estar sozinha e pobre, nenhum lugar tinha me feito sentir tão em casa. É porque, sabendo o que sei agora, é difícil escrever sobre uma história de amor com o coração partido.

Dirigi para o leste com Mike Kelley. Mike tinha decidido me acompanhar na travessia do país, e talvez dar um tempo e visitar alguns amigos. Tarde da noite, exaustos e quase delirando, fizemos um desvio para Nova Orleans, uma cidade que oferecia tantas promessas míticas e banais de bons momentos que Mike não parava de descrevê-la como um refúgio de prazer.

Todos os hotéis de Nova Orleans estavam lotados, por isso Mike e eu acabamos ficando em uma pensão em uma área comercial horrível, o mais distante possível da emoção e do romance do Quarteirão Francês que alguém poderia estar. Acordamos na manhã seguinte com imagens das calçadas da cidade de Nova Orleans se formando e rodando pelas paredes do nosso quarto vagabundo. Secretárias e executivos de cabeça para baixo passavam ao nosso redor como um alfabeto em chamas. Alguém tinha pintado a janela do quarto com tinta preta, deixando apenas um pequeno ponto no meio, transformando o quarto inteiro em uma enorme câmera pinhole – na minha cabeça, uma instalação de arte quase perfeita. Mike e eu podíamos estar presos em um quarto úmido em um hotel decadente, mas as imagens em nossas quatro paredes eram nítidas, frescas, quase como uma revelação. Foi um momento cuja estranha feitiçaria era impossível de explicar a qualquer um, mas Mike e eu ficamos deitados lá por um longo período, olhando e rindo daquilo.

Poucos dias depois, nós chegamos em Nova York. Ficamos na casa de Cindy Sherman, na Fulton Street. Foi a primeira vez que eu vi o trabalho de Cindy – aquelas antigas fotos de vinte por vinte e cinco dela mesma a caráter em sua parede. Depois Mike voltou para L.A., e eu estava oficialmente sozinha. Eu não tinha dinheiro, o que significava que não podia sequer começar a procurar algum lugar para morar a longo prazo, por isso nos primeiros meses morei com diferentes amigos e alguns conhecidos. Passei duas semanas na Fulton Street com a irmã mais nova de um grande amigo, Elena, que gentilmente me deixou ficar em seu grande e belo espaço, cercado de janelas e uma cama gigante. Elena, que trabalhava com restauração de tecidos no Metropolitan Museum, era uma menina doce e extremamente quieta que, de algum modo, tinha conseguido manter seu estilo boêmio com influências mexicanas do sul da Califórnia, de xales e mocassins, mesmo com os pesados túneis de vento do centro da cidade.

Nova York estava num estado decadente no final de 1979 e em 1980. Durante o dia, Wall Street fervia com secretárias e outros tipos executivos, mas à noite se transformava em um inferno pós-apocalíptico, com ratos, papéis de embrulho e latas intercalados a cada poucos metros

A GAROTA DA BANDA

com pilhas de lixo fedorento, graças ao que parecia ser uma greve contínua dos lixeiros. Por onde quer que andasse, eu mantinha uma boa distância das laterais dos prédios, temendo que ratos pudessem aparecer e me atacar. Pichações misteriosas tinham tomado as portas, garagens e edifícios do Soho com uma única palavra, SAMO, em letras garrafais, em qualquer lugar que você olhasse. Descobriu-se mais tarde que SAMO era o pseudônimo de dois grafiteiros, Jean-Michel Basquiat e seu amigo Al Diaz. Jean-Michel trabalhava na época na Unique Clothing Warehouse, na Broadway, 718. Quando ele e Diaz tiveram um desentendimento no final dos anos 1970, Basquiat deixou seu último registro, SAMO IS DEAD (SAMO MORREU), rabiscado aqui e ali por toda a cidade.

Era tudo incrivelmente estimulante. Como eu tinha morado em Hong Kong, o centro da cidade de Nova York, e, especialmente, Chinatown, me pareciam familiares. Eu costumava andar por Chinatown com um bolinho de carne de porco em uma das mãos, o cheiro e o alvoroço da cidade flutuando em torno de mim, tudo novo para os meus sentidos, mas familiar também.

Os tabloides estavam em todos os cantos da cidade – o *New York Post*, o *Daily News*, ambos imprensa estrangeira para uma garota do sul da Califórnia. Sid Vicious e sua namorada Nancy Spungen ainda dominavam as manchetes. Nancy tinha sido encontrada esfaqueada no banheiro do Chelsea Hotel, na rua 23. Sid alegou que não sabia o que tinha acontecido, mas foi preso mesmo assim, e mais tarde liberado sob fiança. Quatro meses depois, ele teve uma overdose. A história era dramática e sensacionalista, com novas informações divulgadas todas as manhãs e iluminadas pelo sangue das capas alarmistas daqueles tabloides. E depois se acabou, sumiu, com coisas mais novas e recentes tomando o seu lugar – CHEFE DA MÁFIA MORTO, ESQUEMA DE LAVAGEM DE DINHEIRO DESCOBERTO, MULHER EMPURRADA NOS TRILHOS DO TREM, ACIDENTE DE CARRO MATA BELA VIOLINISTA.

Em contraste com a sempre nova L.A., onde tudo tinha seu lugar, Nova York era uma confusão, toda cores, formas, ângulos, altitudes. A cidade parecia se importar menos com dinheiro, pelo menos com o lado da ostentação, do que L.A., onde os símbolos de riqueza cercavam você o tempo todo: uma BMW à sua direita, um Porsche parado à esquerda, um portão alto, arbustos escondendo a propriedade de alguém. Claro que isso foi antes do Soho e da cena artística estourarem, e da própria cidade se transformar em uma espécie de reino cercado por um fosso.

Depois de deixar a casa de Elena na Fulton Street, a cada dois meses eu encontrava um novo lugar para morar por algum tempo. Em janeiro fiquei em um prédio sem elevador com as paredes de gesso descascando em Chinatown. Em fevereiro, arrastei minhas coisas para a zona Norte da cidade, para cuidar do apartamento do amigo de um amigo que estava viajando. Fiquei com Michael Byron, meu antigo namorado da escola, e mais tarde subloquei um espaço de Peter Nadin, um amigo de um amigo que morava na Chambers Street, em uma galeria que também servia como moradia. O espaço de Peter era incrivelmente empoeirado, e as pessoas que se hospedavam lá tinham que se arranjar em volta de qualquer exposição que estivesse acontecendo naquele mês. A galeria tinha um conceito geral: cada novo artista que entrasse era convidado a adicionar algo às obras de arte expostas. As listras na parede de Daniel Buren foram cobertas com as de outra pessoa. Uma sequência de olhos mágicos foi colocados em uma passagem secreta construída nas paredes. A galeria quase nunca era visitada, tornando-se uma espécie de instalação silenciosa, que não era vista por ninguém, exceto Peter e quem estivesse de passagem. Na época, Peter estava saindo com a artista conceitual Jenny Holzer, que mais tarde me sublocou um canto de seu loft.

Foi na casa de Jenny que eu conheci Mary Lemley, uma menina festeira que tinha uma guitarra que seu namorado havia lhe dado. Quando Mary e o namorado terminaram, ela inexplicavelmente me deu aquela guitarra. Não era nada de mais – um instrumento moderno e detonado, com o nome da marca, Drifter, no braço. Ainda assim, para onde quer que eu fosse a partir daquele momento, a Drifter ia comigo. Quando Thurston visitou meu apartamento na Eldridge Street pela primeira vez, ele percebeu a Drifter encostada na parede. "Eu *conheço* essa guitarra", disse ele.

Na época a gente mal se conhecia. Thurston estava morando em Nova York há quatro anos, desde 1976. Ele se mudou para lá vindo dos

A GAROTA DA BANDA

subúrbios de Connecticut aos 19 anos e estava em uma banda chamada Coachmen, formado por rapazes da Rhode Island School of Design. "Como é que você pode conhecer minha guitarra?", eu disse.

"Eu conheço e já toquei com ela também", disse Thurston. Acontece que o caminho dele também tinha se cruzado com o de Mary Lemley. Bem depois, ele enfiaria baquetas no meio da Drifter durante a música "Eric's Trip", do Sonic Youth.

Houve uma conexão instantânea e estranha entre nós, não que precisássemos de outra.

Embora eu nunca tivesse ido na Sunset Strip quando era adolescente, sempre entendi a miséria e a tristeza de lá – sob qualquer coisa que fosse nova, cintilante e fresca. Eu sempre adorei o Andy Warhol, a estética semelhante à da Strip que aparecia em seus filmes e na grafitada Factory, em Nova York – o uso de elementos cafonas e impuros, como materiais metálicos e glitter, o glamour despreocupado de tudo aquilo. Pegar um galho de árvore, cobri-lo com glitter preto e pintá-lo para criar uma casca quebradiça sempre me lembrou a arquitetura de L.A. Um dia vi o próprio Warhol cruzando a West Broadway – a peruca branco-loira combinando com o branco de seu rosto, os óculos de armação preta. Me surpreendia como em Nova York as celebridades se sentiam livres para andar pela cidade sem ninguém nunca incomodá-las, em contraste com L.A., onde as pessoas famosas se escondiam em comunidades cercadas por grades nas colinas. Nova York parecia muito mais real. Mais tarde, quando as pessoas perguntavam para o Thurston ou para mim por que a música do Sonic Youth era tão dissonante, a resposta era sempre a mesma: nossa música era realista e dinâmica, porque a vida era assim, cheia de extremos. Na primeira vez que tocamos com Richard Edson, nosso primeiro baterista, Thurston cortou o dedo em um pedaço de metal de sua guitarra, onde o botão tinha caído. O sangue começou a jorrar para todos os lugares, mas Thurston não parecia se importar, ou mesmo ter percebido. Richard parou de tocar. "Deus, o que você está fazendo?", disse. "Isso não é civilizado." Thurston ouviu e apenas riu.

Na Nova York dos anos 1980, não havia Starbucks, Pret a Manger ou Duane Reades, mas a cada poucos quarteirões você encontrava um Chock Full O' Nuts, uma rede de lanchonetes que vendia donuts, muffins, bagels e café que tinha gosto de água preta quente, mas o mantinha acordado e alerta. Uma das poucas coisas que eu podia me dar ao luxo de comer eram os muffins de milho do Chock Full O 'Nuts na chapa com manteiga. Não existia muffin de milho na costa Oeste, e o conceito de um café "normal", ou seja, com leite, era estranho para mim.

Sem dinheiro, eu tinha que encontrar alguma maneira de ganhar a vida. Meu primeiro emprego foi em uma livraria, a Marlboro, na rua 57, perto da antiga Horn & Hardart Automat. Ao longo dos anos, a Horn & Hardart se transformou no Shelly's New York Steakhouse, no Motown Café e na New York Deli, e hoje foi assumida pela cadeia de hotéis Hilton. Eu morava no centro, na casa de um amigo, e me lembro de andar cinquenta quarteirões em direção ao norte e voltar para comer, já que eu não queria gastar o pouco dinheiro que tinha em tíquetes de metrô. Também trabalhei como ajudante de garçom no Elephant & Castle, um restaurante em Greenwich Village que é um dos poucos remanescentes daquela época, e também no turno da madrugada em um restaurante aberto a noite toda na esquina da rua 23 com a 10ª, no Chelsea.

O trampo da noite foi de longe o pior trabalho. Em 1980, o Chelsea era uma zona morta, vazia e desolada à noite, não muito melhor durante o dia. Estranhamente, eu tinha companhia no restaurante: meu velho amigo e paquera de Venice Richie O'Connell – aquele que tinha me apresentado a Bruce, o roadie do CSNY. Richie era ajudante de garçom no restaurante e nós trabalhávamos juntos durante as madrugadas. Richie foi o primeiro rosto familiar que vi em Nova York, mas não o último.

Mesmo após os dois primeiros discos do Sonic Youth terem sido lançados em meados dos anos 1980, eu continuei trabalhando durante o dia na Todd's Copy Shop na Mott Street, em Little Italy, uma área hoje conhecida como Nolita. Mesmo com uma banda e um contrato com uma gravadora, eu ainda precisava de uma fonte regular de renda. Todd, o proprietário do lugar, era um amigo não oficial das artes, e sua loja era um ponto de encontro para todos os tipos criativos locais. Se você fosse ou trabalhasse lá, sabia para que cada bolsa estava se candidatando ou que tipo de arte eles estavam criando. A namorada de Jim Jarmusch, também cineasta, trabalhou lá comigo e tirava cópias de seus roteiros de graça, e Thurston entrava e tirava cópias de seu zine, Killer.

De todas as pessoas, foi graças a Larry Gagosian que eu consegui meu primeiro emprego no mundo da arte, como assistente em um escritório que Larry dirigia com Annina Nosei dentro de um loft em West Broadway, no Soho. Nem é preciso dizer que eu não sabia datilografar, ou, na verdade, fazer qualquer coisa, mas Larry sabia que eu era interessada por arte. Annina era italiana, bastante extravagante, e tinha sido casada com o marchand John Weber. Dan Graham sempre me disse que foi Annina quem descobriu John Chamberlain, um dos meus artistas favoritos. Ela também foi a primeira representante de Jean-Michel Basquiat, famosa por ter feito Basquiat fazer pinturas no porão de sua galeria da Prince Street, o que algumas pessoas julgavam ser exploração.

Tinha sido gentil da parte de Larry me ajudar, mas também significava que eu tinha que lidar com ele. Ele aparecia no loft e tentava me abraçar, e eu chutava a canela dele. "Seu babaca", dizia, e ele apenas ria. Eu simplesmente não conseguia levar Larry a sério, nunca. Ao longo dos anos, eu o critiquei da pior maneira possível por explorar o mundo da arte e por sua completa falta de credibilidade como marchand. Eu absolutamente nunca saí com ele, mas Larry fez questão de, ao longo dos anos, dizer às pessoas que eu tinha sido sua namorada, o que era e ainda é uma completa mentira. Fiquei totalmente surpresa com o que Larry se tornou, assim como fiquei surpresa por ele sair por aí dizendo às pessoas que tivemos um relacionamento.

Alguns anos atrás, encontrei o Larry em um jantar em homenagem ao artista Richard Prince, em Los Angeles. Como sempre, o abraço de Larry foi desnecessariamente longo e forte. "Você foi a melhor assistente que já tive", disse ele, acrescentando, estranhamente, "Eu consegui tirar tanto de você", e então riu. O diretor de sua galeria veio até ele em seguida e disse: "Ah, você devia pedir para ela tocar no seu casamento, Larry." "Ah, você vai se casar?", perguntei, e Larry disse: "Não."

A Annina Nosei Gallery era um pequeno loft dentro de uma co-op, ou cooperativa habitacional, na West Broadway, em frente às galerias de Leo Castelli e Mary Boone. Para a maior parte das pessoas relacionadas à arte do centro, a West Broadway era a área de lazer de Nova York. Annina era a face pública da nova galeria, enquanto Larry trabalhava nos bastidores como seu parceiro silencioso. Como a galeria estava localizada em um edifício co-op, por lei não poderia ser usada como um espaço comercial, razão pela qual os compradores interessados tinham que marcar um horário para poderem entrar.

Eu era provavelmente a pessoa menos qualificada no mundo para ter um emprego de meio período como assistente, mas a própria Annina era a inconsistência em pessoa no que dizia respeito a quando e até que horas ela e Larry precisavam de mim ali. Eu era uma pessoa desorganizada fingindo ser organizada. Eu não sabia digitar ou arquivar. Eu deliberadamente nunca quis aprender, para eliminar a terrível possibilidade de algum dia trabalhar das nove às cinco como secretária ou caso de escritório de algum cara. Eu mal conseguia atender o telefone. O primeiro evento na Annina Nosei Gallery foi uma exposição do artista David Salle. Era a estreia de Salle como pintor, e causou furor. As pinturas de Salle eram remanescentes de Picabia, campos monocromáticos com contornos de mulheres apropriados como traços de desenhos tirados de páginas de revistas de sexo, e eles foram vendidos quase que imediatamente. Um dia eu atendi o telefone e ouvi uma voz feminina de meia-idade perguntando se ainda havia "qualquer Salle verde" sobrando; ela queria combinar a arte de Salle com o esquema de cores dos móveis de sua sala de estar. *É tudo uma piada*, eu me lembro de pensar, *o clichê de tudo*.

Anos depois, uma amiga minha que estava sentada ao lado de David Salle em um jantar formal contou que Salle disse a ela que eu fui a pior recepcionista que ele conheceu em sua vida. Fiquei tão surpresa que ele se lembrava de mim com meus óculos suecos, roupas ruins e cabelo curto castanho-claro – o clima da costa Leste tinha sugado a maior parte do loiro. Eu não pude deixar de rir.

Era um momento estranho no mundo da arte de Nova York, o início do que viria a ser um frenesi comercial, com os artistas ficando oprimidos por seu próprio sucesso precoce. Se a cena artística dos anos 1970 era sobre política e justiça, a década de 1980 trouxe de volta a pintura. Eles também tinham criado um mercado de investidores. Galerias, não museus, eram os principais destinos, e do dia para a noite comprar arte se tornou um investimento, relacionado à moda, dinheiro e à boa vida. O dinheiro estava no ar, mas também a AIDS e a controvérsia de políticos discutindo sobre o financiamento do National Endowment for the Arts.[2] Nenhum colecionador queria ser deixado para trás ou ficar de fora. As tags dos grafiteiros de repente passaram a ser consideradas cool e colecionáveis, e proprietários de galerias foram se tornando quase tão conhecidos como os artistas que eles expunham. Mary Boone começou a correr atrás dos jovens astros mais descolados do centro. Criada por dois funcionários da Castelli Gallery e da Artists Space, a Metro Pictures abriu uma grande galeria no Soho, e sua primeira exposição incluiu Cindy Sherman, Robert Longo e Richard Prince. Mais tarde, quando o Soho ficou muito caro para as galerias, a Metro Pictures seria a primeira galeria a ir para o Chelsea.

As mulheres estavam dando o que falar também. A artista feminista Barbara Kruger, que tinha experiência em design, fazia colagens com imagens e textos mostrando o que o mundo comercial dizia sobre poder, sexo, consumismo e identidade. Por meio da combinação de fotos em preto e branco de revistas com pesadas palavras brancas impressas em fundo vermelho – *Your Body Is a Battleground* (*Seu corpo é um campo de batalha*) ou *I Shop Therefore I Am* (*Compro, logo existo*) –, Barbara encarava o espectador, e podia ser desconfortável também, o que me atraía. Sua arte tinha a ver com clichês inflamados, assim como o trabalho de Jenny Holzer, uma artista que começou com cartazes, e mais tarde projetou LEDs contra prédios gigantes e outdoors, com frases como *You Are My Own* (*Você é Meu*), ou apenas *My Skin* (*Minha pele*). Havia também Louise Lawler, que se apropriou do que estava acontecendo no mundo das artes – o comércio, o fato de que alguns artistas solicitados agora tinham listas de espera, o fenômeno da beleza tornando-se objeto de um mercado de oferta e procura – e transformou tudo isso em fotografias de obras de arte nas paredes de museus ou no interior das casas de colecio-

---

[2] Agência independente do governo federal dos Estados Unidos que oferece ajuda e financiamento para projetos que apresentem excelência artística. (N. dos T.)

KIM GORDON

nadores ricos, e outras de espectadores se misturando com esculturas ou instalações em galerias e museus.

Em algum momento, Annina começou a pedir meus conselhos e opiniões sobre arte, e a perguntar se ela deveria contratar este ou aquele jovem artista. Eu comecei a visitar os estúdios de artistas que conheci por meio da galeria, pessoas como Michael Zwack e Jim Welling. Alguns anos atrás, uma pintura do pintor abstrato Brice Marden foi leiloada na Sotheby's por quase 11 milhões de dólares, mas, em 1980, Larry me pediu para levar a pé uma das frágeis pinturas de Marden, completamente desembrulhada, até o outro lado da rua, na Broadway, 420. Comecei a criar a fantasia de um dia me tornar uma legítima curadora de galeria, principalmente quando Annina me disse que iria me deixar fazer a curadoria da minha própria exposição quando ela se mudasse para sua nova galeria comercial, na Prince Street.

Um dia, um jovem artista chamado Richard Prince entrou na galeria com um portfólio de anúncios de relógios refotografados. Esteticamente, as obras eram muito conceituais para se ajustarem à galeria, e o que me chamou a atenção imediatamente foram as familiares molduras de metal genérico em volta delas. Eu brinquei com Richard, provocando-o por usar as horríveis molduras que eram a assinatura de Larry, e nós dois começamos a sair juntos.

O lugar em que todos os artistas badalados da época frequentavam se chamava Mickey's, ficava na One University Place, e tinha sido fundado pelo mesmo Mickey que era dono do Max's Kansas City. O Mickey's tinha um ar chique utilitário – mesas e cadeiras simples, nada sofisticado, mas, ao mesmo tempo, intimidante para uma intrusa no mundo da arte como eu. No Mickey's, eu encontrava o artista conceitual Lawrence Weiner, simpático, charmoso e sempre divertido para conversar, e sua esposa, Alice, um contraste sempre refrescante para a pretensão e a angústia que flutuavam livremente no mundo da arte. Antes de sua carreira decolar, Julian Schnabel trabalhou no Mickey's como cozinheiro – Schnabel depois se tornou o símbolo do tornado arrebatador da comercialização artística. Uma noite, Richard e eu nos encontramos no Mickey's com um artista revolucionário chamado Jeff Koons. Com a exceção de Richard, praticamente ninguém gostava de Jeff. Em uma era de apropriação sem consequências, Koons apresentou uma exposição na Mary Boone Gallery, composta de aspiradores de pó encerrados em caixas de plástico, e muita gente odiou. A artista Sherrie Levine acabou sendo processada quando reinterpretou as fotos de Walker Evans em sua obra, enquanto Jeff, ao que parecia, não teve nenhum problema ao requentar Duchamp.

Richard Prince era uma figura misteriosa para a maioria, um outsider do mundo da arte, que viajava sem uma comitiva de colegas e camaradas do mundo da arte. Ele também tocava guitarra e era membro de uma banda que supostamente tinha um contrato com uma gravadora, embora fosse sempre discreto sobre sua vida musical. Ele e eu nunca fomos mais do que amigos, mas nós criamos um vínculo como outsiders. Somos amigos até hoje.

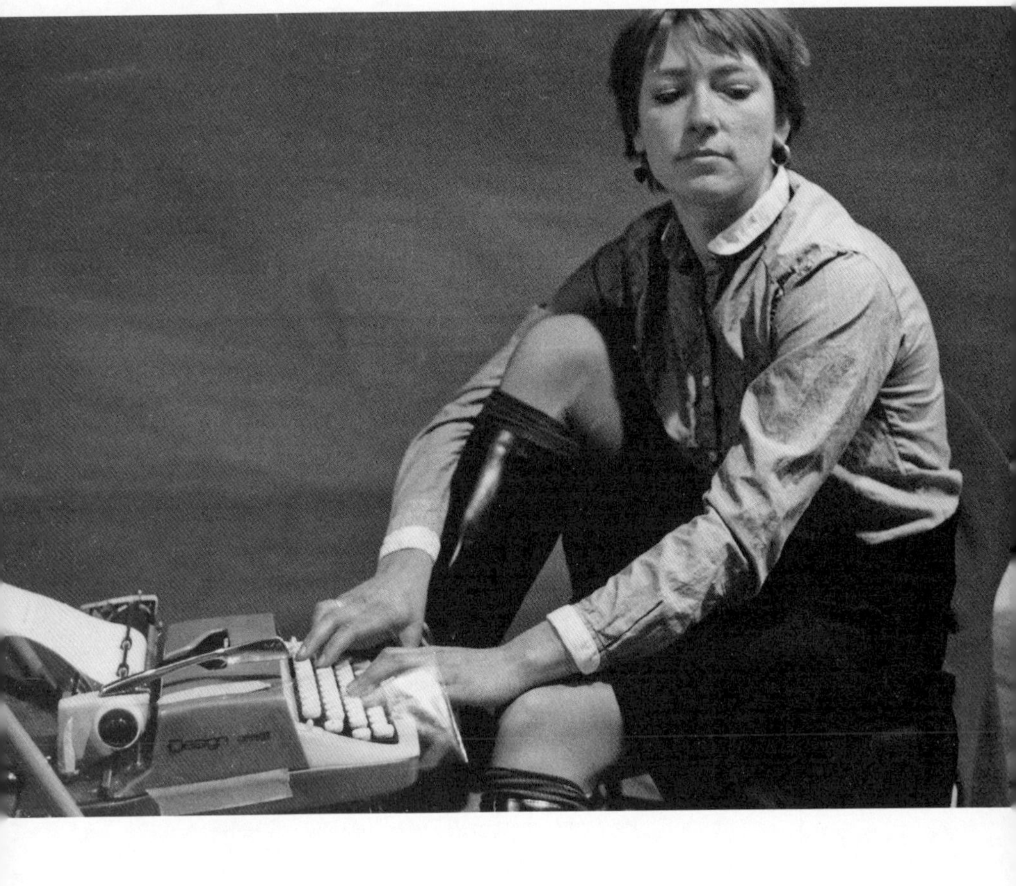
Design

16

EM COMPARAÇÃO COM AS PESSOAS que eu via todos os dias em Nova York, eu era uma bagunça – meu guarda-roupa uma mistura de estilos de brechó, símbolos boho misturados com os tradicionais. Alguns anos antes, quando tirei a carteira de motorista, também comprei meus primeiros óculos, e para torná-los menos convencionais e tristes, comprei lentes de óculos de sol que levantavam. A miopia poderia pelo menos ficar bonita, além do que eu não tinha dinheiro para comprar lentes de contato.

Uma noite eu acompanhei um amigo no Veselka, um restaurante polonês que ficava aberto a noite toda na esquina da Saint Mark com a Segunda Avenida. De alguma forma meu amigo conhecia o pessoal do Senders, uma banda de Nova York popular nos anos 1970, mais conhecida por seu jeito "rock-and-roll" e pelo estilo dos tempos da brilhantina de Frankie Avalon. Johnny Thunders, que era do New York Dolls, estava junto com os Senders naquela noite, o que significava que, por consequência, eu estava numa turma com o Johnny Thunders.

Você pode pensar que essa teria sido a noite mais legal da minha vida, mas não foi. Para mim, uma garota branca, de classe média, do sul da Califórnia, Johnny Thunders era apenas um junkie insuportável. Eu e meu amigo estávamos sentados a uma mesa, entre os Senders e Johnny Thunders, quando Johnny começou a jogar açúcar nos amigos da outra mesa. Puta da vida, gritei com ele por ter jogado açúcar nos meus ovos. Johnny me olhou fixamente com um olhar grosseiro, drogado e rock-and-roll, e me chamou de "Quatro Olhos". Foi engraçado em alguns aspectos, mas foi também uma noite que reforçou minha sensação de que eu jamais seria descolada ou estilosa em Nova York. Johnny Thunders e gente como ele estavam quebrando todas as regras e o resto de nós era condenado a assistir.

Eu continuei amiga de Dan Graham, e sempre que Dan ia para a Europa, ele me deixava ficar em seu apartamento na Eldridge Street, 84, no Lower East Side. O apartamento era comprido e tinha o formato de uma flecha, cheio de livros e LPs do chão até o teto, as paredes cobertas com obras de arte, incluindo duas pinturas de Jo Baer, um Robert Mangold e uma das belas "pinturas cinza" de Gerhard Richter que parecia a textura de uma parede antiga. Gerhard era noivo de uma artista alemã chamada Isa Genzken, e um dia Dan nos apresentou.

Foi uma apresentação típica do Dan: "Kim é de Touro, Isa, e você é Sagitário, e vocês não devem se dar bem, mas a Lua dela é em Libra, então talvez vocês...", ou algo parecido. Naquela época, Isa estava fazendo uma residência em Nova York. Um de seus "interesses" era fotografar as orelhas das pessoas e transformá-las em fotos de grande escala, por isso, naturalmente, ela tirou uma foto das minhas. Dez minutos depois, nós estávamos tirando fotos uma da outra. Isa, sempre determinada, foi a primeira. Sentada na frente de uma máquina de escrever na galeria azul-escuro, eu usava uma camisa de botões azul-clara com colarinho branco, uma saia de dança preta, meia-calça e botas de borracha pretas.

A GAROTA DA BANDA

Isa e eu fizemos a mesma pose – um perfil com a parede azul atrás da gente. Isa era escultural e muito mais fotogênica do que eu me achava usando roupas normais.

Gerhard e Isa Genzken estavam casados quando o Sonic Youth excursionou pela Alemanha alguns anos depois. Thurston e eu os visitamos em Colônia. No estúdio de Gerhard, lá, eu me lembro de olhar todos os seus quadros que retratavam velas. Eles eram encantadores, especialmente a sua escala, pequenos, como se você pudesse pegar um, colocá-lo em uma bolsa grande e desaparecer na noite. Gerhard sempre foi extremamente educado, mas seu inglês era difícil de entender e ele era cético em relação a qualquer coisa – qualquer tendência, qualquer movimento – que estivesse relacionada com a cultura popular, especialmente a geração mais nova e menos conceitual de pintores, como Jörg Immendorff e Julian Schnabel. No final dos anos 1980, o mundo da arte tinha se transformado em um enorme empreendimento financeiro, com muita concorrência no topo. Immendorff uma vez nos pediu para tocar em sua festa de aniversário, e eu me lembro de Isa ser super a favor e Gerhard, fortemente contra.

Se não fosse por Isa e Dan, tenho certeza de que Gerhard nunca teria deixado a gente usar uma de suas pinturas de vela na capa do Daydream Nation. Nós ainda estávamos pensando em termos de vinil na época, e a pintura tinha a escala perfeita de uma capa de disco; um *readymade* de Duchamp a entrar no *mainstream*.

Mais tarde, em seu casamento, as coisas começaram a desmoronar para Isa. Poucos anos depois de nos conhecermos, Isa começou a criar pequenas esculturas arquitetônicas, com o objetivo de colocar uma no topo do prédio da AT&T, projetado por Philip Johnson. Era uma ideia ótima, mas, é claro, irrealista. Depois de ler que Philip Johnson almoçava regularmente no Four Seasons, Isa me ligou um dia para perguntar se eu iria com ela lá, esperar Johnson do lado de fora, o que eu fiz; eu não tinha ideia do que mais fazer ou como ajudá-la de outra maneira. Ela estava claramente passando por uma fase agitada e se sentindo vulnerável e solitária. Naturalmente, não nos deixaram entrar, nem Johnson estava lá naquele dia. Na última vez que vi Isa, o Sonic Youth estava no meio de uma passagem de som no CBGB. Ela apareceu do nada e começou a berrar – berrar mesmo – com a gente. Eu nunca mais a vi.

A partir do momento em que cheguei em Nova York, Dan foi meu pastor, mestre de cerimônias e guia para a cena artística e roqueira do centro de Nova York. Através de Dan, eu descobri o Tier 3, o clube No Wave na esquina da West Broadway com a White Street, em Tribeca, e a Franklin Furnace, que na época era uma organização de artes e hoje se dedica a qualquer coisa de vanguarda. Dan era amigo de Jeffrey Lohn e Glenn Branca, membros de uma das bandas originais de No Wave, a Theoretical Girls, que lançou precisamente um single, "You Got Me". À noite, Dan ia a shows de No Wave e gravava as bandas com um enorme gravador de fitas cassete, ao mesmo tempo que fazia comentários e narrações que apareciam na mixagem final.

Dan também me apresentou à sua melhor amiga, Dara Birnbaum, a artista que faz vídeos e instalações. Dara era inteligente, eloquente e um pouco intimidante, um símbolo vivo do novo estilo nova-iorquino de falar rápido com o qual eu estava começando a me acostumar, e que me deixava, uma garota da Califórnia, com a fala arrastada, em comparação. Mas isso não importava, porque eu estava ansiosa para aprender, e eu aprendi também, só de estar próxima a Dara e alguns outros amigos artistas de Dan.

Muitos recém-formados da CalArts e da Rhode Island School vieram para Nova York nessa época. A arte estava acontecendo na cidade, e estar rodeados por colegas fazia esses artistas se sentirem menos estranhos. Dan estava sempre dizendo para mim e para Vicki Alexander (uma amiga artista canadense realocada): "Vocês deviam ter um grupo." Inicialmente, Vicki e eu íamos nos juntar, mas eu decidi ficar sozinha e abri a Design Office. Para mim, a Design Office era um meio de fazer coisas sem ter uma galeria. A ideia era realizar uma espécie de intervenção em um espaço privado, como a casa de alguém, que refletisse algo sobre essa pessoa. Dan foi uma cobaia disposta a me deixar mexer no seu apartamento. Certa vez, eu fiz uma exposição no White Columns, o espaço público e independente de arte sem fins lucrativos que na época ficava no final da Spring Street, perto da Varick, em frente ao Ear Inn

– hoje ele se mudou para o West Village. Para a exposição, eu trouxe cadeiras das casas de diferentes pessoas e fiz o escritório parecer menos um espaço voltado para a comunidade e mais como uma sala de jantar. A exposição se chamava *Furniture Arranged for the Home or Office* [Móveis Arrumados para a Casa ou Escritório].

Enquanto isso, eu estava saindo muito à noite. Um dos maiores encantos de se ver e ouvir bandas No Wave no centro de Nova York era como a música soava propositalmente ausente e abstrata. De certa forma, era a coisa mais pura, mais livre, que eu já tinha ouvido – muito diferente do punk rock dos anos 1970 e do free jazz dos anos 1960, mais expressionista, e superior a, bem, qualquer coisa. Em contraste, o punk rock parecia irônico, gritando, entre aspas: "Estamos brincando de destruir o rock corporativo." A música No Wave era, e ainda é, mais como "Não, nós *realmente* estamos destruindo o rock". Sua liberdade e entusiasmo absolutos me fizeram pensar: eu posso fazer isso.

Como um termo cunhado por pessoas cansadas do costume da imprensa de definir qualquer cena ou gênero como uma redução barata ou fácil, No Wave abrangia de tudo, de filmes a vídeo-arte e música underground. Mas isso também o tornava indefinível. Basicamente, era *anti*-Wave, razão pela qual, a rigor, o No Wave não pode ser sequer chamado de movimento e não deveria nem mesmo ter um nome. Ele também foi uma resposta direta à moda "New Wave" na música, por exemplo, o punk mais comercial, melódico e dançável – Blondie, The Police, Talking Heads – que era visto por muita gente como pura traição. Muitos dos membros da cena No Wave eram artistas de formação que tinham vindo para Nova York e caído na música como um projeto paralelo. Glenn Branca, do Theoretical Girls, por exemplo, veio do teatro, e o teórico da guitarra e compositor Rhys Chatham estudou música com La Monte Young e Philip Glass. Apesar de o Sonic Youth ser associado a isso, é errado nos chamar de No Wave. Nosso som não era No Wave. Nós só construímos algo a partir daquilo.

Eu era uma adolescente dos anos 1960, muito jovem para ser hippie, mas movida por qualquer transgressão ou liberdade inflamada que houvesse no ar. A arte sempre tinha me dado uma direção, um caminho a seguir, mesmo quando às vezes eu sentia que estava flutuando. Mas quando vi e ouvi as bandas de No Wave, alguma equação na minha cabeça e no meu corpo se resolveu no mesmo instante. Uma coisa indecifrável estava faltando na minha vida e cá estava, finalmente, incomum, pessoal, mas ao mesmo tempo não, e conflituosa. Além do mais, todo show de No Wave parecia precário, apressado, embaraçoso, porque você sabia que a banda no palco poderia se separar a qualquer momento.

Dan Graham tinha me dito mais de uma vez que não era suficiente ser um artista em um estúdio, porque o próximo passo óbvio era uma galeria, e depois? Não, ele dizia, os artistas têm a responsabilidade de contribuir para um diálogo cultural maior, mais ousado. "Kim, você devia escrever alguma coisa", Dan sugeriu, acrescentando que, se eu não estava me preparando ou apresentando uma exposição, então escrever era a segunda melhor maneira de inserir meu cérebro na grande comunidade artística de Nova York. Na época, o próprio Dan estava escrevendo artigos sobre grupos femininos, como o Slits, e saindo por aí fazendo declarações autoritárias sobre o feminismo. Como a maioria dos homens, ele era apenas um grande fã da sexualidade feminina. "Você sai para ver coisas", acrescentou, "e você está, obviamente, ganhando algo com isso – então você tem que retribuir".

Eu nunca tinha escrito uma palavra, mas segui o conselho de Dan. Decidi escrever sobre homens, e como eles interagem uns com os outros no palco e criam um vínculo tocando música.

Eu me lembro de olhar sem parar para os livros que revestiam as paredes do escritório do meu pai quando era pequena. Eu não sabia o que um sociólogo fazia, mas os livros tinham títulos como *Men and Their Work*. O que isso queria dizer, afinal? Obviamente, homens – e meninos – passavam tempo, a maior parte dele, na verdade, envolvidos em uma atividade conhecida como trabalho. Keller, por exemplo, tinha sua coleção de pedras, um kit de construção Erector e diversas outras paixões infantis masculinas. Enquanto que qualquer coisa que eu inventasse ou imaginasse na minha cabeça não trazia um significado de construção ou invenção, e o trem de brinquedo que eu supunha que um dia iria aparecer magicamente deve ter morrido nos trilhos no caminho até mim. Olhando para trás, eu estava claramente desvalorizando o que as mulheres faziam. Como aquilo tinha acontecido? Era só porque meus pais colocavam expectativas mais elevadas em Keller por ele ser o primogênito? Será que eu pedi, e em troca recebi, um sorrisinho, em vez de qualquer atenção?

Homens tocam música. Eu adorava música. Eu queria chegar perto do que quer que fosse que os homens sentiam quando estavam juntos no palco – para tentar absorver aquela coisa invisível. Não era sexual, mas também não era assexual. A distância importava nas amizades masculinas. Frente a frente, os homens muitas vezes não tinham muito o que dizer uns aos outros. Eles encontravam alguma proximidade ao se concentrar em uma terceira coisa que não eles: música, videogames, golfe, mulheres. As amizades masculinas tinham formato triangular, e isso permitia que dois homens tivessem uma forma de intimidade. Em retrospectiva, foi por isso que entrei para uma banda, para que eu pudesse estar dentro da dinâmica masculina, não olhando para dentro através de uma janela fechada, mas olhando para fora.

O texto que eu escrevi, "Trash Drugs and Male Bonding" [Drogas Pesadas e Vínculos Masculinos"], foi publicado no primeiro número de uma nova revista, chamada *Real Life*. Era uma boa edição para se estar, e eu recebi muitas respostas positivas, e senti como se de repente tivesse uma identidade na comunidade do centro. O tema daquele ensaio desbloqueou os próximos trinta anos da minha vida. Ao escrever sobre homens criando vínculos uns com os outros no palco, eu indiretamente me empurrei para dentro do triângulo, e quaisquer dúvidas que eu tivesse sobre seguir uma carreira na arte se combinaram para criar uma onda de impulso, barulho e movimento. Também foi minha maneira de me rebelar – escrever sobre homens quando seria mais natural escrever sobre mulheres. Foi uma premissa consciente, falsamente intelectual, a qual eu poderia me entregar, e um apoio ao trabalho que Dan, meu mentor, estava fazendo. O próximo passo óbvio era realmente começar a tocar música.

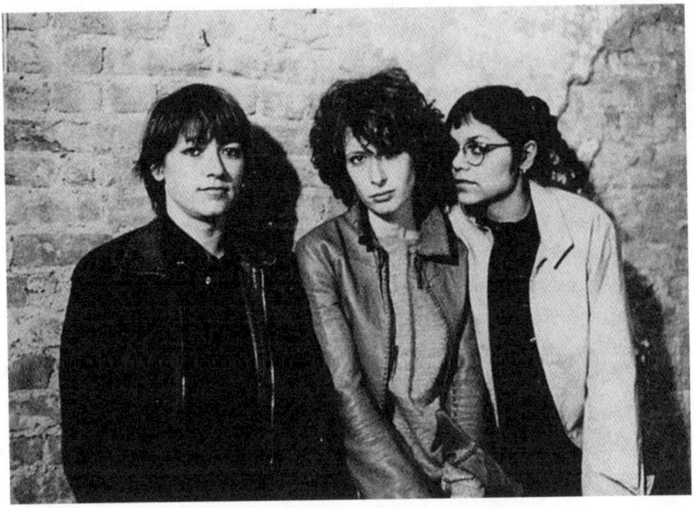

17

QUANDO ERA MAIS NOVA, eu nunca cantava, muito menos enquanto ouvia música, preferia fumar um pouco de maconha, fazer arte e ouvir Bob Dylan, Buffalo Springfield, Tim Buckley, Beatles, Archie Shepp e o Art Ensemble of Chicago. Eu gostava do mesmo tipo de música que meu irmão, com exceção de Joni Mitchell e Billie Holiday.

Depois que meu artigo foi publicado, Dan perguntou se eu estava interessada em criar uma banda só de mulheres para reencenar uma de suas obras performáticas mais conhecidas, *Performer/Audience/Mirror*, que analisa e vira do avesso a relação entre um intérprete e uma multidão. Sempre que Dan executava a peça, ele se posicionava diante do público com uma enorme parede espelhada atrás de si. Ele descrevia o público diante dele em um monólogo rápido, o significado de cada detalhe de todos os movimentos deles. Depois ele invertia, descrevendo a si mesmo para o espelho em relação ao que o público via.

Quando eu concordei em tentar, Dan me apresentou à baixista Miranda Stanton e a Christine Hahn, do grupo Static. Nós três começamos a ensaiar. Decidimos que nossa banda se chamaria Introjection, com Christine na bateria, eu na guitarra e Miranda no baixo. O Introjection executou a Audicence Perfomer Mirror no Massachusetts College of Art and Design, em Boston, com o compositor e artista visual Christian Marclay fazendo a curadoria da noite.

Subimos ao palco com o grande espelho que parecia um lago atrás da gente. O plano de Dan era que Christine, Miranda e eu nos revezássemos interagindo com o público entre as músicas, mas nada aconteceu conforme o planejado. Eu toquei guitarra, as letras das minhas músicas foram apropriadas de textos de anúncios que eu tinha arrancado de revistas femininas. Uma música, "Soft Polished Separates", descrevia como misturar e combinar blusas com calças e saias. Outra, "Cosmopolitan Girl", plagiava cada palavra de um anúncio gigante da revista *Cosmopolitan* que contava ao mundo como era viver a vida de uma garota *Cosmopolitan*.

Foi uma noite intensa. Nós três estávamos nervosas, e Christine ficou tão agitada na sua vez que deixou o palco e desapareceu no banheiro. Nós deveríamos tocar uma música, e então uma de nós iria interagir com o público de alguma forma, atravessando, de fato, a linha invisível e tácita que divide o público do artista. Em seguida, outra música, outra interação. Ao mesmo tempo, eu sentia como se algo novo estivesse se alojando no meu cérebro. Misturado ao nervosismo, havia outra sensação, como se eu fosse uma criança em uma montanha-russa na qual eu nunca tivera ingresso para poder andar antes. Acordei no dia seguinte e, apesar do Introjection ter feito especificamente um show, eu disse a mim mesma que agora nós estávamos oficialmente em turnê. Isto era certamente o que os Stones ou os Yardbirds sentiram na primeira vez em que tocaram, pensei, mas não era para ser.

Dan ficou decepcionado com nossa performance e nos disse exatamente isso. O Introjection não tinha feito o que deveria fazer. O problema foi que tínhamos ficado tão nervosas que nem pensamos no que o Dan esperava de nós. Então, novamente, era uma situação opressora: um artista masculino usando mulheres para interagir com o público, e no processo se transformando em um *voyeur*. Na minha opinião, não tinha sido um fracasso, e tudo o que aconteceu fazia parte da performance, mesmo que não satisfizesse formalmente as expectativas do Dan. O fato de que nós não fizemos o que Dan queria criou outro momento interessante, no qual a música e a arte se cruzaram em um clima de punk rock e rebelião.

O Introjection não durou muito tempo. Christine saiu da banda para se juntar ao grupo alemão ultra-cool só de mulheres Malaria!. Miranda arrumou alguns caras para ensaiar com a gente, mas não deu liga, e o Introjection nunca mais tocou outra nota ou fez um show.

Eu estava cuidando do espaçoso apartamento de Annina, na Riverside Drive. Uma das minhas responsabilidades era cuidar de sua grande tartaruga do deserto, que podia andar por onde quisesse, o que significava que eu tinha que tomar cuidado onde pisava. Foi nessa época que tirei a sorte grande: a indenização do meu acidente de carro chegou na forma de um cheque de 10 mil dólares. Era o primeiro dinheiro de verdade que eu via, uma quantia que permitia que eu ficasse em Nova York. Dava para pagar o aluguel do primeiro e do último mês e garantir meu próprio espaço. Além do mais, o apartamento logo abaixo do de Dan estava vago e disponível, e o aluguel era barato também, 150 dólares por mês. Eu ficaria naquele apartamento na Eldridge Street, 84 durante a década seguinte, com Thurston indo morar comigo logo depois.

Em 1980, o quarteirão entre a Hester e a Grand na Eldridge Street, no sul de Manhattan, era metade chinês e a outra metade composta por judeus donos de lojas de tecidos para o atacado. O proprietário do meu apartamento era belga, e controlar o aluguel o fazia sair por aí referindo-se a si mesmo como um "senhorio cativo". Ele dizia que não ganhava dinheiro com nenhum de seus apartamentos. Dan continuava insistindo com o proprietário que eu era uma hippie da Califórnia, o que me incomodava até dizer chega. Mais tarde, quando o Sonic Youth saiu para nossa primeira turnê, tive que ser extremamente discreta ao sublocar meu apartamento para que o senhorio não pensasse que um bando de hippies cabeludos e degenerados estava morando em seu prédio.

Como a maioria dos apartamentos na Eldrige, 84, o meu novo espaço tinha um corredor comprido. Havia uma banheira na cozinha e grades na janela que dava para a escada de incêndio. A cama, um colchão no chão, ficava no meio, inclinada, pois esses apartamentos eram famosos por terem uma ligeira caída no centro. As baratas eram um problema também, e para mim as pessoas que inventaram o Combat, a pequena engenhoca preta de aprisionar baratas, são heróis urbanos do povo.

O Introjection trouxe um benefício, no entanto. Antes de Miranda se despedir da minha vida, ela queria me apresentar ao Thurston Moore.

"Ele toca em uma banda chamada Coachmen", disse Miranda. "Na verdade, eles vão tocar hoje à noite, é o último show deles." Ela continuou, dizendo que achava que havia algo de especial sobre o Thurston.

Mais tarde, naquela noite, Miranda e eu aparecemos em um lugar na Fifteenth Street chamado Plugg, dirigido por um cara, Giorgio, que tinha alguma vaga ligação com o Led Zeppelin ou os Stones. O Plugg, é claro, não existe mais. Mas era o último show do Coachmen, e o cara da guitarra-base era especial.

Ele era muito alto e magro, dois metros de altura, me contou mais tarde, parecia carismático e confiante, com lábios macios. A altura nunca chamou a atenção nos Coachmen, já que os outros eram ainda mais altos que Thurston, exceto pelo baterista sentado. Depois, Miranda nos apresentou. Fiquei surpresa por estar tão animada para conhecer esse cara. Sobre o nosso primeiro encontro, Thurston depois dizia às pessoas que ele foi conquistado pelos meus óculos com lentes que levantavam. Não havia internet naquela época, nem e-mails, nem SMS, por isso em algum momento nós devemos ter trocado nossos números de telefone.

Durante minha vida toda até então eu tinha me envolvido com caras mais velhos, e me lembro de pensar, *Ah, Thurston é cinco anos mais novo que eu*. Eu decidi estar aberta a isso. Ele tinha um brilho que eu gostava, e ele também parecia extremamente certo sobre o que queria e como iria conseguir aquilo, apesar de ser mais uma tranquila autoconfiança do que algo impetuoso.

A GAROTA DA BANDA

Algumas semanas depois, Thurston e eu nos encontramos no Danceteria, mas nosso primeiro encontro "formal" foi no A Space, um pequeno espaço alternativo de arte que apresentava performances e exposições, e depois Thurston veio ao meu apartamento. Me lembro de ficar muito empolgada com ele ali, rodeado pelos meus pertences. A gente estava conversando sobre várias coisas quando ele viu a Drifter encostada na parede. Aquilo bateu o martelo, de certa maneira.

18

LOGO NO INÍCIO, THURSTON me contou sobre um incidente em que alguém em uma vernissage fez algum comentário depreciativo sobre seu casaco. Era um trench coat curto preto. Eu achei o comentário incrivelmente cativante. Ele ficou realmente magoado pela observação, e me contar sobre isso revelou sua vulnerabilidade. Seus sentimentos combinavam perfeitamente com o cansaço e a intimidação que eu sentia em relação à cena das galerias e sobre o fato de que a arte-enquanto-dinheiro era agora a atmosfera predominante.

Eu também sabia que Thurston era cético sobre o mundo da arte, e ele estava certo, embora soubesse pouco sobre o assunto. Hoje, o discurso tradicional da arte sobre criar uma exposição em torno de uma ideia quase se deteriorou completamente e se transformou em arrumar uma sala com objetos à venda. Mesmo naquela época, a maré estava mudando nessa direção.

Havia algo selvagem, mas não muito selvagem, sobre Thurston. Ele podia tocar guitarra de um jeito livre e indomável, mas nós dois tínhamos um passado semelhante de classe média acadêmica. Uma noite, não muito tempo depois que começamos a sair, Thurston substituiu a atriz húngara Eszter Balint – que mais tarde viria a aparecer no filme de Jim Jarmusch *Estranhos no Paraíso* – como DJ no Squat Theatre. Nico tocou naquela noite, assim como os Heartbreakers, a banda liderada por Johnny Thunders. Foi uma noite deprimente. Nico chorou, e, embora eles fossem muito importantes para Thurston, a banda de Thunders era interessante apenas pelo seu legado. No palco, eles eram um bando de roqueiros acabados.

Fomos lentamente começando a nos conhecer. Quando Thurston tinha 18 anos, seu pai morreu subitamente de um tumor cerebral benigno – ele teve uma hemorragia após uma operação no cérebro. Thurston frequentou a faculdade durante meio semestre e depois a abandonou. Depois, ele disse às pessoas que tinha se mudado para Nova York com a fantasia de montar uma banda com Sid Vicious. Thurston e seu amigo de escola Harold costumavam vir de Connecticut para a cidade, para entender a cena. Anos mais tarde, quando vimos o filme *Tempestade de gelo*, Thurston se identificou com o personagem principal, o garoto no banco do trem indo para a cidade grande. Ele me contou várias histórias sobre quando ia ao CBGB nos anos 1970 ver Tom Verlaine, Television, Ramones, Richard Hell e Patti Smith – toda a música e as pessoas que eu tinha perdido.

Quando Thurston e eu nos conhecemos, eu ainda estava me recuperando do fim do relacionamento que tive com o artista mais velho na Califórnia. O cara e eu éramos incrivelmente próximos, nosso relacionamento, intenso, mas, em retrospectiva, talvez um pouco estranho. Com ele, sentia que tinha encontrado algo incrível, talvez até duradouro. A gente conversava sem parar sobre ideias e arte, sobre qualquer coisa visual, na verdade. No final, ele me traiu, e foi traumático. Quando conheci Thurston, ainda estava me sentindo abalada.

Dizem que você sempre aprende *alguma coisa* nos relacionamentos, mesmo nos ruins, e que o que não existia no último, ou que você sentia falta, é o que você vai encontrar no próximo – a menos, claro, que você insista em repetir o mesmo padrão novamente.

A mulher codependente, o homem narcisista: palavras obsoletas tiradas da terapia em que eu, no entanto, penso muito hoje em dia. É uma dinâmica que tenho com os homens que começou, provavelmente, com Keller. Quando era mais nova, eu precisava acreditar que ele era o máximo, um gênio distorcido, contestador e selvagem. Eu fiz tudo o que pude para protegê-lo da desaprovação, da raiva, da angústia. Eu o defendi quando ele abandonou a faculdade, perdi o sono com medo de que ele fosse convocado para lutar no Vietnã, mas durante esse período reverente ele sempre me fez sentir pequena, acossada, sufocando qualquer tentativa que eu fizesse de descobrir meu próprio lugar no mundo.

Thurston não se achava o máximo como Keller, pelo menos naquela época. Ele era tímido. Ele era bom em esconder o que não sabia e fingia às vezes, por exemplo, ser mais bem informado sobre a cena artística do centro de Nova York do que realmente era. Ao mesmo tempo, ele exalava confiança, uma certeza sobre quem era e para onde ia. Desde o início eu sabia que o nosso relacionamento não iria se centralizar em ideias compartilhadas sobre arte. Mas isso me animava também. Nosso relacionamento parecia mais uma interseção de duas linhas separadas. Ao nos unir, nós poderíamos talvez fazer algo novo e maior. Pelo fato de ele ser mais jovem, e eu estar acostumada a sair com homens mais velhos, me convenci de que estava quebrando um antigo padrão. Já Thurston havia terminado recentemente um relacionamento com uma mulher casada que tinha um filho pequeno. Estávamos começando em pé de igualdade emocional, e não faríamos um ao outro o que tinham feito com a gente em nossos outros relacionamentos – ou assim eu acreditava naquele momento. No início do nosso relacionamento, eu me lembro de nós dois caminhando juntos pela Eighth Street, de mãos dadas, a caminho do cinema – pode ter sido *The Rocky Horror Picture Show*. Naquela noite eu estava tão feliz, e tão próxima a ele, que era como se neste lugar sujo, destruído, exagerado, nós fôssemos as duas únicas pessoas que existiam dentro de um momento perfeito. Logo depois disso, eu comecei a tocar com ele.

Um dia, em nossos primeiros meses juntos, Thurston me disse que nós íamos visitar a mãe dele em Connecticut. Ele não me perguntou – simplesmente me informou, e, embora eu tenha ficado chateada que ele não tinha me consultado primeiro, aquele era o estilo de Thurston. Era difícil para mim imaginar sair de Nova York por qualquer motivo, mesmo para um lugar tão próximo quanto Connecticut, mas eu fui junto, sendo, naquele momento, mais como uma seguidora. Foi Anne DeMarinis, na verdade, a mulher com quem Thurston estava tocando na época, quem leu minha mente, Anne que disse a Thurston como ele tinha sido arrogante e egoísta ao supor que eu estava pronta para conhecer sua mãe, para não falar do resto da família.

Essa mesma imprevisibilidade fazia de Thurston um cara divertido e até mesmo excitante de se ter por perto, isso e seu jeito gregário. Por fora, Thurston era amigável, bem-humorado, engraçado, extremamente simpático. Quando eu finalmente conheci sua mãe, ela me contou que, quando Thurston era pequeno, todos no bairro e na cidade o conheciam. "Eles me diziam: 'Ah, você é a mãe do Thurston?'" Claramente, com sua altura e cabelo comprido, ele era o menino de ouro, e por ser o mais novo de três filhos, ele estava acostumado a ser admirado. "Ele é tão descontraído quanto parece?", John Knight me perguntou quando os dois se conheceram. A verdade é que não, Thurston não era tão descontraído. Entre outras coisas, ele era temperamental, o que ficava evidente sempre que trabalhava em uma nova edição de seu zine, *Killer*, e ele ficava extremamente estressado. Uma vez, quando seu grampeador não estava funcionando, ele o pegou e atirou na janela, estilhaçando o vidro. Isso me assustou.

Hoje, quando penso sobre os primeiros dias e meses do meu relacionamento com Thurston, me pergunto se você realmente pode amar ou ser amada por alguém que esconde quem é. Isso me fez questionar toda a minha vida e todos os meus outros relacionamentos. Por que eu confiei nele, ou assumi que sabia alguma coisa sobre ele? Talvez eu tenha imposto a Thurston um sonho, uma fantasia. Quando eu olho fotos antigas da gente, tenho que acreditar que éramos felizes, pelo menos tão felizes como podem ser quaisquer duas pessoas criativas que estão estressadas com compromissos e medos sobre o futuro e o que está por vir, e sobre as suas próprias ideias e demônios interiores.

Certa vez um amigo me disse que achava que Thurston e eu éramos um casal perfeito, por sermos tão independentes, o que ele acreditava que devia contribuir para o sucesso e longevidade do nosso casamento. Thurston fazia suas coisas, incluindo diversos projetos paralelos, e eu tinha meus próprios projetos paralelos. Nenhum casamento pode manter o entusiasmo dos primeiros dias, e ao longo do tempo, apesar do que meu amigo disse e do quão criativo nosso relacionamento era, nosso casamento foi progressivamente ficando solitário também. Talvez tenha se tornado muito profissional. Talvez eu fosse uma pessoa – como um grampeador – que simplesmente não funcionava mais para ele.

Mas, na época, as camisas amarrotadas que Thurston usava com mangas curtas demais e cotovelos desgastados, a gata dele, chamada Sweetface, a guitarra de casco de tartaruga da mesma cor do pelo da Sweetface, o carisma e sensibilidade sutis, o fato de que ele tinha perdido o pai aos 18 anos e não parecia querer falar sobre isso – todas essas coisas me fizeram me apaixonar por ele.

Na época, como mencionei, Thurston tocava com uma garota chamada Anne DeMarinis. Anne era namorada do artista Vito Acconci, e os dois moravam juntos em um grande loft no Brooklyn. Um prodígio musical, Anne era jovem e bonita, embora usasse blusas desleixadas com buracos, como se para erradicar sua boa aparência, e raramente lavasse o cabelo. Ela era grunge antes do grunge existir. Eu me lembro de pegar o metrô para o Brooklyn para tocar com os dois; me lembro também que Dan e Vito tinham sido amigos, membros da cena da poesia de Nova York, mas por algum motivo tinham se tornado concorrentes.

Essa rivalidade tornava estranho para mim ir da Eldridge Street, onde Dan morava, acima de mim, para tocar no loft do Vito, no meio do que hoje é o Dumbo, no Brooklyn. Anne tocava teclado. A banda, por falta de uma palavra melhor, teve um monte de nomes diferentes – The Arcadians, Male Bonding – e também contou com bateristas diferentes. Estávamos tocando no Vito na noite em que John Lennon foi baleado. Uma coisa tão inacreditável de ter acontecido – Nova York, o lugar onde tudo parecia possível, ao mesmo tempo repleto de trevas e violência.

Entre nós dois, Thurston morava no pior quarteirão, na rua 30, em Alphabet City. A Eldridge Street, entre a Hester e a Graham, não era um quarteirão em que alguém com noção quisesse andar à noite – era sombrio, assustador e cheio de drogas –, mas não era tão ruim quanto a rua 30, entre as avenidas A e B. Os traficantes de drogas estavam em todos os lugares, vendendo, com os usuários encolhidos nas escadas dos prédios e pendurados nas entradas. Na primeira vez que fui até o apartamento dele, estava vazio, exceto por alguns livros, alguns discos, uma guitarra e uma montanha de camisas empilhadas, todas manchadas e furadas, como em uma superliquidação de um outlet. Eu me lembro de ter ficado impressionada ao ver todas aquelas camisas; um monte de camisas empilhadas era algo no mínimo, você tem que admitir, bem interessante.

Não demorou muito para que Thurston se mudasse para a Eldridge 84. A gente economizava no aluguel, e não queríamos ficar separados, de qualquer maneira. A Sweetface, que Thurston tinha pego em uma loja de alimentos saudáveis na Prince Street, se juntou a nós. Nós ficamos com a Sweetface até 1996. Ela se mudou com a gente para nosso apartamento na Lafayette Street, no final dos anos 1980, e morreu quando Coco tinha 2 anos. Quando Coco tinha idade suficiente para falar, ela me disse o quão triste tinha ficado por perder a Sweetface, o que me surpreendeu, até porque quem é que sabe se um bebê se lembra de alguma coisa?

19

NUM DOMINGO À TARDE, antes de conhecer Thurston, fui a um lugar que eu tinha ouvido falar bastante, o Mudd Club. O proprietário do Mudd Club era Ross Bleckner, um artista bem-sucedido que era um dos fixos de Mary Boone. Ficava na White Street, alguns quarteirões para baixo da Canal, e foi batizado em homenagem ao médico que tratou John Wilkes Booth depois que ele atirou em Abe Lincoln. O Mudd Club não tinha placa ou toldo, nenhuma indicação de que era algo mais do que apenas outra porta, mas dentro era um outro universo, que apresentava No Wave, New Wave, música experimental, leituras de poesia e até desfiles de moda. Havia uma coluna na frente do palco e um bar que ficava no meio do salão, como uma ilha. Cheguei cedo e não havia quase ninguém. Uma hora depois, as pessoas começaram a aparecer. Um desfile de moda estava acontecendo, com uma jovem andando no palco ao som de uma banda que mal dava para se ver. Tudo parecia decadente, especialmente porque estava acontecendo em uma ensolarada tarde de domingo em Nova York.

Tecnicamente, o Mudd Club era ilegal, uma vez que contornava as leis que regulavam as licenças de funcionamento de cabarés – mas naquela época ninguém se importava, desde que as autoridades competentes estivessem sendo pagas. Também descobri que nada no Mudd Club começava no horário divulgado. Era assim que eles trabalhavam. Se um show estava marcado para começar às três da tarde, você sabia que não aconteceria nada antes das cinco, com o público chegando por volta das quatro e quarenta e cinco. Na paisagem arruinada do centro de Nova York, antes da gentrificação, antes do boom da arte, o Mudd Club tinha um ar de tudo-pode-acontecer-e-ninguém-vai-ligar, misturado com um toque de tédio glamouroso. Às vezes, o lugar estava lotado, outras vezes, morto, com apenas alguns corpos de pé dançando melosamente em câmera lenta ou em frenesi hiperativo, dependendo da droga que tivessem tomado ou da música que estivesse tocando.

Quando ficou mais conhecido, as regras para entrar se tornaram mais rigorosas. A menos que você conhecesse o cara na porta, teria que ficar lá fora, no frio, por um longo tempo. O único clube que rivalizava com o Mudd em termos de boa música era o Tier 3, onde bandas inglesas tocavam ao mesmo tempo que faziam shows em locais maiores, como o Hurrah ou o Ritz. O Joy Division estava confirmado para tocar no Tier 3, mas Ian Curtis se suicidou uma semana antes do show. O Tier 3 foi onde eu vi o Eyed 8 Spy – a banda que Lydia Lunch formou depois do Teenage Jesus – bem como o DNA, Malaria!, Young Marble Giants e um monte de outros shows de No Wave. E hoje o Mudd Club é apenas um verso descartável em uma antiga música do Talking Heads.[3]

Mas, quando cheguei em Nova York, em 1980, a No Wave estava quase no fim, e bandas New Wave como Blondie e Talking Heads já eram

---

[3] "Life During Wartime", do disco *Fear of Music* (1979), dos Talking Heads, cita o clube em seu refrão: "This ain't no party, this ain't no disco, this ain't no fooling around/ This ain't no Mudd Club, or C. B. G. B., I ain't got time for that now." (N. dos T.)

A GAROTA DA BANDA

grandes. Perdi a Lydia Lunch e o Teenage Jesus. Uma das bandas originais de No Wave, o DNA, ainda estava tocando, bem como o Mars, e eles também foram grandes influências para mim. Eu tinha uma atração especial pelo jeito que Tim Wright tocava baixo. Ele aparecia de meias, andando no palco em movimentos de bailarino, como um inseto se curvando para trás, cortando e espetando o ar com seu instrumento, desenhando no espaço enquanto tocava, como se cada segundo tivesse sido coreografado. Nunca havia visto ninguém tocar daquela forma, nem depois.

O que matou a No Wave? Provavelmente, um famoso show no Artists Space organizado por Michael Zwack foi o que colocou o último prego no caixão. Brian Eno tinha sido convidado, e ele decidiu produzir uma coletânea No Wave. Como só algumas bandas podiam ser incluídas na compilação, e não todas, houve um racha na cena. Quando o Sonic Youth começou, em 1981, a No Wave essencialmente havia acabado. Talvez fosse hora de começar algo novo.

No início dos anos 1980, não havia muitos restaurantes no Soho além do Fanelli, o bar na Prince Street. Na esquina da Prince com a Wooster ficava o Food, um restaurante cooperativo que o artista Gordon Matta-Clark abriu como um evento de arte permanente e que mais tarde evoluiu para um restaurante de verdade. Gordon era mais conhecido por seus "cortes de construção", nos quais ele arrancava pedaços do piso e teto de prédios abandonados. Na minha perspectiva, não havia nada melhor que isso – nada.

Por um tempo, no início dos anos 1980, Thurston trabalhou no Food lavando pratos e trazia pedaços gigantes de bolo para a Eldridge Street. Entre nós dois, tínhamos tão pouco dinheiro que esses pedaços pareciam absurdos em nossas mãos e obscenos em nossa boca. O Food servia de borsch a guisado de coelho, e também detém a honra de ser o primeiro restaurante de Nova York a servir sushi e sashimi.

Naquela época, quase todos os prédios do Soho eram cobertos por pôsteres de banda. Thurston e eu costumávamos sair à noite para cobrir os pôsteres de outras bandas com os nossos, a menos que fosse de uma banda ou músico que um de nós conhecia e gostava. A guerra dos pôsteres era uma batalha a ser vencida, embora o inimigo, se a gente tivesse alguma vez pensado nisso, fossem os caras do sindicato cujo trabalho era divulgar o entretenimento mais *mainstream*. No início dos anos 1980, você podia realmente conseguir um show se colocasse pôsteres no Kitchen, na Broome Street, onde várias apresentações de No Wave e música nova aconteciam. Mas você tinha que ser rápido, tinha que saber o que estava fazendo, e tinha que ter dominado uma de duas ferramentas. A primeira era a Cola Elmer, que colava rápido e era fácil de esconder embaixo da blusa. A outra envolvia pasta de trigo em um balde bem grande, que podia virar uma bagunça, principalmente no inverno, quando a pasta congelava em suas mãos e dedos.

Apesar do número de bandas tocando pela cidade, os clubes estavam fechando. O Hurrah, um clube na rua 62 oeste, que foi um dos primeiros grandes clubes para dançar de Nova York a tocar punk e música industrial, fechou as portas em 1980. O proprietário, pensando que devia ao mundo uma elegia, disse, "Ah, já não existem mais bandas boas, de qualquer maneira. Todas parecem um ruído."

Naquela época, ruído era um insulto, uma palavra depreciativa, a palavra mais desprezível que você poderia usar contra a música. Mas foi do proprietário do Hurrah que Thurston tirou o nome para o festival de nove dias que ele realizou em junho de 1981 no White Columns. Thurston disse que queria recuperar a palavra ruído (*noise*), mesmo que ninguém soubesse realmente o que era ou o que deveria tocar uma "banda de *noise*".

Basicamente, o Noise Fest surgiu porque não havia outro lugar para as bandas do centro subirem ao palco e tocar. Eu organizei uma exposição de artes visuais de alguns dos músicos que tocaram no festival. Ao longo de um período de nove dias, de três a cinco bandas tocaram a cada noite, uma das quais foi o Sonic Youth. Depois, foi lançado uma fita que documentava a performance.

20

HOUVE TANTOS MOMENTOS de formação para o Sonic Youth; é difícil identificar um. No início, a banda era apenas Thurston, Lee Ranaldo e eu, com diferentes bateristas entrando e saindo como os pedestres que param para olhar brevemente uma vitrine. Tivemos muitos nomes diferentes antes de decidirmos por Sonic Youth: Male Bonding, Red Milk e The Arcadians. Estes eram frases tiradas de paixões atuais, nomes que desapareciam tão rápido quanto humores. Mas assim que Thurston sugeriu o nome Sonic Youth, nós soubemos na mesma hora o tipo de som que queríamos fazer.

    Lee tocou com David Linton no Noise Fest. Tínhamos visto ele antes, tocando pela cidade, e o convidamos a se juntar a nós. Fizemos alguns shows como Sonic Youth. Nos primeiros ensaios, éramos apenas nós sentados em um círculo, tocando sem nenhum baterista. Não era exatamente o que se chamaria de "tocar", para ser honesta. Nós dedilhávamos e fazíamos uns zumbidos com nossas guitarras. Foi quando Thurston teve a ideia de tocar sua guitarra de maneira percussiva, com uma baqueta. Nós não tínhamos um baterista, e não havia outra maneira de manter o ritmo.

Éramos uma banda bebê e, como tal, não tínhamos ideia do que estávamos fazendo. Thurston, como eu disse, era um aluno antigo do CBGB. O CBGB era sua igreja, seu templo, e assim, numa lógica concreta, Thurston disse que iria pedir ao dono, Hilly Kristal, para fazermos um show lá. Só por ter ido ao CBGB tantas vezes, Thurston achava que tinha estabelecido uma relação com Hilly, ou que, pelo menos, Hilly iria reconhecê-lo como o garoto alto e magro que dizia oi para ele quase todas as noites. Thurston conseguiu, e o Sonic Youth tocou no CBGB abrindo a noite para outras três bandas. Não existe situação pior para uma banda. Mas nós encaramos o que estávamos fazendo como o primeiro de uma série de passos necessários, e um deles incluía gravar nosso primeiro álbum.

Foi um EP, gravado em 1981. Cinco músicas ao todo. Dava para ouvir tudo em menos de meia hora. *Sonic Youth*, o EP – não tenho certeza do que foi aquilo, para ser honesta. Nós gravamos para o selo do Glenn Branca. Josh Baer, o diretor do White Columns, tinha convidado Glenn para criar um selo. Glenn aceitou, o selo foi batizado de Neutral Records, e o Sonic Youth foi seu primeiro artista.

Nós não tínhamos muito dinheiro para a gravação, para usar um eufemismo. Por fim, conseguimos um desconto num lugar chamado Plaza Sound, um estúdio espetacular, grande e antigo no Rockefeller Center, onde o Blondie, os Ramones e orquestras sinfônicas inteiras tinham gravado, e segundo rumores era propriedade da Columbia Records. Nós tínhamos direito a duas sessões de oito horas. Nosso baterista na época, Richard Edson, ajudou a estruturar nossa música antes de começarmos. Richard também tocava em uma banda chamada Konk, que era considerada "cool" na cena do centro da cidade, mas tinha um estilo completamente diferente do nosso. O Konk era rítmico e minimalista, e o Sonic Youth era dissonante e selvagem, mas primeiros discos fazem sucesso hoje e sempre porque você não sabe bem o que está fazendo e mesmo assim vai lá e faz.

Primeiro gravamos todas as bases, e voltamos depois para gravar os vocais e mixar. Não tínhamos afinações específicas – ou eram as tradicionais ou então desafinávamos. Do início ao fim, o processo todo levou cerca de dois dias. Foi a primeira vez que eu vi como o nosso som alto e profundo era transformado em algo relativamente contido no final. Era uma reclamação que ouviríamos bastante com o passar dos anos – que o som do Sonic Youth não era tão intenso nas gravações como era ao vivo.

Muitas das primeiras músicas que escrevemos e gravamos eram monótonas, vagas no meio e com finais mais vagos ainda. "*I Dreamed, I Dream...*" originalmente era instrumental. A letra era aleatória. Todos nós, eu me lembro, escrevemos frases em um pedaço de papel, e quando chegou a hora de sobrepor o vocal, eu escolhi ao acaso a partir da lista. É uma forma de trabalhar que ainda uso às vezes. Nós dissemos ao engenheiro de som que queríamos muito baixo, como a banda pós-Sex Pistols, do Johnny Rotten, Public Image Ltd. Sussurrei meus vocais e Lee Ranaldo acrescentou seu próprio acompanhamento vocal.

"*The days we spend go on and on*" ["Os dias que passamos continuam indefinidamente"]. Essa letra de alguma forma tornou-se um prenúncio de todos os acontecimentos, toda a música, que viriam. O Sonic Youth continuou por três décadas, e nosso primeiro disco foi relançado 25 anos após o lançamento oficial. Os críticos comentavam como as letras eram cheias de significado, sem saberem que elas tinham surgido de maneira aleatória.

Quando Thurston e eu finalmente fomos embora do estúdio no Rockefeller Center, eram quatro da madrugada. Caía uma tempestade de neve e as calçadas e ruas estavam cobertas. Era Nova York em sua versão mais silenciosa e bonita. Estávamos com nossos grandes amplificadores, mas não conseguíamos encontrar um táxi. Naquela época, Nova York ainda tinha sua frota de táxis Checker, grandes caixotes feitos sob medida para equipamentos móveis, e acabamos encontrando um, enfiamos nossos equipamentos lo-fi no porta-malas e no banco traseiro e nos apertamos no meio. Lá estávamos nós, dois frequentadores do centro realocados, imigrantes em meio aos ossos duros daqueles edifícios altos e sem iluminação, enquanto a neve pesada caía. Por alguns instantes, me senti como se pertencesse a um mundo de entretenimento adulto do norte da cidade, e então o táxi nos levou de volta pela neve até a Eldridge Street.

Aquele estúdio funcionou como um talismã de boa sorte para nós. Quando a master ficou pronta, Glenn ficou agradavelmente surpreso com a qualidade do nosso som. A capa do EP foi tirada de um autorretrato que o artista Jeff Wall fez onde ele basicamente criou um sósia de si mesmo em uma caixa de luz ampliada. Nós copiamos a ideia, acrescentando nossa imagem duas vezes, por isso aparecemos como uma banda de oito pessoas, em vez de apenas quatro. Mais tarde, quando o Sonic Youth tocou em Ann Arbor, Michigan, pela primeira vez, e eu conheci Niagara, a vocalista do Destroy All Monsters do Mike Kelley, ela me disse: "Eu não acredito que você se deixou ser fotografada sem batom."

21

QUANDO COMECEI A TOCAR no palco, eu era bastante insegura. Eu só tentava tocar meu baixo, torcendo para que as cordas não arrebentassem e que o público tivesse uma boa experiência. Eu nem pensava no fato de ser uma mulher, e, ao longo dos anos, posso dizer honestamente que quase nunca penso em "coisas de menina", a não ser quando estou usando saltos altos, e aí é mais provável que eu esteja me sentindo um travesti. Quando estou completamente focada no palco, tenho a sensação de estar em um espaço confinado, um brilho de sensualidade autoconfiante e alegre. Me sinto como se não tivesse corpo, também, toda a elegância da leveza sem fazer nenhum esforço. A necessidade de ser uma mulher ali nunca passou pela minha cabeça até a gente assinar com a Geffen.

Mas, no começo, eu estava apenas tentando fazer tudo dar certo. Ninguém na banda nunca tinha imaginado estar em uma grande gravadora. Nenhum de nós estava pensando tão à frente. Thurston era o único que sempre dizia o que fazer a seguir.

O que bandas fazem depois de gravar um disco? Elas saem em turnê. Parecia a coisa certa a se fazer, e de alguma forma nós conseguimos um show no Walker Art Center, um museu progressista em Minneapolis. Também tivemos a chance de fazer uma turnê na Inglaterra pela primeira vez. Para o tipo de música que fazíamos, sinceramente, era mais fácil encontrar um público na Europa. As bandas são tratadas melhor por lá, o que eu atribuo aos governos socialistas e à forma como os clubes fazem o papel de centros culturais parcialmente financiados pelos governos.

No início dos anos 1980, a cena musical na Inglaterra era grande para uma ilha, caótica e impiedosa. Os músicos literalmente pagavam para tocar. Por meio de um amigo, conseguimos um show abrindo para uma banda de industrial, com outra garota chamada Danielle Dax abrindo para nós. Antes do show, Danielle me encurralou no banheiro. "Olha", ela disse, "tem muita gente importante vindo aqui esta noite para me ver."

Seu egoísmo e competitividade eram quase chocantes – era como estar na escola de novo. Como vários artistas ingleses, Danielle tinha uma aparência particular, uma máscara, uma *persona* quase bizarra. Para os ingleses, o rock-and-roll tem muito a ver com escalar a estrutura de classes do país, derrubando as barreiras do seu nascimento. Eles viam a gente, quatro nova-iorquinos, como um bando de moleques de classe média que provavelmente moravam em lofts acima de galerias de arte, que estavam fazendo algo que não era real, não era autêntico, não tinha sido conquistado. Isso é ainda mais irônico pelo fato de que muitas bandas britânicas, incluindo os Beatles, saíram de escolas de arte.

Nosso primeiro show em Londres foi um semidesastre, com uma das cordas do meu baixo arrebentando no meio. Thurston acabou jogando sua guitarra no público, e, em seguida, a grade de metal que separava as bandas da plateia baixou lentamente e o show terminou. Algumas pessoas acharam que o Sonic Youth tinha sido a melhor banda da noite, enquanto outros achavam que nós éramos pretensiosos e cabeça. Não foi uma primeira impressão perfeita para a Inglaterra.

Eu também me sentia limitada como cantora. Quando a banda começou, eu tentei uma abordagem vocal rítmica e falada, mas às vezes desenfreada, por causa de todas as diferentes afinações de guitarra que usávamos. Quando você ouve discos antigos de R&B, as mulheres neles cantam de um jeito muito intenso, mandando ver. Em geral, porém, as mulheres não têm realmente a permissão para mandar ver. É como a famosa distinção entre arte e artesanato: arte, e desequilíbrio, e ultrapassar limites, é uma coisa masculina. Artesanato, e controle, e delicadeza, é para as mulheres. Culturalmente, nós não permitimos que as mulheres sejam tão livres como elas gostariam, porque isso é assustador. Nós ou rejeitamos essas mulheres ou as consideramos loucas. Cantoras que tentam ir além, que forçam a barra, tendem a não durar muito. Elas são fugazes, efêmeras, meteóricas: Janis Joplin, Billie Holiday. Mas ser a mulher que ultrapassa os limites significa que você também traz aspectos menos desejáveis de si mesma. No final do dia, é esperado que as mulheres sustentem o mundo, não que o aniquilem. É por isso que Kathleen Hanna, do Bikini Kill, é tão incrível. O termo *girl power* (poder feminino) foi cunhado pelo movimento Riot Grrl, que Kathleen liderou nos anos 1990. *Girl power*: uma frase que mais tarde seria cooptada pelas Spice Girls, um grupo criado por homens, cada Spice Girl rotulada com uma personalidade diferente, lapidada e estilizada para poder ser comercializada como um perfil feminino falso. Coco era uma das poucas meninas no jardim de infância que nunca tinha ouvido falar delas, e essa é uma forma de poder feminino, dizer não à comercialização das mulheres!

Nunca me achei uma cantora com uma voz boa, ou mesmo uma musicista. Eu consigo fazer isso ao imaginar que estou pulando de um penhasco. Neil Young disse uma vez que se trata mais de ter uma voz autêntica do que uma boa voz, embora Neil obviamente tenha uma grande voz. Por ter crescido ouvindo jazz, eu descobri um outro aspecto, mais legal, da voz feminina – a ideia de espaço, e transição, e da importância da expressão. Vale lembrar que, desde o início, o rock-and-roll nunca teve base em formação musical ou técnica, assim como o punk rock nunca teve a ver com ser um bom músico e a essência do No Wave era a expressão autêntica. O punk rock mudou tudo, inclusive toda a noção de ser um "rock star". É estranho olhar para trás e ouvir as letras das bandas dos anos 1960 e perceber que elas se sentiram incomodadas quando começaram a ganhar a fama que as separava de seus "irmãos e irmãs" e do "movimento". Sempre amei "Out of My Mind", a música do Buffalo Springfield em que Neil cantava sobre as vantagens de ser um rock star, que o único som que ele podia ouvir eram os gritos do lado de fora de sua limusine.

Toda essa coisa de rock star sempre me pareceu desonesta – estilizada e gestual, besta até. Eu sempre me senti desconfortável dando às pessoas o que elas querem ou esperam. Dan Graham uma vez descreveu Lydia Lunch no palco para mim, como Lydia ficava parada lá, recusando-se a se mexer. "Lydia Lunch é um gênio!", disse Dan. "Ela é realmente frígida – percebe como ela não mexe nem um pouco o corpo? Ela não quer dar nada para o público." Mesmo que Lydia tivesse uma personalidade muito mais assustadora, que eu jamais tive, eu me identificava com aquilo. Depois eu comecei a realmente gostar de tocar baixo; era uma coisa física que se conectava ao meu amor pela dança, apesar de que, quando você está tocando um instrumento no palco, é difícil sentir que ele realmente pode tocar as pessoas. Finalmente, quando Jim O'Rourke se juntou à banda, eu estava liberada para apenas cantar, e me movimentar mais.

Quando o Sonic Youth começou, eu realmente me esforcei para ser mais punk, perder todas e quaisquer associações com minha aparência e feminilidade de classe média da zona Oeste de L.A. Quando cheguei a Nova York pela primeira vez, Rhys Chatham sempre me dizia: "Sabe, Kim, você sempre vai parecer alguém de classe média." Para ser mais punk, ele deixava implícito, você tinha que ser mais feio de algum jeito, como se houvesse uma autenticidade embutida na aparência de um coitado. O que Rhys queria dizer, acho, era que eu era quem era.

Havia um visual popular na época – vestido vintage, maquiagem – que simplesmente não era eu, nem era a maneira como as pessoas se vestiam no mundo da arte. Eu não me encaixava na cena do centro da cidade, e eu sabia que nunca seria como Lydia Lunch. Eu era, e ainda sou, mais o tipo de garota guarde-tudo-para-si-e-libere-na-música. Caso contrário, eu provavelmente seria uma sociopata.

Muita coisa foi escrita sobre o Sonic Youth, então o que se segue são as músicas, ou os álbuns, ou os períodos sobre os quais eu tenho mais o que contar ou que me lembro melhor. "Addicted to Love", por exemplo, não era e ainda não é uma música que eu gosto, mas a abordagem conceitual que tivemos fez aquilo funcionar. "The Sprawl" era divertida de tocar, e a música era sempre envolvente, enquanto que, por exemplo, a letra de "Tunic" tinha um significado muito mais amplo do que eu jamais percebi na época. Aqui vai o que se destaca para mim.

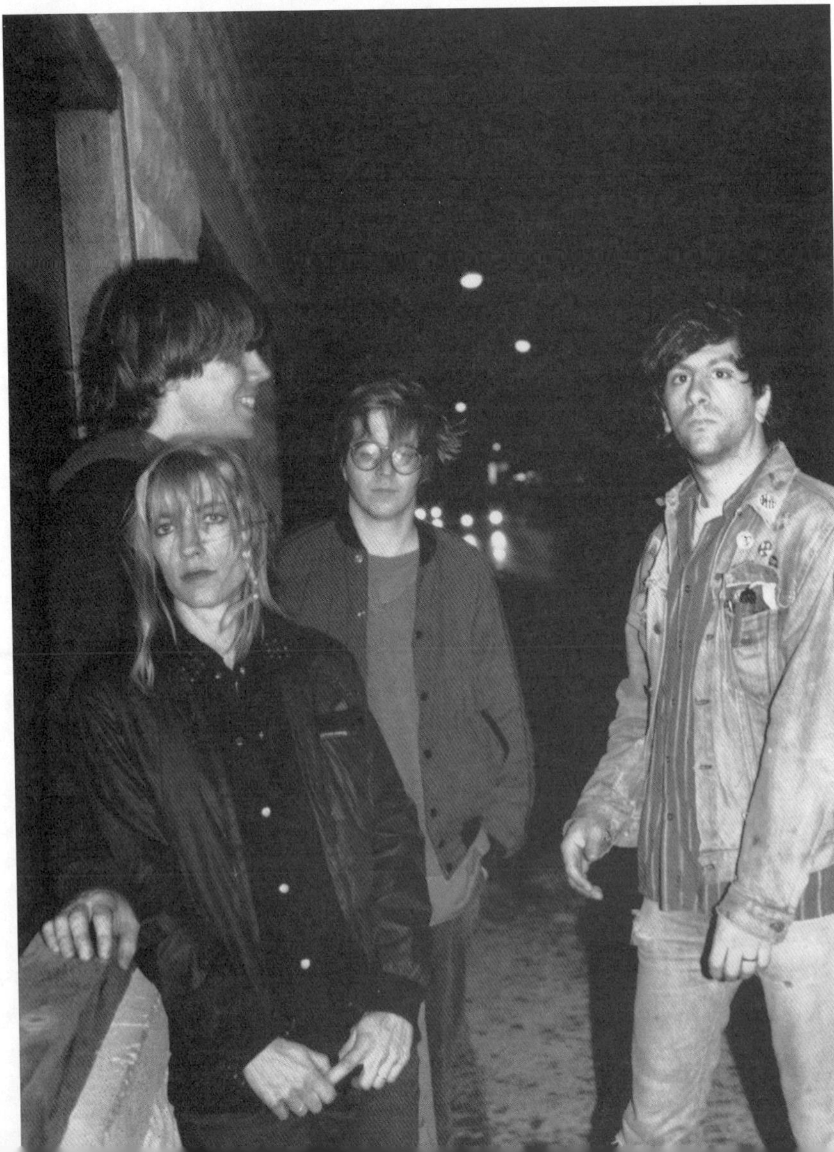

22

Confusion Is Sex:
"Shaking Hell"

NO FINAL DE 1982, o ano em que lançamos nosso primeiro LP, *Confusion Is Sex*, Dan Graham estava pesquisando os shakers. Essa religião sectária que surgiu nos primórdios dos escapistas americanos em busca de liberdade religiosa fascinava Dan, principalmente a prática das mulheres de dançar em uma histeria frenética, quase orgástica. A justaposição disso com as crenças e rituais conservadores era bizarra para ele.

Dan se perguntava o que o rock-and-roll e a seita shaker tinham em comum. Ambos eram variações de cultos eufóricos, em sua cabeça. O shakerismo, escreveu, era semelhante ao início do hardcore americano, com a cabeça raspada dos garotos da plateia dos shows de punk rock se assemelhando com as cabeças de alguma tribo monástica exótica. Dan, como Thurston, era fascinado por Patti Smith e pela intensidade

e a mágica de suas performances. Dan por fim fez um documentário de arte chamado *Rock My Religion*, em que ele incluiu um clipe ao vivo do Sonic Youth tocando a nossa música "Shaking Hell".
A letra – "*She finally discovered she's a... He told her so...*"("Ela finalmente descobriu que ela é uma... Ele disse isso a ela...") – tinha relação com a representação da mulher enquanto criação do cinema e da publicidade. Eu estava lendo os ensaios da grande escritora/cineasta feminista Julia Kristeva sobre o "olhar masculino", bem como outros livros relacionados com a imagem da mulher sempre passiva e o protagonista masculino sempre ativo.

Em um nível mais pessoal, "Shaking Hell" espelha minha luta contra minha própria identidade e a raiva que sentia sobre quem eu era. Toda mulher sabe o que eu quero dizer quando digo que as meninas crescem com um desejo de agradar, de ceder seu poder para outras pessoas. Ao mesmo tempo, todo mundo conhece os modos às vezes agressivos e manipuladores com os quais os homens muitas vezes exercem poder no mundo, e como, ao usar a palavra empoderamento para descrever as mulheres, os homens estão simplesmente mantendo seu próprio poder e controle. Anos depois de sair de L.A., eu ainda podia ouvir a voz do louco do meu irmão no meu ouvido, sussurrando: *Eu vou dizer a todos os seus amigos que você chorou*.

Naquela época, e mesmo hoje, eu me pergunto: eu sou "empoderada"? Se você precisa esconder sua hipersensibilidade, você é realmente uma "mulher forte"? Às vezes, uma outra voz entra na minha cabeça, espantando esses pensamentos. Esta me diz que a única performance realmente boa é aquela em que você se torna vulnerável ao ir além da sua zona de conforto familiar. Eu comparo isso a ter um sonho intenso, hiperreal, em que você salta de um penhasco, mas não morre.

Embora seja difícil de lembrar um momento em que ela não fazia parte da cena, me lembro quando Madonna entrou para o mundo da cultura pop. Madonna explorava sua própria sexualidade, se encaixando e se transformando voluntariamente para agradar o público. Já eu era uma vira-lata, enfiando meu estilo californiano sob a simplicidade da costa Leste – "tipo uma bibliotecária, rê-rê", como Mike Kelley viria a descrever meu estilo na época.

Com "Shaking Hell", eu estava tentando colocar meu lado mais íntimo para fora, com um contorno que combinava com quem eu havia me tornado em Nova York. Eu tinha descolorido meus cabelos de forma desigual, depois pintei de magenta. Em retrospectiva, é ridículo que alguém me visse como um ícone da moda, uma vez que tudo o que eu estava tentando fazer era simplificar minha aparência de classe média acabando com o meu cabelo. Ao longo dos anos 1980, eu estava invariavelmente meio certa e meio confiante sobre o que quer que eu estivesse usando. Eu queria um visual punk, sem realmente sentir que tinha conseguido. Depois, meu visual evoluiu para uma coisa moleca misturada com um pouco do jeito descolado e sensual de Françoise Hardy – camisetas largas de bandas indie com botas, ou shorts de veludo com blusas estilo Jane Birkin dos anos 1970, decotadas, flocadas, com letras impressas. A minha favorita dizia GRACIAS. Ainda assim, sempre acreditei – e ainda acredito – que o radical é muito mais interessante quando parece benigno e comum no lado de fora.

A intensidade emocional dos vocais naquela canção combinava com a música de uma forma xamânica como eu acho que nunca repeti. "Shaking Hell" era complicada e perturbadora de cantar, especialmente quando a música baixava para um som grave durante o "Shake, shake, shake" no final. Era como se o chão tivesse sumido de baixo de mim e eu tivesse ficado flutuando, até que minha voz disparasse e me carregasse. Eu queria levar o público comigo, sabendo, como eu sabia, que a multidão queria acreditar em mim, e na gente, enquanto criávamos algo que nunca tinha existido antes.

Nós gravamos *Confusion Is Sex* no estúdio do porão do nosso amigo Wharton Tiers. Wharton era o supervisor-geral do edifício, e sempre que nós gravávamos, ele era profissional o suficiente para desligar a caldeira. Anos mais tarde, Julie Cafritz, do Pussy Galore, e eu concedemos uma entrevista para promover um álbum do projeto paralelo que tínhamos juntas, Free Kitten. Uma de nós cometeu o erro de mencionar Wharton e a caldeira. A gente achava que ninguém jamais leria a entrevista, mas, infelizmente, um dos inquilinos leu, e Wharton perdeu o emprego. Eu ainda me sinto mal por causa disso.

Confusion Is Sex foi gravado em um gravador de oito canais, ou melhor, com dois gravadores de quatro canais interligados. Nós fizemos absolutamente tudo errado na gravação desse disco, incluindo destruir a fita durante um take crucial de "Shaking Hell". No final, tivemos que fazer uma emenda no final de outra fita para criar a música.

As letras vinham da vida real. "Making the Nature Scene" surgiu de passar andando pelas prostitutas que ficavam na Grand Street. No frio do auge do inverno, elas se reuniam lá quase todas as noites, de pé em um círculo ao redor de uma fogueira improvisada dentro de um latão, com polainas e saltos altos. Elas faziam parte da cena local, altas como árvores, inclinando-se para trás, a mão no quadril, encostadas em uma coluna, "fazendo a paisagem".

O brilho dourado das polainas das mulheres captava a luz dos carros que passavam, brilhando nos espaços escuros em volta dos edifícios próximos. Eu estava lendo sobre o arquiteto e designer italiano Aldo Rossi, que acreditava que as cidades nunca abandonam suas histórias, que elas preservam os fantasmas de seu passado através do tempo. Rossi queria recuperar as pequenas áreas entre os edifícios para tornar a cidade humana novamente, contra o pano de fundo predominante da arquitetura grandiosa, ampla e levemente fascista. No início dos anos 1980, o Lower East Side, com seus cortiços e apartamentos modestos, ainda era uma pequena aldeia. Ninguém se importava realmente que as prostitutas estivessem lá; elas faziam parte da paisagem. Quer dizer, até que o novo prefeito decidiu limpar sua cidade e tirá-las dali.

Depois do nosso primeiro EP, saímos em uma miniturnê com os Swans. Tocamos em Washington, D.C., Virgínia, Chapel Hill e Raleigh, na Carolina do Norte. Os Swans eram uma banda dissonante, difícil de ouvir – era uma música intensa, minimalista, sobre a qual os vocais niilistamente românticos de Mike Gira se sobrepunham – e Mike, com quem eu tive pouco contato na Otis Art School, era um completo ditador em sua banda. Um amigo nosso que tinha acabado de terminar com a namorada se ofereceu para ser nosso motorista sem cobrar nada, então o Sonic Youth e os Swans se espremeram na parte de trás de uma velha van com um reboque. Mike, eu me lembro, passou a viagem inteira brigando com sua colega de banda Sue Hanel. Mike era o líder dos Swans, afinal de contas, e como tinha se convencido de que era intransigente e hiperdisciplinado com tudo, ele gritava e insultava seus companheiros de banda se eles não andassem na linha. Em comparação com os Swans, o Sonic Youth era tranquilo.

Segue um trecho de um diário da turnê que eu escrevi sobre esse período, intitulado "Meninos são ridículos":

> Chapel Hill: Estava chovendo e melancólico pra diabo e os Swans tocaram o seu set para caubóis debochados. Chapel Hill é um dos lugares mais descolados no mundo para tocar, mas em 1982 éramos underground até para esse lugar... Na van, os Swans brigavam entre si. A moral era baixa e os temperamentos, impulsivos. Nossas expectativas talvez não fossem tão altas quanto as de Mike, e nunca brigamos entre nós quando estávamos viajando com outra banda que briga; eles brigam por nós.
>
> Geórgia: Em Athens, Mike Gira pulou do palco, empurrou alguém que estava pogando em uma roda punk, depois voltou ao palco e pediu desculpas... Mike pensou que o cara era um poser que estava tirando sarro dele. Na verdade, era um nerd e Mike nunca tinha visto um nerd antes. Thurston tentou desencorajar sua irmã, Susan, de vir ao show, ou porque ele achava que íamos ser péssimos ou porque achava que teria que protegê-la. Ele disse que ela seria estuprada e assassinada se viesse, e na hora eu pensei que era apenas um truque, porque ela é tão ingênua, mas agora percebo que ele provavelmente acreditava um pouco nisso.

Alguns anos depois, em outra turnê, mas os registros trazem a mesma sensação:

> Dallas: No caminho para Dallas, nós só derretemos, dormimos e pegamos no pé do nosso baterista, Steve Shelley, por dirigir muito devagar, e no de Thurston por dirigir muito parecido com o jeito que ele toca guitarra.

145

Boston: Houve um momento em que eu comecei a ficar agoniada com a violência no palco. Os dedos de Thurston ficaram inchados e roxos de bater na guitarra. Normalmente, eu nunca sei o que está acontecendo no palco, eu só vejo objetos parecidos com guitarras voando pelo ar pelo canto dos olhos. Thurston empurrou Lee algumas vezes para o público, como a única maneira de terminar uma música, mas isso era uma brincadeira inofensiva.

Naugatuck, Connecticut: Não há nada como Naugatuck em um sábado à noite... O clube fica do lado de um restaurante chinês em uma galeria comercial. *Juventude Assassina* poderia ter sido filmado aqui. Eu nunca vi tantos metaleiros cruzando as ruas. Eles fazem todo o sentido, no entanto, quando você olha para as árvores secas, o outlet, toda aquela desolação e tranquilidade – você quer começar alguma coisa realmente barulhenta e horrorosa. Eu não conseguia parar de me perguntar o que as meninas faziam enquanto os meninos estavam tocando com Satanás. E eu me perguntava se elas eram como eu e ansiavam pela sensação de eletricidade e som misturados, girando na minha cabeça e através das minhas pernas. Eu sempre imaginei como seria ficar sob o pico de energia, embaixo de dois caras cruzando suas guitarras, em espasmos de narcisismo e combate, aquela forma poderosa de intimidade só alcançada no palco, na frente de outras pessoas, conhecida como ligação masculina.

Nós podíamos estar em nossa infância como banda, mas nossa psicologia já estava começando a se formar. A banda nos deu novas identidades, excitantes, mas protegidas. Nenhum de nós estava mais sozinho. Às vezes, em uma banda, pode parecer que todos são unidos porque sofrem coletivamente de uma doença psicológica que ninguém consegue nomear ou reconhecer. A lógica parte de uma espécie de psicose grupal, mas a força do coletivo faz tudo funcionar. Você é como uma família que faz o que faz por motivos arraigados, corriqueiros – exceto que ninguém se lembra por que ou o que iniciou aquele comportamento. Uma banda

A GAROTA DA BANDA

é praticamente a definição da palavra *disfunção*, mas, ao invés de discutir motivações ou debater qualquer coisa, você toca música, expressando seus problemas através da adrenalina.

O crítico de música Greil Marcus escreveu sobre nossa versão para "I Wanna Be Your Dog", do Iggy Pop e dos Stooges, em sua coluna mensal na *Artforum*. Seus artigos eram constituídos por pequenos, e, na cabeça de Greil, significativos gestos que impulsionavam a cultura para a frente. Mais tarde, Greil disse a um entrevistador que *Confusion Is Sex* tinha mexido com ele. Era uma zona, ele disse, com vocais horríveis, mas disse que nunca antes tinha ouvido alguém arrancar suas entranhas e jogá-las para o público do jeito que eu fiz em "I Wanna Be Your Dog", e que Iggy Pop ficaria envergonhado ou emocionado. "I Wanna Be Your Dog" era uma música que tinha sido regravada muitas vezes por muitas pessoas, mas que até então, Greil disse, ele nunca tinha entendido realmente o que significava para uma amante dizer ao outro que ela queria ser o seu cão. "Essa mulher sabe de coisas que eu não sei", Greil escreveu. Em sua opinião, o Sonic Youth era uma banda que estava se arriscando, realmente indo além. Greil foi uma das primeiras testemunhas que entenderam o que estávamos tentando fazer – talvez a única.

Foi a primeira vez que alguém prestou atenção de verdade na gente, e ninguém menos do que a *Artforum*. Thurston e eu interpretamos aquilo como se Greil dissesse: "Este pequeno gesto é importante e significativo." Depois, Greil e eu nos tornamos amigos.

Por falar nisso, a letra da música "Brother James" surgiu depois que eu li sobre o blues no livro *Mistery Train*, do Greil. "Brother James" apareceu em um EP que a banda lançou após *Confusion Is Sex* chamado *Kill Yr Idols*, um nome que tiramos de uma citação de Robert Christgau. Robert era o outro grande crítico de música da época, junto com Greil, mas ele basicamente nos ignorava. Robert e o *Village Voice*, o semanário do centro de Nova York para o qual ele escrevia, nunca foram simpáticos ao Sonic Youth ou à cena rock local em geral, e na única noite em que ele veio a um de nossos shows, alguém na plateia tentou atear fogo nele. De brincadeira, porém.

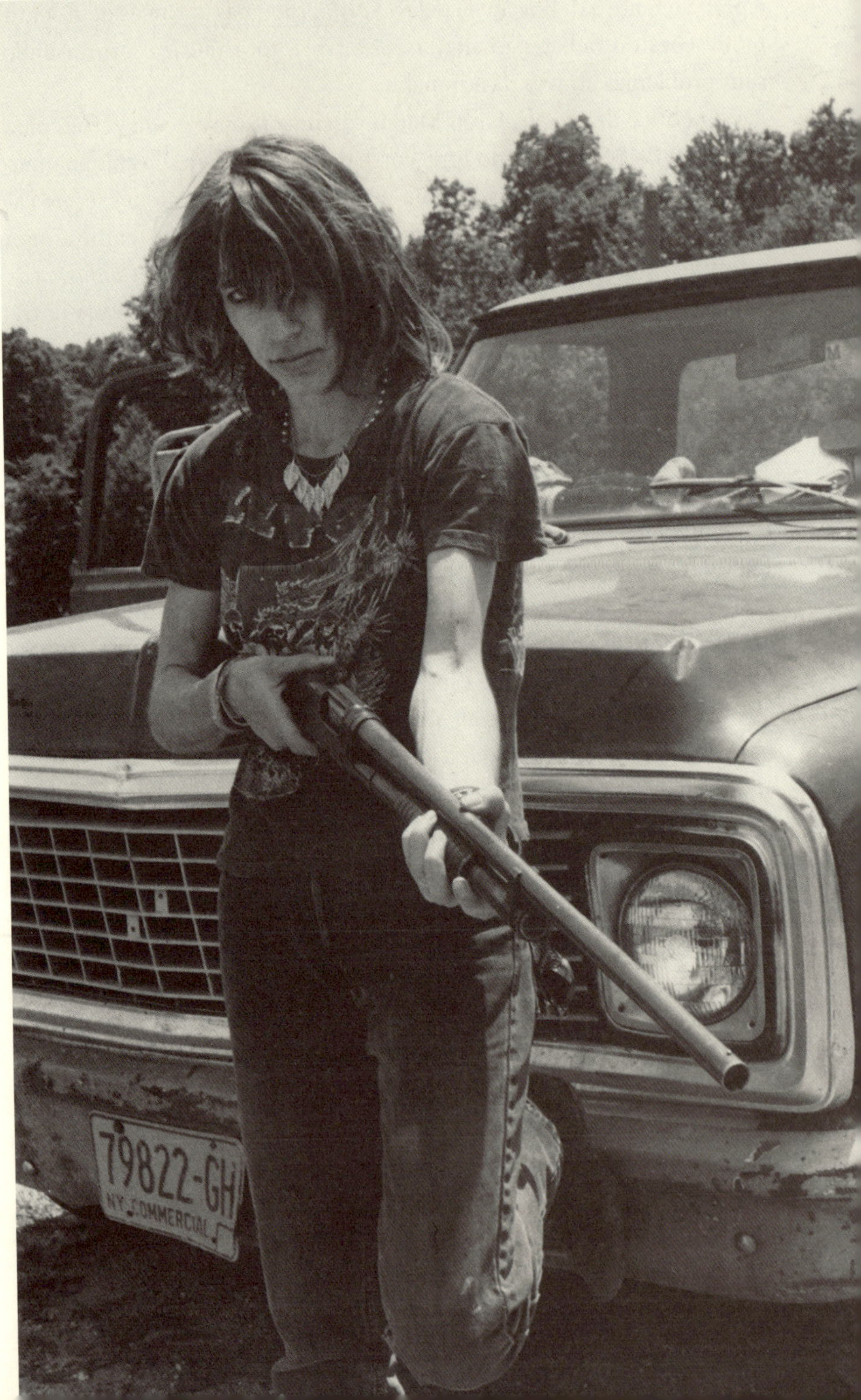
79822-GH
NY COMMERCIAL

23
Bad Moon Rising: "Death Valley '69"

EU NÃO DESCREVERIA Lydia Lunch como uma amiga, pois amizade requer confiança. Eu era uma grande fã do Teenage Jesus and the Jerks, e quando Thurston e eu passamos a conhecer melhor a Lydia, ela estava sempre tentando seduzir o Thurston. Sempre a achei uma figura interessante, e eu gostava das suas músicas antigas, mas isso não quer dizer que eu era fã de tudo o que ela fazia. Ela era um pouco predatória, e me assustava um pouco. Ainda assim, Lydia foi responsável por apresentar Thurston e eu para Paul Smith, que já tinha gerenciado um selo para a banda inglesa Cabaret Voltaire. Enviamos uma fita para Paul – talvez eles gostassem o suficiente a ponto de lançar o *Bad Moon Rising*. Eles não estavam interessados, mas foi aí que Paul decidiu conseguir um patrocínio da Rough Trade, uma enorme empresa de distribuição, que lançou o álbum por um novo selo, que Paul batizou de Blast First.

O adiantamento do licenciamento significava um novo começo, em que eu não tinha que trabalhar o dia todo e podia me concentrar no novo álbum. No geral, estávamos felizes, apesar de um pouco nervosos por deixar nossos empregos. Antes de escrever as músicas, Lee, Thurston, Bob Bert (nosso segundo baterista após Richard Edson) e eu lemos um livro sobre o Velvet Underground. Aquele livro, por algum motivo desconhecido, aproximou todos na banda. Agora estávamos todos no mesmo estado de espírito, o que fica nítido quando você escuta. Acabamos batizando o álbum de *Bad Moon Rising*, em homenagem à música do Creedence Clearwater Revival. Podíamos estar absortos com os Velvets, mas esse era o jeito que fazíamos as coisas – pegar algo de um cenário da cultura pop e dar um significado diferente. O Creedence Clearwater Revival era uma pseudobanda country do Sul dos Estados Unidos, da mesma forma que nós éramos um pseudo Velvet Underground. Além disso, o título era foda.

Bad Moon Rising foi o primeiro disco que gravamos em vinte e quatro canais. Cada música flui para a próxima, sem lacunas ou espaços entre elas. Quando tocamos ao vivo, fomos forçados a criar minitransições no palco entre as músicas. Naquela época, não tínhamos técnicos de guitarra para ajudar a afinar nossos instrumentos, e as nossas doze a quinze guitarras, cada uma com uma afinação diferente, sempre precisavam ser reafinadas, ou testadas novamente, ou trocadas, o que exigia pequenas pausas. Com o tempo, desenvolvemos um sistema complicado para fazer essas mudanças da maneira mais simples e fluida possível.

Decidimos recriar essa ilusão de fluidez no *Bad Moon Rising*. Na época, eu estava lendo um livro do precoce crítico pós-modernista Leslie Fiedler chamado *Love and Death in the American Novel*. Naturalmente, foi Dan Graham quem despertou meu interesse nele, me dizendo como aquele tinha sido um livro seminal para críticos de música, como Lester Bangs, Robert Christgau e Greil Marcus. Não sei se ele estava dizendo a verdade ou não, mas o livro realmente me estimulou.

Entre outras coisas, Fiedler falava sobre a relação homoerótica entre os primeiros colonos americanos e os chamados índios americanos selvagens. O título da canção "Brave Men Run (in My Family)" foi tirado de uma pintura de Ed Ruscha que mostrava um veleiro. A pintura de

A GAROTA DA BANDA

Ruscha parecia fazer uma referência irônica aos atos heroicos dos colonos americanos. Mas, como alguém que tem traços da Corrida do Ouro em seu próprio DNA, me identifiquei. Pelas poucas histórias que ouvi, as mulheres da minha família eram incompreensivelmente fortes. Minha bisavó, que vendia moldes de costura do Norte ao Sul da costa Oeste nos anos 1800. Minha avó, que viajou por todos os lugares com uma ninhada de cinco filhos, finalmente desembarcando no Kansas durante a Grande Depressão. Estoicas, resistentes, sem fazer perguntas, sem reclamar.

Quando cantei "Brave Men Run (in My Family)", eu estava cantando sobre essas mulheres. A frase *"Into the setting sun"* ("Em direção ao sol poente") se refere à atração pelo Oeste, o romance americano com a morte. E depois tinha a "Death Valley '69".

Quando eu era uma menina crescendo no sul da Califórnia, a morte, ou a ideia dela, vivia tentando entrar na minha vida, especialmente em 1969, quando a utopia hippie dos anos 1960 se fundiu com os assassinatos de Manson e sangrou em Altamont. Muitas pessoas que conheci na adolescência tiveram breves encontros com o homem baixo e carismático, de olhos arregalados, que falava sobre "Revolution 9" e o deserto e uma futura bênção de destruição. Paz e amor tinham se tornado sórdidos, como os Stooges tinham escrito em seu próprio hino dos anos 1960: *"1969, OK, all across the USA"* ("1969, tudo bem, por todos os EUA"). "Faça amor, não faça guerra" parecia melhor em filmes do que na vida real, onde policiais matavam estudantes universitários e revoltas aconteciam em Washington, D.C., Chicago e Baltimore. "Death Valley '69" foi mal interpretada algumas vezes como uma canção a favor de Manson, especialmente pelos fãs mais jovens. Nada está mais longe da verdade.

Em 1985, quando *Bad Moon* foi lançado, grupos de hardcore cantavam músicas sobre Ronald Reagan. Eu não estava interessada nisso e preferia cantar sobre as trevas que cintilavam debaixo da colcha brilhante da cultura pop americana.

Acho que é possível dizer que o Sonic Youth sempre tentou desafiar as expectativas das pessoas. Nós saímos de um contexto de arte de Nova York – embora marginalizados – e nos fundimos com a cena rock. Só o fato de sermos uma banda da cidade de Nova York que tocava fora da cidade de Nova York já mexia com as expectativas das pessoas. O público esperava ficar cara a cara com um bando de drogados esquálidos vestidos de preto.

Bad Moon Rising também escancarou as portas para a Inglaterra, que, para uma banda de rock experimental desconhecida, era bastante inacessível. Afinal de contas, nós não éramos "góticos", como Lydia Lunch, nem tínhamos um "visual roqueiro". Nesse sentido, por não nos preocuparmos com o figurino antes de subir ao palco, parecíamos mais com os habitantes da cena hardcore americana. Na turnê do álbum, tocamos no Institute of Contemporary Arts, em Londres. Thurston estava gripado, eu me lembro, e febril. Ele fez o show vestindo seu casaco grosso de inverno. Paul Smith tinha decorado o palco com abóboras de Dia das Bruxas iluminadas com velas acesas no seu interior, criando uma atmosfera fantasmagórica e assustadora, e, conforme a banda ia tocando mais intensamente, o palco ia ficando mais quente e Thurston começou a tirar a roupa. Ele até chutou uma das abóboras para fora do palco. Era um movimento punk clássico, mas que afetou tanto os britânicos que quando um dos rapazes da manutenção encontrou uma seringa nos bastidores, achou que era nossa. Não era.

Quando Bad Moon começou a fazer sucesso, as pessoas começaram a olhar para a gente de forma abertamente diferente, e rádios universitárias começaram a tocar nossas músicas. O jornalista de rock Byron Coley nos entrevistou para a Forced Exposure, e o Sonic Youth foi capa de um conhecido zine indie rock chamado Matter. Na Inglaterra, as pessoas estavam proclamando espalhafatosamente a morte da guitarra e o nascimento do sintetizador, mas o Sonic Youth e outras guitar bands americanas começavam a chamar a atenção. A maioria, se não todas as outras guitar bands, era bem mais convencional que a gente, mas parecia que, juntos, eles e nós, estávamos criando um impacto. A banda australiana The Birthday Party tinha se separado e se transformado nos Bad Seeds, e nós tivemos a sorte de sermos convidados para abrir para eles numa turnê. As coisas estavam melhorando, mas mudando também.

Bob Bert, nosso baterista nesse período, saiu da banda e foi substituído por Steve Shelley. Thurston e Lee tinham visto Steve tocar no CBGB

A GAROTA DA BANDA

com uma banda de hardcore do Michigan chamada The Crucifucks. Os dois acreditavam que Steve tinha algo especial que o distinguia de outros bateristas de hardcore. Enquanto o Sonic Youth estava em turnê no Reino Unido, Steve sublocou nosso apartamento na Eldridge Street. Quando Bob saiu no final da turnê, perguntamos a Steve se ele queria entrar na banda e, sem hesitar, ele disse: "Claro." Depois de lidar com diferentes bateristas nos nossos dois primeiros discos, parecia mágica ou destino que Steve estivesse bem ali na nossa frente. Ele era mais jovem e não compartilhava a história coletiva da banda em Nova York, mas tínhamos outras influências e gostos musicais em comum, e a Birthday Party era um deles. Steve trouxe uma potência ao Sonic Youth que nunca tínhamos tido antes.

Thurston teve a ideia de lançar "Death Valley '69" como um single, e entrou em contato com Stuart Swezey, da Iridescence Records, que nos escolheu para fazer um show no meio do deserto de Mojave, em um festival chamado The Gila Monster Jamboree. Era uma escalação dos sonhos, que incluía o Redd Kross, os Meat Puppets e a gente, bem como a primeira banda de Perry Farrell, Psy Com. Foi uma noite mágica, um dos meus shows favoritos na vida. O local, eu me lembro, foi mantido em segredo até o último minuto. A lua estava cheia e enorme, o palco rodeado por uma grande pilha de pedras que serviam como uma espécie de reforço acústico para os sons que saíam dos amplificadores. Não havia palco, então montamos os equipamentos na areia. Os Meat Puppets foram incríveis, simples e encantadores, e o show do Redd Kross foi tão bom quanto, seu visual glam de casacos de pele e purpurina causava um contraste surreal com a sensação ritualística da fogueira no deserto. Nós apenas tocamos. Não tínhamos retorno, só amplificadores e um pequeno P.A. que, em última análise, deixou nosso som caótico e difícil de ouvir. Mike Kelley estava lá naquela noite, dançando bêbado, se divertindo. Alguém filmou a noite toda, e se você souber quem procurar, consegue achar o Mike no filme. Em um momento durante o nosso show, eu perguntei: "Alguém tem uma cerveja? Uma cerveja para a banda? Só uma?", mas, como praticamente todas as pessoas na plateia pareciam estar chapadas de LSD ou cogumelos, não havia uma gota a ser bebida no deserto.

KIM GORDON

A capa do single de "Death Valley '69" era um cartão-postal de uma das pinturas de Gerhard Richter. Foi ideia do Thurston usar esse cartão-postal, é claro. Eu teria ficado muito tímida para perguntar ao nosso amigo se podíamos usar sua obra. Não importava – o resultado ficou lindo, um pôr do sol escuro, perfeito para a música e para a sensação pura de estar no meio do deserto da Califórnia.

Em 1984, Thurston e eu nos casamos. Para ser sincera, eu estava com medo de não ser capaz de me comprometer com um relacionamento permanente. Quando me mudei para a Eldridge, 84, Dan vivia me provocando, dizendo que eu era hippie, e mesmo que eu não fosse, suas palavras me assombravam. Ao me casar com Thurston, eu estava me comprometendo com algo permanente, em vez de tentar equilibrar a arte com a música, a música com a arte, um ou outro, como sempre. Para alguém tão jovem, Thurston era muito mais atraído pela vida doméstica do que eu. Sua confiança me fez acreditar que nosso casamento poderia funcionar.

Olhando para trás, é difícil acreditar como éramos jovens. Eu tinha 31, Thurston, 26. Nós éramos duas pessoas criativas, e as pessoas criativas geralmente demoram a se tornar adultos responsáveis, a não ser que exista uma criança envolvida. "Eu me relaciono com a idade adulta sob uma outra perspectiva", um amigo cineasta me disse uma vez. "Eu sou responsável perante meu legado de trabalho e também sou responsável perante minha família, mas é difícil." Ele acrescentou: "Ninguém quer perder a inocência que tem para a criatividade." Eu mantive o máximo que pude aquela inocência, mas Thurston fez a mesma coisa.

Evol: "Shadow of a Doubt"

A MANEIRA COMO A BANDA compunha as músicas era mais ou menos sempre a mesma. Thurston ou Lee geralmente cantavam as coisas mais alegres e melódicas dos riffs que um deles tinha escrito; eu cantava as coisas mais estranhas e abstratas que surgiam quando todos nós tocávamos juntos e refazíamos os arranjos até que ficasse bom. Minha voz sempre teve um alcance razoavelmente limitado, e quando você está escrevendo uma melodia, tende a escrevê-la para sua própria voz. Lee, por outro lado, geralmente vinha com músicas completas e prontas, e depois nós as cobríamos com dissonância.

Ao longo dos anos, Thurston e eu sempre concordamos com a parte estética. Concordamos quase sempre sobre as capas dos discos. Também concordamos com a maioria das mixagens. Se e quando aconteciam, nossas brigas geralmente eram sobre como ele tinha me tratado ou falado comigo. No começo da banda, nosso primeiro baterista, Richard Edson, foi o primeiro a observar a dinâmica entre nós. Ele sempre ficava do meu lado, dizendo coisas como, "Ei, cara, você não precisa falar com ela assim."

Lee nunca disse nada. Sempre que Thurston falava comigo de forma mais incisiva ou estúpida, parecia que ele ficava incomodado, e era provavelmente difícil para Lee e Steve descobrirem os limites de onde Thurston e eu começávamos a ser um casal e deixávamos de ser companheiros de grupo. Eu tinha alergia a criar caso e fazia o possível para manter uma identidade como um indivíduo dentro da banda. Eu não tinha nenhum interesse em ser apenas a metade feminina de um casal. Quando estávamos começando, eu era muito sensível, uma ressaca do meu relacionamento com Keller, e deixava Thurston assumir a liderança na maior parte das coisas. Nos meses que antecederam nossa separação, foi gratificante para mim quando Thurston, escutando alguma antiga gravação ao vivo nossa, comentou: "Uau, você tocava algumas coisas surpreendentes."

Gratificante, mas também estranho de se ouvir, já que nos nossos primeiros dias tocando ao vivo eu não tinha nenhuma habilidade técnica, nenhum conhecimento dos acordes tradicionais. Ao mesmo tempo, sempre tive confiança na minha capacidade de contribuir com algo bom para nosso som de um jeito pelo menos pouco convencional ou minimalista – uma musicalidade, um senso de ritmo. Todas as bandas de No Wave, o jazz que eu ouvi na infância, e as improvisações que eu e Keller fazíamos na nossa sala de estar, tudo voltava quando eu estava no palco, se misturando com o riff do rock-and-roll ou o teatro que Thurston sempre queria fazer. Desde o começo, a música para mim era visceral. Eu amo tocar música. Quando tudo está bem, é uma experiência quase extática. O que poderia ser melhor do que compartilhar esse sentimento de transcendência com um homem de quem eu era tão próxima em todas as outras áreas da minha vida, alguém que estava tendo a mesma experiência? Era um sentimento impossível de transmitir para alguém além de nós dois. Eu queria a libertação, a perda de mim mesma, a capacidade

A GAROTA DA BANDA

de estar dentro daquela música. Era o mesmo poder e sensação que se sente quando uma onda pega você e o leva para outro lugar.

Thurston e eu conhecemos Raymond Pettibon no início dos anos 1980 durante uma viagem para L.A., onde eu fui visitar meus pais. Alguém nos falou sobre uma festa numa casa em Hermosa Beach, onde o Black Flag estava tocando, então fomos até South Bay e paramos na frente de uma típica casa térrea. O bairro era caído, um pouco estranho, como se tivesse tentado e não conseguido se transformar num balneário, se tornando, em vez disso, um bairro suburbano tosco quase na frente da praia. A casa era pequena, a música, intensa, Henry Rollins na cozinha, com força total, vestido com seu característico short preto minúsculo, que eu acredito que era tecnicamente uma sunga de nylon fora de moda. Molhado de suor, ele se contorcia e esbarrava nos armários e nas pessoas, e em um momento veio até mim e cantou direto na minha cara.

Tendo vindo da cena do centro de Nova York, onde as pessoas não têm casas, ou garagens, e, logo, não fazem festas em casa, este era um cenário completamente novo para nós. O show do Black Flag foi um dos melhores que eu já vi antes ou depois – assustador, surreal, íntimo. Enquanto o som batia e reverberava no balcão e nas prateleiras da geladeira, e Henry Rollins se requebrava todo anos antes do twerk ter sido inventado, a performance fundia hardcore punk com banalidades suburbanas iluminadas pelo sol, teatralidade com cotidiano, apagando toda e qualquer fronteira entre a banda e o público.

Em um momento, Thurston e eu saímos para a claridade do quintal, onde Mike Watt, do Minutemen, nos apresentou a Raymond Pettibon. Para nós, Raymond já era uma figura quase mítica, porque alguns anos antes tínhamos ficado extremamente interessados em seus zines. Raymond era tímido, casualmente desarrumado, uma aparência completamente normal. Ainda assim, era inacreditável estar ali com Mike e Raymond, e outros músicos de bandas das quais tínhamos os discos. A cena de L.A.!

Naquele ponto, em meados dos anos 1980, Ray não tinha nenhuma relação com o mundo da arte, e nunca tinha feito uma exposição numa galeria. Na época, ele era conhecido exclusivamente por suas capas para a SST. Mais tarde, naquele mesmo ano, eu escrevi um artigo para a *Artforum* sobre as obras de Raymond, bem como as de Mike Kelley e Tony Oursler – como os três evitaram o manto conceitual do formalismo dos anos 1970 e misturaram culturas alta e baixa. Logo depois, Raymond começou a expor na Ace Gallery, em L.A. Como uma flor, ele desabrochou lentamente, a única coisa de que precisava era um pouco de atenção.

Aquele dia se destaca na minha cabeça não só porque foi quando eu conheci Raymond, mas porque ver o Henry Rollins inspirou a canção "Halloween".

Mesmo depois do *Bad Moon*, eu nunca me senti como se tivesse um lugar na cena da música de Nova York. Eu não tinha nenhum problema em conversar com artistas plásticos, mas não fazia ideia de como falar com músicos. Sentia-me confusa sobre como eu "deveria" aparentar, e me sentia desleixada e nerd a maior parte do tempo. Eu também não era nada confiante, na verdade. Eu não acho que os artistas alguma vez sentem que o que fazem é o suficiente, e mesmo que agora eu fosse parte de um casal musical, eu não estava fazendo tanto quanto achava que deveria fazer individualmente – minha carreira na arte estava meio suspensa – e sem confiança, não importa o que você está vestindo. Uma vez entrevistei Raymond Pettibon, que contou que sempre falava de forma mais simples quando conversava com músicos. Não que músicos não fossem inteligentes, ele disse – eles apenas não levam para o lado intelectual, como os artistas. Critique alguma coisa na frente de músicos, e eles levarão isso para o lado pessoal. Critique artistas, e é mais provável que eles intelectualizem. É apenas diferente, só isso.

Nós não éramos nem remotamente uma banda gótica, mas o *Evol* foi nosso disco pseudogótico, o que tem "Expressway to Yr. Skull", a primeira música longa do Sonic Youth. *Evol* também foi o primeiro disco que lançamos pela gravadora indie SST. A SST, que lançou discos do Black Flag, Minutemen, Hüsker Dü e Meat Puppets, era perfeita para nós.

O nome *Evol* veio de um vídeo de arte que meu amigo Tony Oursler fez, enquanto a capa era uma imagem de um filme do diretor Richard

Kern. Os filmes de pseudoterror de Richard eram escuros, engraçados e voyeuristas, geralmente filmados de cima, com muita nojeira irônica. A música "Shadow of a Doubt" saiu de um filme de Alfred Hitchcock. O que estou lendo na época tende a influenciar e se comunicar com o que estou criando – seja um romance ou uma biografia do Hitchcock. Eu tendo a escrever letras com uma sensação de espaço em torno delas, quase somente um verso, frases curtas que contêm pausas que criam tensão junto com a música, como se eu estivesse esperando que algo dramático ou um desastre ocorresse, embora isso nunca aconteça – a música apenas termina. Sempre fui uma grande fã das músicas antigas das Shangri-Las, com sua abordagem sussurrada, quase declamada, que conduz a um clímax violento, como em "Leader of the Pack" ou "I Can Never Go Home Anymore".

Em "Shadow of a Doubt", eu estava tentando descrever a conexão que você sente quando seus olhos se encontram com os de outra pessoa. Você projeta todo tipo de coisas naqueles olhos, sente-os olhando e passando por você, sente às vezes o sexo atrás deles também. A música imagina o que aconteceria se você reagisse a esse sentimento, com tudo se transformando em uma cena de um romance *noir* assustador, e nada que você fizesse poderia impedir o inevitável.

Um jovem cineasta chamado Kevin Kerslake fez um clipe para "Shadow of a Doubt", o primeiro que fizemos que parecia algo que poderia passar na MTV. Nós tínhamos feito clipes antes, especificamente para "Death Valley '69". Para essa música, na verdade, havia dois clipes diferentes, um mais artístico, um mais hardcore. No clipe hardcore de "Death Valley '69", eu me lembro de estar deitada no chão, com sangue em toda parte, nossas tripas falsas saindo de nossas barrigas, enquanto fora das câmeras a primeira mulher do Lee, Amanda, estava realmente entrando em trabalho de parto. Um contraste vívido entre a morte falsificada e a vida que chegava. No clipe, eu também pude empunhar uma espingarda. Garotas com armas, garotas no controle, garotas revolucionárias, garotas fingindo – por que essa é uma tara tão recorrente das pessoas?

Evol também tinha uma regravação de "Bubblegum", do Kim Fowley, bem como músicas como "Star Power" e, naturalmente, "Expressway to Yr. Skull", que trazia o que, na minha cabeça, era a melhor letra de Thurston: "*We're gonna kill the California girls*" ("Vamos matar as garotas da Califórnia"), querendo dizer nós somos de Nova York, não somos pop ou rock, e vamos pegar vocês... nós estamos indo para a Califórnia. Nós gravamos "Expressway" em um take, e eu lembro de ficar sentada no estúdio escuro com Thurston, Lee e Steve escutando novamente. Era absolutamente emocionante.

Aqueles eram os momentos em que eu me sentia mais próxima de Thurston – quando eu sentia que, juntos, tínhamos criado algo especial, música que sairia pelo mundo e seguiria com sua vida própria. Não importava o que acontecesse com aquela música, eu estava convencida de que era boa e duraria para sempre. (Quando hoje escuto o *Evol*, fico espantada com a quantidade de reverb. Eu tinha tão pouca perspectiva na época... em relação a tudo.)

Quando o Sonic Youth excursionou pela Inglaterra, os jornalistas começaram a me fazer uma única pergunta repetidamente: "Como é ser a garota da banda?" Eu nunca tinha realmente pensado sobre aquilo, para ser honesta. A imprensa de música inglesa, formada na maior parte por homens, era covarde e evitava conflitos cara a cara. Eles então iam para casa e escreviam coisas cruéis, etaristas, sexistas. Eu sempre supus que era porque eles tinham medo das mulheres; o país inteiro tinha um complexo de rainha, afinal. Talvez eu estivesse projetando naqueles escritores meu próprio incômodo em agir conforme um papel predeterminado, mas eu me recusei a entrar no jogo. Eu não queria me vestir como Siouxsie Sioux ou Lydia Lunch, ou fazer o papel de uma mulher imaginária, alguém que tinha muito mais a ver com eles do que comigo. Eu simplesmente não era assim.

Por esse motivo, eu achei a banda britânica The Raincoats legal e inspiradora. Era uma banda pós-punk só de mulheres que tocava música não comercial – rítmica e estranha. Elas pareciam pessoas comuns fazendo uma música extraordinária. Elas também não usavam instrumentos comuns. Depois que a baterista Palmolive saiu, o baterista de rock experimental Charlie Hayward se juntou a elas, somando a um som que incluía violinos e vários instrumentos exóticos vindos da África e de Bali,

A GAROTA DA BANDA

como o balafon, o kalimba e o gamelão. Aqui estavam mulheres que tocavam e cantavam contra todo estereótipo que existia, mas faziam isso de forma sutil e musical, delicada e mística, sem a tradicional agressividade do rock e do punk e sem levantar nenhuma bandeira bizarra. Eu tinha passado minha vida inteira sem nunca fazer o que era fácil, o que era esperado. Eu não fazia ideia da imagem que projetava no palco ou fora dele, mas estava disposta a me manter desconhecida para sempre. O autoconhecimento era o início da morte criativa para mim. Eu me sentia tranquila somente quando gravava algo que gostava, ou quando estava no meio de um show e o som que embalava o palco era tão surpreendente que o tempo parava e eu podia sentir o público no escuro respirando como uma entidade única. Isso é uma fantasia, sim, mas todo mundo precisa fingir. Como J Mascis, do Dinosaur Jr., gostava de dizer quando perguntavam a ele como era fazer parte de uma banda, "não é divertido. Não tem nada a ver com diversão".

25
Sister:
"Schizophrenia"

EM 1987, THURSTON e eu estávamos lendo Philip K. Dick, cujos textos têm mais em comum com a filosofia do que a ficção científica, e cujas descrições da esquizofrenia eram melhores do que as de qualquer publicação médica. Philip Dick tinha uma irmã gêmea que morreu logo após o nascimento e cuja memória o flagelou durante toda sua vida – o que talvez explique como e por que nosso novo álbum acabou sendo chamado de *Sister*. Nós nunca decidimos isso, é claro; tudo entre nós sempre teve um ar de ambiguidade indiscutida.

No ensino médio, um dos meus professores de inglês disse à nossa classe que o mundo inteiro era "esquizofrênico". Ele ficou divagando sobre semântica e o poder das palavras, e mesmo naqueles dias embebidos em ácido do final dos anos 1960 eu nunca tive muita certeza do que ele queria dizer. Eu queria desesperadamente ser a mais inteligente da classe e desafiar o professor, mas ficava sufocada pela ansiedade social e a insegurança, e nunca conseguia.

Como sempre, isso começou com Keller. O grande rebelde, o centro das atenções, às vezes tão engraçado e encantador, antes que a doença tomasse conta de sua cabeça. Se Keller era a criança-problema, o fogo que sempre ameaçava queimar nossa família até virar cinzas, o que isso fazia de mim? Aquela que nunca criava problemas. Aquela que, se fosse boa o suficiente, poderia tornar nossa família normal.

"Pacific Coast Highway", do *Sister*, é uma história de amor distorcida sobre pedir carona até Malibu e ser levada por um sociopata. *"Come on get in the car... Let's go for a ride somewhere... I won't hurt you... As much as you hurt me."* ("Vem, entra no carro... Vamos dar um passeio por algum lugar... Eu não vou te machucar... Tanto quanto você me machucou.") Isso saiu diretamente dos medos que eu tinha na minha adolescência, quando estava por todo o folclore em torno de Charlie Manson, que espelhava as trevas e a agitação que existia sob os gramados verdes perfeitos e as folhagens de filme *à la* Disney do oeste de L.A.

Thurston e eu estávamos casados há três anos e juntos há sete, e nessa época ele me conhecia tão bem que era como se nós dois estivéssemos grudados tanto por nossos corpos como por nossas mentes. Por incrível que pareça, foi ele quem escreveu a letra de "Schizophrenia", fazendo com que as palavras de algum modo parecessem ser minhas. Apesar da música não ser explicitamente sobre Keller, as referências a Philip K. Dick no *Sister* sempre me deram a sensação de que eram.

Eu adorei fazer o *Sister*, e o Sear Sound, no centro de Manhattan – o estúdio de gravação mais antigo de Nova York – era o lugar perfeito para gravá-lo. Depois de *Evol*, nós queríamos um som mais cru, mais imediato, e o Sear, com sua coleção enorme de equipamentos vintage analógicos de tubo, incluindo um gravador de dezesseis canais para fitas de duas polegadas, preenchia nossas fantasias sonoras. Ainda assim, nós acabamos em um estúdio caindo aos pedaços que dava para o antigo Paramount Hotel, e a péssima acústica do lugar era boa para as guitarras, mas abafava a bateria, o que levou Steve a uma decepção sem fim.

A GAROTA DA BANDA

Walter Sear era o dono do estúdio e um tubista clássico que, junto com Robert Moog, desenvolveu o sintetizador Moog. Além de gravar músicas, Walter e sua sócia, Roberta, também trabalhavam no mercado de filmes B. Nas paredes do Sear Sound havia pôsteres de ótimos filmes B de terror pendurados, e você podia passar o dia inteiro ali comendo donuts açucarados, bagels, cream cheese, salmão defumado e pipoca do dia anterior, mas, apesar das comidinhas, lá não era um cinema, apenas um maravilhoso estúdio de gravação como os de antigamente. Walter e Roberta eram nova-iorquinos da velha guarda, fumantes inveterados. Durante nossa sessão de gravação, Walter também estava fazendo casting para um filme, e todos os dias a banda passava por uma fila de atores e atrizes cheios de esperança. À noite, quando o estúdio esvaziava, nós ficávamos ali vendo suas fotos 3x4. Walter e Roberta viviam de uma maneira que logo será totalmente extinta da versão Disney do Theater District de Nova York. A primeira geração de boêmios era uma raça em extinção mesmo naquela época.

A capa do *Sister* era uma colagem livre de imagens que cada membro da banda escolheu individualmente. No mundo da arte do centro, a apropriação era comum, e foi por isso que sentimos que esta era uma abordagem aceitável. Ao colecionar aquelas imagens, acreditamos que estávamos criando algo novo a partir delas. Entre elas havia uma foto de Richard Avedon de uma menina pré-pubescente e uma imagem do Magic Kingdom, na Disney. Quando Avedon ameaçou nos processar, seguido pelo Departamento Jurídico da Disney, nós respondemos em seguida escurecendo as imagens ofensivas, um lembrete eterno de que fomos censurados por pessoas que tinham mais dinheiro para gastar com advogados do que a gente.

26
Ciccone Youth: "Addicted to Love"

CICCONE YOUTH era um projeto paralelo, formado por Steve, Lee, Thurston e eu. Nós quatro decidimos fazer um disco onde simplesmente entrássemos no estúdio e o criássemos na hora, do mesmo jeito que o hip-hop é criado: começa com um beat ou um loop, e se constrói algo a partir disso. O Ciccone Youth é tão diferente de qualquer música do Sonic Youth que nós pensamos que seria uma boa ideia confundir as pessoas, então criamos esta identidade separada.

    Um ano antes, tínhamos feito um "cover" de Madonna Ciccone chamado "Into the Groovey", como um single, com o Mike Watt fazendo outra cover, "Burnin' Up", no lado B. Madonna era cool nos anos 1980 – sua dança pop era minimalista e inovadora – e todos éramos fãs. Ela era um pouco carnal no começo, e seus talentos principais eram coragem, força de vontade e rebolado. Sua voz não era forte, e ela não era uma diva óbvia, mas tinha um talento especial para saber como entreter, cantando "Like a virgin / Touched for the very first time" ("Como uma virgem / Tocada pela primeira vez"), com lábios em formato de coração e olhos expressivos, perfeitos para a MTV. Reagan, com suas bochechas alaranjadas, era o presidente; Nancy, sua esposa, usava vermelho; e Madonna embalou o branco como ninguém. Seu clipe de "Like a Virgin" foi filmado na Itália, uma combinação de lua de mel com bastião católico, com ela descendo um canal de Veneza em uma gôndola. No barco oscilante, Madonna olhava para a câmera acima, transformando todos nós em seus amantes.

É difícil lembrar dela agora e ver o que os críticos chamavam de "sexualidade chocante". Eles se apressaram em definir a imagem sexualizada que ela vendia como autoempoderamento e marketing sofisticado, e, portanto, feminista. Para mim, ela parecia alegre, comemorando seu próprio corpo. A maior diversão era sua atitude corajosa. Ela não tinha um corpo perfeito. Era um pouco mole, mas de um jeito sexy, não estava acima do peso, mas não tinha um corpo tão definido ou forte como teria depois. Ela era realista em relação ao seu tipo de corpo, e o ostentava, e você podia sentir como ela era feliz habitando aquele corpo. Eu admirava o que ela fazia, embora também ficasse um pouco cética sobre para onde tudo aquilo iria levar. Em retrospecto, Madonna estava pegando uma onda cultural que evoluiu para um cenário onde a pornografia está em toda parte, onde as mulheres estão usando abertamente sua sexualidade para vender sua arte de uma maneira que antes dos anos 1980 teria sido uma ideia masculina de marketing. A pornografia, é claro, é também uma fantasia masculina do mundo. Quando uma mulher faz o que um homem costumava fazer, eu não consigo deixar de pensar que isso nos leva para trás, em um círculo.

Hoje nós temos alguém como a Lana Del Rey, que nem sabe direito o que é feminismo, que acredita que isso significa que as mulheres podem fazer o que quiser, o que, em seu mundo, vai para o lado da autodestruição, dormir com homens nojentos mais velhos ou ser uma rainha dos motoqueiros temporária. Salários igualitários e direitos igualitários seria bom. Naturalmente, é só um personagem. Será que ela realmente acha bonito quando jovens músicos entram numa onda de drogas e depressão, ou isso é só seu personagem? Com o Ciccone Youth, nós queríamos entrar no estúdio e trabalhar com baterias eletrônicas, sem nenhuma grande expectativa. Mais do que qualquer coisa, estávamos interessados em tocar no estilo do rock progressivo alemão dos anos 1970, como o Neu! e o Can. Eu me senti frustrada ficando ali parada no estúdio enquanto os meninos se revezavam no mixer, então fui embora, decidida a criar algumas músicas fora do estúdio. Uma, "Two Cool Rock Chicks Listening to Neu" foi criada por Suzanne Sasic e eu na Eldridge, 84. Nós simplesmente nos gravamos ouvindo o Neu! enquanto conversávamos sobre o jeito de J Mascis tocar guitarra. Depois levei pro estúdio, e J concordou em tocar sua guitarra sobre uma bateria eletrônica mínima.

A outra música que fizemos foi minha versão para "Addicted to Love". Havia uma espécie de cabine de caraoquê na Saint Mark, onde qualquer um podia entrar e se gravar. Eu escolhi "Addicted to Love" porque gostava do clipe do Robert Palmer, com seu elenco de modelos zumbis ao fundo, com roupas idênticas e empunhando guitarras. Eu levei a fita com essa gravação para o estúdio, e aceleramos o vocal para deixá-lo mais agudo. Depois eu levei uma fita cassete com essa mixagem para a Macy's, onde eles tinham uma versão em vídeo da cabine de caraoquê. Você podia customizar um fundo enquanto duas câmeras filmavam. Para meu cenário, escolhi soldados na selva, e usei meus brincos do Black Flag. Tudo isso custou 19,99 dólares, e, em um mundo MTV, plástico e comercial, me senti satisfeita e poderosa ao pagar essa conta com um cartão de crédito.

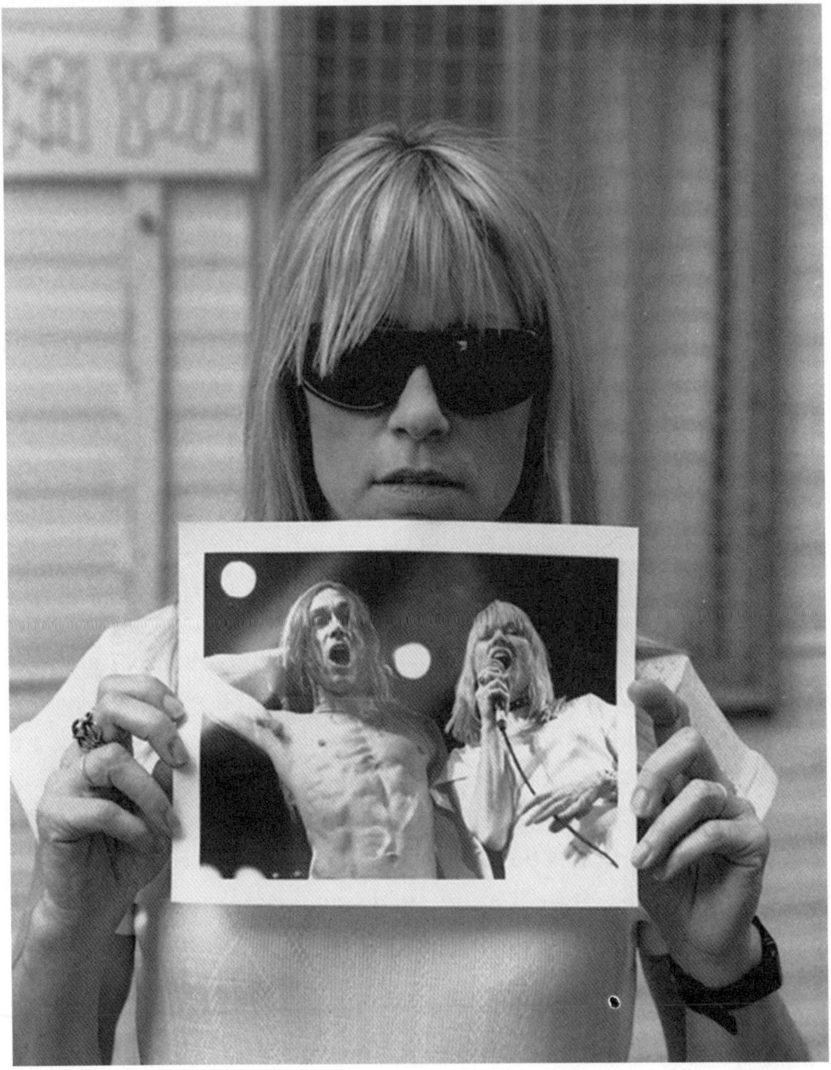

27
Daydream Nation: "The Sprawl"

CADA VEZ QUE A GENTE FAZIA um disco novo, a banda acabava ensaiando em um lugar inteiramente novo. O melhor espaço em que ensaiamos foi um lugar na Sixth Street com a Avenida B que pertencia ao Mike Gira, do Swans – uma antiga loja vazia que Mike tinha dividido ao meio, com seu apartamento de um lado e a sala de ensaio do outro. O lugar não tinha janelas; na entrada, travas duplas, uma fortaleza contra o barulho dos tiros na rua à noite. Por dentro era um silêncio mortal, com paredes cobertas por tapetes, fazendo com que a dissonância não fosse um problema e contribuindo para a impressão final que cada membro da banda tinha trazido, em um vocabulário de sons que se mesclavam para criar uma unidade – em outras palavras, uma canção.

Parte do *Daydream* ainda soa assim para mim hoje em dia. Nosso prazo era curto, eu me lembro, e Thurston, Steve, Lee e eu compusemos a maior parte do álbum em um antigo edifício na Mott Street, em Little Italy. Eu lembro de um corredor estreito e comprido, dividido por equipamentos de outras bandas em áreas que pareciam calabouços de navios. Nessa época, nós tínhamos mudado de gravadora e estávamos na Blast First in the U.S. por uma subsidiária da Capitol Records chamada Mute/Enigma, que é quase, mas não completamente, um grande selo. As últimas músicas do álbum nós inclusive escrevemos no escritório da Blast First, no andar de cima.

No *Daydream*, tivemos um pouco mais de dinheiro para a gravação, que fizemos em um estúdio do Philip Glass, na Greene Street, no Soho. Nessa época, o Public Enemy e seu produtor, Hank Shocklee, estavam trabalhando lá, na outra mesa. Nosso engenheiro, Nick Sansano, não tinha quase nenhuma experiência em trabalhar com guitarras elétricas ou rock, mas isso não incomodava ninguém, e Nick parecia entender exatamente o que nós estávamos buscando. Quando encontrei Nick recentemente, ele me disse o quanto se lembrava do clima de inocência e idealismo daquelas sessões, bem como de sua reação visceral à música. "É difícil acreditar que já se passou tanto tempo", ele me disse, "porque algumas daquelas memórias são tão vivas como se fossem de ontem." Ele disse que seus alunos na NYU, onde ele dá aulas, lhe perguntam sobre o *Daydream* o tempo todo – "e eu realmente quero dizer o tempo todo".

Daydream Nation foi lançado no final de 1988 como LP duplo, no fim do segundo mandato de Reagan, e ficamos completamente surpresos quando ele ficou em primeiro lugar na votação do Pazz and Jop, do Village Voice, naquele ano. O disco ganhou muita atenção. Como sempre, a aclamação crítica nunca se traduz completamente em vendas, mas garantiu que nossa banda nunca desaparecesse de vista. Antes do *Daydream* sair, nós fizemos uma sessão de fotos com Michael Lavine, e me lembro de andar por Nova York com o restante da banda no verão quente e úmido. Michael tinha uma câmera panorâmica, e nas fotos que ele tirou eu ainda consigo sentir a umidade melada e suja do agosto urbano.

"Você quer parecer cool, ou você quer parecer atraente?", Michael me perguntou, como se as duas coisas fossem mutuamente excludentes. A pintura prateada; o jeans gasto e rasgado, com glitter; e a blusa curta

A GAROTA DA BANDA

com bordado de pedrarias marcaram um momento decisivo para mim e meu visual. Eu decidi que não queria só parecer cool, ou só parecer rock-and-roll; eu queria parecer mais menina. Olhando para trás, eu estava mais era tentando fazer uma afirmação definitiva sobre qual era meu visual e como eu queria me apresentar. Moleca, mas mais ambígua que moleca também. A atenção crescente da imprensa, e passar a ver mais fotos minhas e do Sonic Youth como uma banda, me deixou mais insegura.

"Parecer cool" tem muitos significados e interpretações diferentes para as pessoas. Para uma garota, cool tem muito a ver com androginia, e afinal eu tocava com meninos, e também tocava com outras bandas de meninos. A cena hardcore era extremamente masculinizada, e na cena americana do hardcore pós-punk você não via muitas garotas no palco. Kira Roessler, a baixista do Black Flag, era uma delas. Ela era uma das coisas mais surpreendentes e incríveis que eu tinha visto havia um bom tempo. Para o segundo álbum ao vivo da banda, *Who's Got the 10½?*, Kira usou um sutiã e meia-calça com cinta-liga no palco. Era um grande contraste ao Henry Rollins com seu short de ginástica de nylon e o torso suado, sem camisa e tatuado, seu vocal rosnado, torturadamente agressivo, hipermacho. Ela devia estar fazendo aquela coisa da Madonna, e funcionou também.

Até aquele momento, o Sonic Youth ainda excursionava principalmente fora dos EUA, e o *Daydream Nation* nos levou pela primeira vez para a Austrália, o Japão e a União Soviética. Em uma turnê anterior, eu me lembro de ler o livro *Fiskadoro*, de Denis Johnson, um romance sobre um mundo nebuloso em que sobreviventes de um apocalipse nuclear tentam reconstruir suas vidas e a sociedade. Na minha cabeça, Fiskadoro combinava com velhos temas de filmes dos anos 1960, em que jovens mulheres que cresciam em cidades pequenas queriam deixar tudo para trás e ir para algum lugar, qualquer lugar, e ser outra pessoa, qualquer pessoa. Talvez elas tivessem visto um outdoor com uma propaganda de roupas, um carro, um futuro dourado, uma possibilidade. Talvez, graças à máquina do consumismo, elas sentissem que estavam perdendo algo que nem sabiam que existia.

Quando eu escrevi a letra de "The Sprawl", uma música do *Daydream*, criei um personagem, uma voz dentro de uma música. O tempo todo, quando estava escrevendo, eu lembrava de como me sentia quando era uma adolescente no sul da Califórnia, paralisada pela extensão silenciosa e interminável de L.A., me sentindo sozinha na calçada, a simplicidade do pavimento tão entediante e feio me deixava enjoada, o sol e o tempo bom inalterados como uma linha de produção deixavam meu corpo tenso. A cobertura noz-moscada de fumaça que cobria minha cidade natal me lembrava de *Fiskadoro*, como se L.A. já estivesse sobrevivendo ao seu próprio apocalipse nuclear. "*I grew up in a shotgun house / Sliding down the hill / Out front were the big machines / Still and rusty now, I guess / Out back was the river... And that big sign on the road – that's where it all started.*" (Eu cresci numa casa pequena / No sopé da colina / Na frente ficavam as grandes máquinas / Desativadas e enferrujadas agora, acho / Atrás ficava o rio... E aquela grande placa na estrada – foi ali onde tudo começou."

28
Goo e
Neil Young

EM 1990, O SONIC YOUTH já estava junto há dez anos, e tínhamos finalmente assinado com uma major. Não gostamos do trabalho que a Blast First e a Capitol fizeram com o *Daydream*, por isso decidimos ir atrás das gravadoras major. Na época, estávamos sem empresário, então nosso advogado, Richard Grabel, espalhou a notícia. Nós tínhamos visto outras bandas independentes assinarem com majors – The Replacements, Hüsker Dü – e se darem mal, por isso fomos cautelosos. Mas estávamos confiantes de que nossa banda já estava junta há tempo suficiente para garantir que, se por alguma razão o negócio com a major não desse certo, nós iríamos sobreviver, e que qualquer um que assinasse com a gente saberia com quem e o que eles estavam trabalhando – uma banda não-exatamente-comercial, com bastante credibilidade da crítica, que poderia talvez trazer algo para a gravadora além de estar na lista das 10 músicas mais tocadas. Nós também estávamos muito curiosos para ver como mais dinheiro para a produção afetaria nosso som pouco convencional.

As críticas logo começaram. Tínhamos nos vendido. Como o Sonic Youth podia assinar com uma gravadora tão grande e empresarial como a Geffen? Não é como se a gente não tivesse ouvido todas as histórias sobre o próprio David Geffen, incluindo a briga que ele teve com Neil Young depois do lançamento dos discos *Trans* e *Everybody's Rockin'*, do Neil. Geffen processou Neil por violar seu contrato ao lançar álbuns que eram "musicalmente destoantes das gravações anteriores de Young" ou algo assim. A ação foi resolvida, finalmente, com Geffen pedindo desculpas. Logo depois que assinamos, Geffen vendeu a empresa e acabou fundando a DreamWorks, com Jeffrey Katzenberg e Steven Spielberg. Era o início verdadeiramente corporativo para a Geffen Records.

O adiantamento que recebemos da Geffen pelo disco significava que era hora de começar a pensar em criar raízes. Thurston e eu compramos um lugar maior, na Lafayette Street, em frente ao Puck Building. Isso foi no meio da recessão, por isso conseguimos um preço ótimo. Era hora também: o dono do nosso apartamento na Eldrige Street tinha vendido o prédio todo, e um restaurante chinês estava abrindo no térreo.

Em 1991, o grunge estava ficando popular, graças à gravadora Sub Pop e ao Nirvana. O *The New York Times* publicou uma entrevista famosa com Megan Jasper, que na época era secretária da Sub Pop, de Seattle, sobre o fenômeno e a cultura do som de Seattle. O artigo dizia que o designer Marc Jacobs, que trabalhava para Perry Ellis na época, tinha sido aclamado pelo *Women's Wear Daily* como "o guru do grunge" ao exibir manequins com os cabelos com aparência cuidadosamente suja e botas de soldado desamarradas. Megan apresentou ao *Times* o novo dicionário do grunge. Jeans velhos rasgados, ela disse, eram "wack slacks". Moletom era "fuzz". Sair com os amigos era "swingin' on the flippity-flop". E se você estivesse bêbado, você era um "big bag of bloatation".

Megan inventou tudo isso, para constrangimento do *The New York Times* e delírio das pessoas da cena de Seattle. Mas se alguém tinha qualquer dúvida sobre o poder da música sobre a moda, Kate Moss era um exemplo do grunge tanto quanto qualquer apresentação do Nirvana, e a moda pigmentada pela música se espalhou por todos os lugares. Mas a Costa Leste nunca comprou a estética grunge. Em Nova York, havia lojas como a da Patricia Field, na Eighth Street, no East Village, que vendia glitter, plataformas, penas e calças justas de couro prateadas. Todos os travestis locais faziam compras lá. Eu recentemente vi uma foto minha dessa época, tirada pela Laura Levine para a revista *Detour*. Na foto, estou usando um macacão florido da Patricia Field, que comprei porque me lembrava da minha mãe nos anos 1950. Não que minha mãe usasse coisas floridas, mas o macacão passava uma vitalidade que me lembrava de como minha mãe ficava linda quando ela e meu pai saíam de casa à noite para ir a uma festa. Como muitas das roupas que Patricia Field vendia, era mais balada moderna que moda-tendência. Eu sempre achei irônico que Pat Field mais tarde tivesse se tornado a figurinista do *Sex and the City*, levando uma sensibilidade travesti ao americano médio via Carrie Bradshaw.

Gary Gersh, nosso diretor artístico na Geffen, ficou decepcionado quando escolhemos uma ilustração em preto e branco do Raymond Pettibon para a capa do *Goo*. Tenho certeza de que ele estava esperando uma foto glamorosa da banda, alguma coisa bem do momento, comigo em destaque, no meio. As ilustrações de Raymond tinham sido usadas em capas de discos de várias bandas da gravadora SST, principalmente as do Black Flag. Nós adorávamos os zines e as ilustrações do Ray e em meados dos anos 1980 eu havia escrito sobre seu trabalho na *Artforum*; a capa em preto e branco foi baseada no casal do filme *Badlands*, de Terrence Malick, enquanto o interior era colorido, uma bobagem bagunçada e pseudoglam.

No início dos anos 1990, fui lentamente adotando uma nova ideia: a de que se você usa roupas mais sensuais, consegue vender música dissonante mais facilmente. Comecei a criar um visual para mim que tinha a vibe extravagante do fim dos anos 1960, início dos 1970. Em uma loja em Cleveland, achei uma calça flare com estrelas e listras verdes e brancas, que usei quando abrimos para o Neil Young naquele ano em sua turnê "Ragged Glory", durante a Guerra do Golfo. Neil sempre pendurava a bandeira americana no palco. Além disso, eu sempre fui uma pessoa muito mais visual do que na moda, e meu look tinha a intenção de ser um pouco bem-humorado. Sempre gostei da forma como Debbie Harry tinha um certo toque de humor, mesmo quando parecia sensual e deslumbrante. Encaixava-se com a genialidade de seu disfarce de protagonista feminina, a "Blondie" personagem de desenho animado, uma boneca que podia se vestir em looks e estilos diferentes.

A turnê do Neil Young foi acertada pelo selo Gold Mountain, mas eu também acho que Neil conhecia um pouco do Sonic Youth, apesar de que as outras bandas de abertura fossem todas do elenco de seu agente ou de seu empresário. Abrir para o Neil foi uma experiência maravilhosa, reveladora. Todos nós éramos fãs dele há muito tempo, e sentimos como se fosse nosso primeiro contato real com o mainstream. Obviamente, isso levava todo jornalista de música a perguntar: "Então, como é estar finalmente no mainstream?" Em resposta, posso dizer que a turnê com o Neil Young provou que o Sonic Youth não estava realmente no mainstream, e que se estivéssemos, o mainstream nos odiava!

Neil sempre atraiu grandes multidões, incluindo legiões de hippies fiéis à sua música. Aquelas mesmas multidões ficavam incrivelmente ofendidas com a gente, ao ponto dos fãs que gostassem ou aplaudissem uma de nossas músicas serem forçados a se calar de maneira agressiva. O Cow Palace, em San Francisco, é um dos únicos espaços de show com a pista aberta, o que permite que o público fique bem próximo do palco durante o show de abertura. Normalmente, durante o que parecia ser um set torturante de vinte minutos, a gente tocava para assentos vazios na frente. Outra banda, Social Distortion, subia ao palco antes da gente, e eles eram os preferidos do diretor de palco do Neil, Tim, pois suas tatuagens, jaquetas de couro e cabelos arrumados com gel gritavam "rock", enquanto Tim nos encarava como a escória de um pântano estrangeiro. Nossa música o perturbava, e ele ficava claramente incomodado porque havia uma mulher na banda. Ele sempre se referia a nós como "moleques" ou "punks" e parecia estar sempre esperando que a gente agisse assim, mas nós nunca lhe demos essa satisfação. Eu nunca vou esquecer do primeiro show que fizemos em Minneapolis. A banda estava no refeitório, na fila, esperando nossa vez de comer, quando Tim apareceu atrás da gente e disse: "Andem logo – vocês estão atrasando tudo. O que vocês pensam que estão fazendo, afinal?" Nós nos sentimos literalmente como se estivéssemos na lanchonete da escola, sendo hostilizados por um valentão. Durante toda a turnê, quase nunca tivemos a permissão de passar o som, então houve várias noites que cada guitarra que Thurston pegava estava desafinada, já que Keith, um amigo que se tornou nosso primeiro roadie, não tinha nenhuma experiência com nossas afinações e encordoamentos não convencionais. Às vezes Thurston ficava tão frustrado no palco que quebrava sua guitarra.

Mas o cara das guitarras do Neil, Larry, era incrível, e no dia seguinte a guitarra do Thurston sempre estava consertada. Pelo baixo ser o único instrumento com afinação normal, eu escapei do drama da guitarra, mas ficava rezando para que nenhuma corda arrebentasse e para que, durante o show, a guitarra do Thurston não voasse e me acertasse. Eu vivia com medo de que ele caísse e se machucasse subindo num amplificador, e às vezes isso me distraía na hora de tocar, imaginando se o show ia ser bom ou ruim para ele. Tá, então eu sou codependente, porque quando olho para trás, para essa turnê, percebo que simplesmente queria que tudo funcionasse do melhor jeito que conseguíssemos, mas talvez o rock seja isso também.

A turnê com o Neil Young foi cansativa: no auge do inverno, um oceano congelado de infinitos vestiários de ginásios. Chegou uma hora em que trouxemos um toca-discos e um abajur, para deixar nossos camarins mais aconchegantes, o que ajudou. E sempre havia a esperança de que Neil aparecesse antes de entrar no palco, o que aconteceu algumas vezes. Mas a pessoa que passava mais tempo com a gente era o guitarrista de longa data do Neil, Frank Sampedro, mais conhecido como Poncho. Poncho era os ouvidos de Neil, e praticamente tudo o que dissemos na frente dele acabou chegando ao Neil. Eis um exemplo: nossa amiga Suzanne estava cuidando da iluminação de nossos shows e Poncho ouviu a gente comentando que nós duas achávamos que Neil devia cortar o cabelo. Um dia, durante a turnê, Poncho foi até Suzanne e perguntou se ela estava a fim de dar uma aparada no cabelo do Neil.

KIM GORDON

Tem duas coisas específicas que eu me lembro sobre o Poncho. A primeira é o quanto ele gostava "das moças", o que significava que todas as vezes que alguém da equipe ou da banda de Neil fazia aniversário, strippers se materializavam ao lado do palco. A segunda é que depois de cada show Poncho preparava um jantar para Neil em seu ônibus. Uma noite eu disse que cozinharia – Poncho poderia escolher quando. O antigo motorista do ônibus de Neil, que era sempre simpático com a gente, se ofereceu para buscar os ingredientes para o prato de frango que eu planejava fazer. Infelizmente ele esqueceu, e acabou fazendo uma viagem de emergência ao KFC para comprar uma porção de asinhas de frango cruas. Eu fiquei nervosa, pensando se elas iriam fazer Neil passar mal, mas felizmente isso não aconteceu.

Naquela noite, Thurston e eu fomos ao ônibus de Neil para cozinhar e bater papo. Thurston estava em casa: Neil e ele conversaram sobre punk rock, assunto que Thurston poderia ficar falando por dias a fio. Neil era incrível. Ele ficou lá sentado, ajustando o som de uma vaca que mugia de um de seus trens elétricos. "Você acha que está muito agudo?", disse. "Que tal assim? Está melhor?", e então pegou a chave de fenda e fez os ajustes. Neil gostava muito da nossa música "Expressway to Yr. Skull" – ele diria mais tarde que achava que era a melhor música jamais escrita para guitarra – e comentou que de vez em quando ia até o palco se alongar durante o longo final daquela música. Isso pode parecer ridículo, e até um completo eufemismo, mas Neil sempre nos deu um grande apoio.

Naquela noite, também nos mostrou o filme inédito de sua turnê de retorno pela Europa, "Muddy Tracks", que ele mesmo havia filmado com uma câmera que levava para toda parte. Ele chamava a câmera de "Auto", o que eu achava fascinante. Durante os shows, Neil a colocava em cima de seu amplificador. No ônibus, ele a deixava no para-brisa enquanto dirigiam de cidade em cidade, capturando as impressões da estrada à noite. Como era de esperar, o áudio era barulhento, mas ótimo. Thurston disse a Neil que ele devia lançar um single com exatamente aquilo, um som industrial chiado, como microfonia no vento. Em resposta, Neil acabou gravando um álbum inteiro de microfonia ao vivo, chamado *Arc*.

Voltei a pensar em Bruce Berry, o roadie do Crosby, Stills, Nash & Young que teve uma overdose, e de como ele tinha sido a inspiração para

A GAROTA DA BANDA

Neil em sua música "Tonight's the Night" e seu LP homônimo. Eu fiquei espantada ao perceber como o mundo era pequeno. Ícones que eu nunca imaginei que conheceria agora faziam parte da minha vida. Quando o Social Distortion saiu da turnê, Thurston e eu demos fitas cassete do Nirvana e do Dinosaur Jr. para o Neil. Eu não sei se ele chegou a ouvir, mas seis meses depois o álbum *Nevermind*, do Nirvana, estourou. Seguindo a tradição de como o rock corporativo funcionava, uma outra banda da agência que marcava os shows do Neil, Drivin' N' Cryin', foi quem se juntou à turnê. O Sonic Youth pode não ter conquistado nenhum fã enquanto excursionou com Neil, mas nossa visibilidade aumentou. De repente, revistas como a *Spin* entravam em contato comigo para fazer ensaios fotográficos, e mais tarde naquele ano Neil nos convidou para tocar em seu show em benefício da Bridge School. Neil e sua esposa, Pegi Young, começaram a fazer shows beneficentes para a Bridge School no meio dos anos 1980 para ajudar a fundar e financiar a escola em Hillsborough, Califórnia, que presta assistência a crianças com problemas de comunicação e deficiências físicas. Neil tem dois filhos, Zeke e Ben, que possuem paralisia cerebral. É um evento de caridade estritamente acústico, e o Sonic Youth nunca tinha tocado de forma acústica antes. Eu tinha trazido uma guitarra para destruir, porque tinha uma estranha sensação naquela noite de que as coisas estavam fadadas a falhar.

Durante a passagem de som, nós conseguimos ouvir nossas guitarras, mas, quando fomos tocar, não ouvimos nada. Para nós, uma banda que dependia da interação das guitarras; era a pior situação possível, além disso, estávamos tocando para um público que gostava de rock tradicional. Tínhamos chegado no meio de uma versão cover de "Personality Crisis" quando eu gritei "Foda-se!" no microfone e destruí o violão que estava ao lado. Willie Nelson então apareceu para tocar um pot-pourri de suas músicas, seguido por Don Henley, acompanhado por uma banda inteiramente elétrica. Eu me senti péssima por ter gritado "Foda-se!", principalmente quando saímos do palco e vi uma fileira de crianças em cadeiras de rodas no backstage. Eu havia me esquecido de que elas estavam lá. Mais tarde, Ben, o filho de Neil, veio até mim em sua cadeira de rodas. "Todo mundo tem um dia ruim às vezes", ele me disse.

29
Goo: "Tunic (Song for Karen)" e "Kool Thing"

UMA DAS MÚSICAS DO GOO era a "Tunic (Song for Karen)". Karen Carpenter me interessava há muito tempo. Os Carpenters eram o sonho americano banhado pelo sol, uma história de sucesso familiar que fazia você se sentir bem como a dos Beach Boys, mas com a mesma obscuridade perturbadora nas camadas inferiores. É óbvio que Karen Carpenter tinha um relacionamento estranho com seu irmão, Richard, um ótimo produtor, mas também um controlador tirânico. A única autonomia que Karen sentia ter em sua vida ela usava sobre seu próprio corpo. Ela era uma versão extrema do que muitas mulheres sofrem – uma falta de controle sobre as coisas, exceto seus corpos, o que transforma o corpo feminino em uma ferramenta de poder – boa, má ou feia.

Isso começou, como sempre acontece com as mulheres, com uma única observação: uma noite alguém disse a Karen que ela parecia "cadeiruda" no palco. No final, eu acho que ela queria desaparecer, e fez isso desencadeando uma destruição sobre si. Eu sempre achei a voz da Karen incrivelmente sexy e cheia de emoção. Ela se apropriava de cada palavra e sílaba, e quando você escuta aquelas letras, diz: *Uau*. Mas ao mesmo tempo já existiu alguma banda mais engomadinha que os Carpenters? Eu nem sempre gostei da música deles. Quando suas músicas começaram a tocar no rádio, eles foram considerados ultraconservadores, tão "corporativos" que suas músicas poderiam ter sido usadas em comerciais de banco. Eram quase a definição do *easy listening*. Mas, vinte anos mais tarde, em um outro contexto, sua música soou linda para mim, embora isso possa ter sido simultâneo ao lançamento do vídeo pirata de Todd Haynes sobre a vida de Karen, chamado, simplesmente, *Superstar*, e estrelado pela Barbie e o Ken.

Eu poderia inventar vários motivos pelos quais a canção foi batizada de "Tunic". O mais óbvio é que Karen era tão magra por ficar sem comer que suas roupas se penduravam em seus ossos como túnicas bíblicas. Ela não conseguia fazer as pazes com as curvas de seu próprio corpo. Ela nunca receberia o amor que tanto desejava de sua mãe, que preferia seu irmão, ou de seu próprio irmão. A aprovação deles significava tudo. Como ela não era a mulher mais importante em nossa cultura, satisfazendo compulsivamente os outros, a fim de alcançar certo nível de perfeição e poder que está sempre perto, mas fora do alcance? Era mais fácil para ela desaparecer, se libertar finalmente daquele corpo, encontrar a perfeição na morte.

Tony Oursler dirigiu nosso clipe de "Tunic", e Thurston tinha conseguido um rolo de filmes dos Carpenters, que eram bem engraçados. No meio da parte mais viajante da música, inserimos trechos dos vídeos, mas, como estávamos em uma grande gravadora, não nos deixaram fazer isso sem permissão. Para contornar, desfocamos as partes do clipe que mostravam os Carpenters.

Eu escrevi esta carta aberta para Karen uma vez para uma revista, não lembro qual:

A GAROTA DA BANDA

Querida Karen,

Durante os anos de especiais de TV dos Carpenters, eu vi você se transformar da menina de olhar inocente de-quem-come-biscoitos-com-leite para alguém de olhos fundos e um corpo esguio, à deriva, em um palco cenográfico colorido. Você e Richard, no final, pareciam drogados – há tão pouca energia. As palavras saem da sua boca, mas seus olhos dizem outras coisas: "Me ajude, por favor, estou perdida em minha própria resistência passiva, alguma coisa deu errado. Eu queria desaparecer do controle deles. Meus pais, Richard, os críticos que me chamam de 'cadeiruda, gorda'. Por eu ter sido, como a maioria das meninas, criada para ser educada e atenciosa, imaginei que ninguém perceberia qualquer coisa errada – desde que, por fora, eu continuasse a fazer o que era esperado de mim. Talvez eles pudessem controlar todos os aspectos externos da minha vida, mas meu corpo está todo sob meu controle. Eu posso me tornar menor. Eu posso desaparecer. Eu posso passar fome até morrer e eles não vão saber. Minha voz nunca irá me denunciar. Não são minhas palavras. Ninguém vai imaginar a minha dor. Mas eu farei minhas as palavras porque preciso me expressar de algum jeito. A dor não é perfeita, por isso não existe lugar na vida de Richard para ela. Eu tenho que ser perfeita também. Eu tenho que ser magra para ser perfeita. Eu já fui uma adolescente? Eu me esqueci. Agora eu pareço estar na meia-idade, com um permanente horrível e roupas country."

Eu preciso te perguntar, Karen: quem eram seus exemplos de vida? Sua mãe? Que tipo de livros você gostava de ler? Alguma vez alguém te fez aquela pergunta – como é ser uma garota no mundo da música? Quais eram seus sonhos? Você tinha alguma amiga ou era só você e Richard, mamãe e papai, a A&M?[4] Alguma vez você correu pela areia, sentindo o oceano passar entre suas pernas? Quem é Karen Carpenter realmente, além da menina triste com a voz extraordinariamente bonita e cheia de energia?

Sua fã – com amor, kim

---

[4] A A&M Records era a gravadora dos Carpenters. (N. dos T.)

KIM GORDON

❊ ❊ ❊

"Kool Thing" era uma música complexa, influenciada por todo mundo, de Jane Fonda, Raymond Pettibon, Bootsy Collins e Funkadelic a uma entrevista que fiz uma vez com LL Cool J. Alguns anos antes, Raymond tinha feito um filme sobre o Weather Underground, chamado *The Whole World Is Watching: Weatherman' 69*, que, como a maioria das ilustrações de Raymond, era cheio de humor negro e sátiras. Thurston e eu aparecemos no filme, lendo o brilhante roteiro de Raymond em blocos de anotações. Eu fiz o papel de Bernadine Dohrn, e no roteiro de Raymond, eu, ou melhor, Bernadine, foi atraída para a política de esquerda porque tinha uma queda pelos homens dos Panteras Negras. Eu também adorava o primeiro disco do LL Cool J, *Radio*, que foi produzido por Rick Rubin, e quando eu o entrevistei para a revista *Spin*, perguntei se ele tinha alguma coisa a ver com os samples e que tipo de rock ele gostava. Não consegui esconder meu desapontamento quando ele disse: "Bon Jovi." Mas, pensando bem, faz sentido que acordes fortes e pesados sejam ideais para samplear.

A banda gravou "Kool Thing" na Greene Street. Chuck D, do Public Enemy, também estava trabalhando lá naquela semana, e às vezes ficava esperando o Flavor Flav chegar ao estúdio. Você sempre sabia que ele estava vindo quando ouvia seus sapatos gigantes fazendo barulho enquanto descia as escadas. Perguntamos ao Chuck D se ele ajudaria na parte de perguntas-e-respostas no meio de "Kool Thing" e ele concordou. Ter o Chuck D trabalhando com a gente era incrível, e tanto Thurston como eu sentimos que ele sacou qual era a nossa.

"Kool Thing" foi também o primeiro clipe de grande orçamento que o Sonic Youth produziu. Escolhemos Tamra Davis para dirigir, porque todos nós tínhamos gostado de seu clipe de "Funky Cold Medina" para o Tone Lôc. Aquele clipe tinha uma pegada leve, fresca, minimalista, sem o excesso da maioria dos clipes das grandes gravadoras. Para fazer uma conexão engraçada, que mostra como o mundo é pequeno, eu tinha conhecido a Tamra através de sua irmã, Melodie, com quem cruzei alguns anos antes, assim que me mudei para Nova York. Quando ela nos apresentou, Melodie disse: "Esta é minha irmã Tamra – talvez ela dirija um clipe seu algum dia." Era um daqueles comentários que você sorri na hora e nunca mais pensa nisso, mas aqui estava Tamra, agora morando com o Mike D, dos Beastie Boys, de volta em nossas vidas.

Eu disse a Tamra que queria, de algum modo, fazer uma referência a um dos meus clipes preferidos – "Going Back to Cali", do LL Cool J. Lançado por volta da época da rivalidade entre os rappers da costa Leste e da costa Oeste americanas, "Going Back to Cali" era uma música e um clipe perfeitos, com seus ângulos de câmera e cortes irregulares, e pela maneira bem-humorada com que tiravam sarro da estética do arquétipo da menina branca sensual do sul da Califórnia nos anos 1960. O clipe foi filmado em preto e branco com bastante contraste, para se ter realmente a sensação do brilho do sol e a brancura dos corpos das mulheres, em oposição à cor da pele de LL Cool J, tudo contra o cenário da intensa consciência corporal de L.A. Ao se recusar em aderir a isso, LL aparece como um herói. Eu sou louca por qualquer filme ou série de TV sobre L.A.

Tamra foi uma colaboradora fantástica. Ela nos filmou contra um cenário de folha de prata, uma referência à "costalestice" da era da Factory do Warhol. O clipe começava com o Sonic Youth tocando em um quarto prateado. Havia cenas rápidas de couro, gatos pretos, lábios e justaposições de pele branca e pele negra, da luta negra e da luta feminina. As roupas são bem dos anos 1960, e o clipe não tem nenhuma história ou mensagem clara, para falar a verdade, mas, apesar de seu estilo, ainda era um pouco controverso.

Acredito que os afro-americanos poderiam assistir ao "Kool Thing" e dizer: "É assim que os brancos nos vêem – como objetos." Mas tivemos o cuidado de nos certificarmos de que todo mundo estaria bonito e sairia bem nas imagens. Fiquei irritada porque muitos críticos não entenderam que eu não estava falando com o Chuck D – que fazia o papel de si mesmo –, mas com uma terceira pessoa, que não aparece. Se a música deixou as pessoas apreensivas ou fez com que elas questionassem as coisas, bem, que bom, mesmo se não entenderam nada. Eu quis deliberadamente que houvesse uma ambiguidade sobre quem exatamente na música estava dizendo "*I don't want to*". ("Eu não quero.") Era a mulher? Ou era o cara dizendo: "Eu não quero nada com você, vaca branquela!"

KIM GORDON

30

A PRIMEIRA VEZ que Thurston e eu vimos o Nirvana foi na famosa casa de shows Maxwell's, em Hoboken, Nova Jersey. Bruce Pavitt, que fundou a gravadora Sub Pop, me disse que se eu gostasse de Mudhoney, e eu gostava, eu "iria amar o Nirvana". E acrescentou: "Você tem que ver eles ao vivo. Kurt Cobain é como Jesus. As pessoas o amam. Ele praticamente caminha sobre o público."

Bruce começou a Sub Pop como um serviço de assinatura de cassetes, antes de mudar para os singles de sete polegadas, incluindo um do Nirvana, chamado "Love Buzz". O Sonic Youth tinha dividido um single com o Mudhoney, com a gente fazendo uma versão para "Touch Me I'm Sick" deles, e eles fazendo uma versão da nossa "Hallowe'en". Thurston e eu tínhamos ouvido "Love Buzz" e nossa amiga Suzanne tinha feito a arte do disco. O Nirvana já era popular em Seattle e estávamos curiosos para ver qual era a deles.

O Nirvana era uma banda ótima ao vivo, e Thurston e eu, como o resto do mundo, reagimos imediatamente à mistura de boas melodias e dissonância. O Nirvana parecia meio hardcore, meio Stooges, mas com um efeito cafona do pedal chorus que era mais New Wave que punk. Ninguém mais podia usar aquele pedal chorus – que dá o efeito radiante que se ouve na guitarra na introdução de "Come as You Are", por exemplo – e ainda ser punk rock. Como artista, Kurt Cobain era incrivelmente carismático e extremamente contraditório. Num minuto, ele estava tocando uma linda melodia, e no minuto seguinte, estava quebrando todo o equipamento. Pessoalmente, eu gosto quando as coisas desabam – isso é o verdadeiro entretenimento, desconstruído.

O Maxwell's podia ser devagar durante a semana, e não havia muita gente na plateia na noite em que aparecemos – talvez dez ou quinze pessoas. Além do Kurt, o Nirvana tinha um segundo guitarrista, e eu soube pelo Bruce que Kurt não estava feliz com ele. Dava para dizer que a banda não estava fazendo seu melhor show, mas também era óbvio que alguma coisa interessante estava acontecendo. Na noite seguinte, fomos vê-los de novo no Pyramid Club, no East Village. O clube estava praticamente lotado. Fiquei surpresa ao encontrar o Iggy Pop, mas acho que ele também queria saber por que todo mundo estava falando deles. Kurt terminou destruindo a bateria e quase conseguiu derrubar um amplificador pelas escadas em espiral que desciam do palco para o camarim. Thurston e eu concordamos que foi um show incrível. Iggy, eu me lembro, não ficou tão impressionado. Depois nós fomos ao backstage. Kurt nos disse que tinha acabado de mandar o guitarrista e o baterista embora. De pé na minha frente, Kurt parecia pequeno, quase da minha altura, embora ele tivesse 1,75 metro e eu, somente 1,65 metro. Tinha olhos grandes, lacrimejantes, parecendo um pouco como se estivesse sendo perseguido. Não sei por quê, mas senti uma afinidade imediata com ele, uma daquelas conexões mútuas do tipo eu-sei-que-você-também-é-uma-pessoa-super-sensível-e-emotiva. Thurston não sentiu a mesma coisa com Kurt, mas ele foi o primeiro a dizer que Kurt e eu tinhamos algum tipo de conexão boa, inexplicável. Nós não éramos próximos como ele era da Kathleen Hanna, do Bikini Kill ou de Tobi Vail, que era sua namorada, ou de qualquer um de seus amigos de infância. Eu não conhecia Kurt tão bem – fizemos duas turnês juntos –, mas nossa amizade era incomum.

No palco, era maravilhoso ver quanto poder emocional vinha das profundezas de seu corpo – uma corrente arenosa de som vocal. Não era um grito, nem um berro, nem mesmo uma acidez punk, embora isso fosse o que mais chegasse perto. Havia também partes calmas, fracas, gemidas, quando você quase acreditava que a voz do Kurt era rouca, e então ele se jogava na bateria, parecendo querer aniquilar ali toda sua raiva e frustração. Ele sempre parecia trabalhar contra si mesmo.

Em contraste com Kurt, que era tão pequeno fisicamente, Krist, o baixista do Nirvana, era enorme. Ele também parecia não se incomodar com o que acontecia no palco – Krist, de quem eu sempre vou lembrar arremessando seu baixo para o alto sem nunca se machucar (exceto no MTV Music Awards) ou danificar seu instrumento. Kurt, que era canhoto, destruiu tantas guitarras que terminou sendo forçado a tocar guitarras comuns, para destros. Mas sua capacidade de destruição era diferente de quando Pete Townshend ou Jimi Hendrix estilhaçavam suas guitarras. Kurt era vulnerável onde eles não eram, além de ter um grande potencial explosivo e um desejo de se expressar e se conectar mais com o público, além da música.

Quando o Nirvana excursionou com a gente em 1991, antes do *Nevermind* estourar, ninguém na Europa sabia quem eles eram. Eles eram frequentemente a primeira banda a tocar nos festivais, fazendo shows incríveis, filmados por Dave Markey, o cineasta que foi junto com a gente para documentar a turnê que depois se transformou no filme *1991: The Year Punk Broke*. O filme tinha vários momentos engraçados de autoindulgência exagerada – era basicamente uma paródia dos documentários de rock. Kurt era sempre uma companhia engraçada e divertida, e parecia absorver qualquer tipo de atenção pessoal. Eu me sentia muito uma irmã mais velha, quase maternal, sempre que estávamos juntos, e isso aparece no filme.

Mais tarde, logo depois que Kurt e Courtney ficaram juntos e tiveram seu bebê, Frances Bean, nós tocamos em Seattle e os dois foram nos ver. Depois do show, Kurt me abordou no camarim. "Eu não sei o que fazer", ele disse. "Courtney acha que a Frances gosta mais de mim do que dela." Alguém tirou uma foto nossa nesse exato momento. Estou de costas para a câmera, e me lembro dessa conversa nitidamente, tão reveladora em tantos aspectos, o primeiro é que Kurt não tinha ninguém a quem ele se sentisse à vontade para pedir conselhos; o segundo é que sim, Courtney era totalmente egocêntrica; e, por fim, que Kurt provavelmente passava mais tempo com Frances do que com Courtney.

Olhando para trás, eu não consigo imaginar como era viver no caos da vida-abastecida-por-drogas deles, e é difícil para mim lembrar que eles ficaram juntos somente por alguns anos. É preciso tão pouco tempo para forjar uma vida, ou neste caso, uma marca.

31

ANTES DA INTERNET EXISTIR, se você não fosse uma banda conhecida, era quase impossível fazer sua música ser tocada no rádio. Claro, havia rádios públicas e várias rádios universitárias, mas era basicamente um jogo de cartas marcadas. Excursionar era a única maneira de fazer uma gravadora divulgar sua música. Pode parecer simples e óbvio, mas, a menos que você fizesse música comercial, veículos como o rádio estavam fora do seu controle. Sua banda vivia e morria na estrada.

Nos anos 1990, as pessoas gostavam de dizer que as bandas americanas eram muito melhores ao vivo que as inglesas. Por quê? Porque os EUA eram e ainda são um país estupidamente grande, sem nenhum veículo especializado – forçando as bandas americanas a excursionar constantemente. A Inglaterra, por outro lado, era uma ilhota com três jornais semanais sobre música que cobriam as bandas conhecidas, as indies e as pseudoindies, bancadas pelas grandes gravadoras. Os EUA tinham a *Rolling Stone*, uma revista quinzenal que já naquela época vendia cópias colocando artistas femininas sensuais na capa e cujo momento mais progressista foi lançar uma edição "Mulheres no Rock", destacando cantoras pop, como a Madonna. Se eu alguma vez apareci na *Rolling Stone*, foi para responder perguntas como "O que você acha das mulheres no rock, como a Madonna?".

Por eu ter escrito sobre arte nos anos 1980, o Village Voice me pediu para fazer um diário da turnê. Eu o chamei de "Meninos são ridículos":

Antes de pegar um baixo, eu era somente uma menina qualquer com uma fantasia. Como seria ficar sob o pico de energia, embaixo de dois caras cruzando suas guitarras, em espasmos de narcisismo e ligação masculina? Doentio, mas que desejo poderia ser mais comum? Quantas vovós algum dia quiseram esfregar seus rostos na virilha do Elvis, e quantos meninos querem ser chicoteados pela guitarra de Steve Albini?

No meio do palco, onde eu fico como baixista do Sonic Youth, a música chega até mim de todas as direções. O estágio mais elevado de ser uma mulher é assistir às pessoas assistindo a você. Manipular esse estágio, sem quebrar a magia da performance, é o que faz alguém como Madonna ainda mais brilhante. Estruturas pop simples sustentam sua imagem, permitindo que seu verdadeiro eu permaneça um mistério – ela é realmente tão sexy? Alta dissonância e melodia indefinida criam sua própria ambiguidade – será que nós realmente somos tão violentos? –, um contexto que permite que eu seja anônima. Para muitas finalidades, ser obcecada por meninos tocando guitarras, ser o mais comum possível, ser uma baixista, é perfeito, porque o redemoinho da música do Sonic Youth me faz esquecer de ser uma garota. Eu gosto de estar em uma posição vulnerável e torná-la forte.

A GAROTA DA BANDA

Depois disso, eu comecei a fazer críticas ocasionais de rock para a revista *Spin*, na época uma alternativa mais moderna e mais ligada ao college rock à *Rolling Stone*. Sem dúvida nenhuma aquilo surgiu como uma cortesia para nosso assessor de imprensa, ainda que Bob Guccione Jr., o editor e filho do proprietário, odiasse o Sonic Youth. Além das matérias que estavam sendo escritas sobre a banda, era uma outra maneira de divulgarmos nosso nome.

Riot Grrl, o movimento punk rock feminista underground que começou no início dos anos 1990, mantinha um embargo à mídia, e por um bom motivo. O Bikini Kill e outras bandas femininas não queriam ser cooptadas, exploradas e transformadas em produtos que não tivessem controle por um mundo corporativo masculino branco. Mais tarde, Courtney Love assumiria o papel que a imprensa estava sempre buscando – a princesa do punk, dramática e sombria, que se recusa a aceitar as regras do jogo. Ninguém questiona a desordem por trás de seu glamour tarantulesco de L.A. – sociopatia, narcisismo – porque é rock-and-roll, ótima diversão! "Doll Parts" – letra incrível! Após ter sobrevivido a uma infância com Keller, eu tenho uma baixa tolerância para comportamentos manipuladores e egomaníacos, e geralmente tenho que me lembrar que a pessoa pode ser doente mental. Mas isso não quer dizer que você não possa ser sugada, pelo menos no início, que foi como eu acabei produzindo o primeiro disco do Hole.

Joe Cole levou Thurston e eu para vermos o Hole tocar em L.A. Joe era escritor e roadie do Black Flag e da Rollins Band. Junto com Dave Markey, ele era uma das pessoas com quem Thurston e eu saíamos sempre que íamos visitar meus pais na Califórnia. Eu não posso dizer realmente como era a música do Hole – confusa é a melhor descrição –, mas Courtney certamente tinha carisma.

Joe, que escreveu um livro chamado *Planet Joe* e apareceu em alguns filmes do Raymond Pettibon, foi assassinado posteriormente. Ele dividia uma casa com Henry Rollins em Venice, que no início dos anos 1990 ainda era um gueto, com uma rua gentrificada e a outra, uma zona de guerra. Uma noite, quando estavam chegando em casa, foram cercados por ladrões, e após contar a verdade, que os dois juntos só tinham 50 dólares, um deles deu um tiro à queima-roupa na cabeça de Joe. Henry conseguiu escapar de alguma maneira, fugindo pela porta de trás de sua casa. Quando Henry me ligou para contar sobre Joe, eu comecei a chorar. Levei alguns anos para superar, para falar a verdade. O ato de violência sem sentido e aleatório contra alguém tão cheio de vida e inocência era de enlouquecer, e eu odiei Los Angeles por muito tempo depois disso. Eu escrevi a música "JC" sobre Joe, enquanto Thurston escreveu "100%". Foi difícil cantar sem me desfazer em lágrimas.

32

Dirty: "Swimsuit Issue"

QUANDO NOSSO ÁLBUM *Dirty* saiu, a banda fez um clipe para "100%" com a Tamra Davis dirigindo outra vez. Nossa intenção era fazer uma homenagem ao Joe. Thurston tinha visto um vídeo de skate que um diretor novo, chamado Spike Jonze, tinha feito, em que skatistas jogam o carro velho que estão dirigindo de um penhasco, e decidiu convidar Spike para filmar o material de skate. Tamra então mostrou a Spike como editar um vídeo de música, e, depois disso, a carreira de Spike decolou. Jason Lee fez uma participação no clipe como o skatista, e eu também conheci Mark Gonzales, o skatista/artista, que apareceu quando estávamos filmando e abriu o porta-malas do seu carro para nos mostrar diversas pinturas feitas em sacos de papel marrons. "Pegue o que você quiser", ele disse, mas, apesar de sua generosidade, eu peguei apenas um.

Mais tarde, durante essas mesmas filmagens, Keanu Reeves apareceu. Ele era um grande amigo do produtor e me deixou usar seu equipamento de baixo. Thurston e eu tínhamos visto a banda de Keanu tocar na noite anterior no Roxy, em Hollywood. O público parecia ser composto em sua maioria por prostitutas com peitos falsos e saltos altos, com foco exclusivo no Keanu, que passou a maior parte do show de costas para o público. Até então eu não sabia que tantas prostitutas frequentavam o Roxy. Keanu era incrivelmente fofo, e eu tinha uma enorme queda por ele.

No clipe de "100%", eu usei uma camiseta falsificada dos Rolling Stones escrito "Eat Me" ("Me Coma"). Por causa disso, a MTV, que passava um monte de clipes de mulheres nuas se esfregando, ficou relutante em exibir o nosso. Eles achavam que minha camiseta passava uma mensagem errada aos telespectadores.

Depois que a banda assinou com a Geffen, surgiu uma história sobre um executivo de lá que tinha assediado sexualmente sua secretária. Essa foi a inspiração para "Swimsuit Issue". Eu achava estranho que a Geffen, como muitas outras empresas, tivesse o "Dia da Secretária", mas as secretárias nunca pareciam ser promovidas a qualquer coisa acima desse nível. A música tinha a intenção de destacar essa hipocrisia:

I'm just here for dictation
I don't wanna be a sensation
Bein' on 60 Minutes
Was it worth your fifteen minutes?
Don't touch my breast
I'm just workin' at my desk
Don't put me to the test
I'm just doin' my best.
Shopping at Maxfields
Power for you to wield
Dreams of going to the Grammys
Till you poked me with your whammy
You spinned the disc
Now you're moving your wrist

A GAROTA DA BANDA

I'm just from Encino
Why are you so mean-o?
I'm just here for dictation
And not your summer vacation
You really like to schmooze
Well now you're on the news
I'm from Sherman Oaks
Just a wheel with spokes
But I ain't giving you head
In a sunset bungalow
Hhh, hhh... Roshuma, Judith, Paulina, Cathy, Vendela, Naomi,
Ashley, Angie, Stacey, Gail...[5]

Para promover o "Dirty", nós participamos de um evento patrocinado pela MTV, convidando as pessoas a enviarem vídeos anônimos. Nosso amigo Phil Morrison mandou o melhor – ele mostrava um desfile de homens sem camisa fumando charutos em uma sala de estar, encarando a câmera – mas quando a MTV descobriu que era dele, e, pior, que ele era nosso amigo, eles não o consideraram o vencedor.

Nós também fizemos um clipe de grande orçamento para "Sugar Kane", dirigido por Nick Egan e que envolveu muitas pessoas que mais tarde se transformariam em grandes nomes. Foi o primeiro filme da Chloë Sevigny, para começar. Na época, ela trabalhava como estagiária na *Sassy*, a revista de Jane Pratt, e minha amiga Daisy perguntou a Andrea Linett, que mais tarde seria uma das fundadoras da revista *Lucky*,

---

[5] Eu só estou aqui para fazer anotações/ Eu não quero ser uma sensação/ Ir ao *60 Minutes* / Valeram os seus quinze minutos? / Não toque no meu peito/ Eu só estou trabalhando na minha mesa / Não queira me testar / Eu só estou fazendo o meu melhor / Fazer compras na Maxfields / Poder para você exercer / Sonhos de ir ao Grammy / Até você me cutucar com seu cotoco / Você pôs o disco para tocar / Agora está mexendo seu pulso / Eu sou de Encino / Por que você é tão cruel? / Eu só estou aqui para fazer anotações / E não para suas férias de verão / Você gosta muito de ficar de papinho / Bem, agora você é notícia / Eu sou de Sherman Oaks / Só atrapalhei seus planos / Mas eu não vou te chupar / Num bangalô ao pôr do sol / Hhh, hhh... Roshuma, Judith, Paulina, Cathy, Vendela, Naomi, Ashley, Angie, Stacey, Gail... (N. dos T.)

se ela conhecia alguém que pudesse fazer o papel de uma menina que se despisse durante um desfile de moda. Nick, ficamos sabendo depois, conhecia Marc Jacobs – Marc tinha acabado de lançar sua coleção "grunge" para a Perry Ellis –, e Marc concordou em nos deixar usar seu showroom e suas roupas, e também ajudou a encontrar modelos e gente da moda para aparecer no clipe. Foi pura coincidência ter sido a coleção "grunge" do Marc – acho que nós nem percebemos isso naquele momento.

Nick filmou grande parte de "Sugar Kane" em Super 8, e no final, em vez de manter a escala normal, nós talvez cometemos o erro de reduzi-la, para que o vídeo finalizado parecesse na tela como um Super 8, o que o deixou menos comercial e propenso a ser transmitido. Ainda assim, aquele foi o início da nossa amizade com Marc e Chloe.

Nos começo dos anos 1990, antes das redes sociais e da internet, as pessoas ainda liam jornais e revistas e assistiam à MTV, e o que se dizia ali importava mais do que qualquer coisa. Em 1000, meu velho amigo Mike Kelley fez uma série chamada *Arenas*, onde ele colocava cobertores de crochê no chão e os povoava com bichos de pelúcia ou bonecas usadas, de brechós. Mike os chamava de "Presentes da Culpa", se referindo ao fato de que as muitas horas que se leva para fazer alguma coisa em crochê fazem com que a pessoa que ganha essa coisa se sinta na obrigação de valorizá-la, e é tomada pela culpa quando se livra daquilo. Para a capa do *Dirty*, usamos uma das imagens de Mike, intitulada *Ahh... Youth*! Dentro do folheto, aparecia o restante da série de fotos feitas naquele período. Eram um símbolo perfeito da cultura americana, onde a novidade substitui os velhos, bagunçados, aromáticos, reais e humanizados formatos de qualquer coisa, para que não sejamos sempre lembrados da morte.

33

LOGO APÓS THURSTON e eu sermos apresentados a Courtney em seu show em L.A., ela escreveu uma carta para mim – as pessoas escreviam cartas naquela época –, me convidando a produzir o primeiro álbum da sua banda, Hole.

Primeiro eu disse que não. Eu sabia que ela ou tinha transtorno de personalidade limítrofe ou algum outro tipo de energia louca e contagiosa, e eu tento evitar esse tipo de drama na minha vida. Eu também não tinha muita experiência como produtora, só tinha feito o disco da banda de Julie Cafritz, STP, ao lado de Don Fleming, que era mais conhecido por ter trabalhado com a banda alternativa escocesa Teenage Fanclub em seu sensacional disco *Bandwagonesque*. Mas depois eu mudei de ideia, pensando que ela estava fazendo algo interessante e, bem, pode ser difícil dizer não às coisas.

O Hole tinha um orçamento muito pequeno, e o disco tinha que ser finalizado em uma semana. Felizmente, Don concordou em coproduzi-lo comigo. O Hole era formado por Eric Erlandson na guitarra, Caroline Rue na bateria, Jill Emery no baixo e Courtney nos vocais.

Desde o começo, eu tive a sensação de que Courtney, que era perspicaz, esperta e ambiciosa, me convidou somente porque queria ter meu nome associado ao disco. Courtney era o tipo de pessoa que deve ter passado muito tempo durante a infância olhando para o espelho para praticar seu olhar para a câmera. Algumas pessoas simplesmente nascem assim, e no estúdio eu sentia que ela estava se exibindo pra gente. Mas Courtney dava tudo o que tinha quando cantava, e quando sentia que a banda não estava no seu nível, ela fazia algo extremo para motivá-los, como jogar uma garrafa de vidro ou quebrar alguma coisa na bateria – tudo pelo bem do disco.

O Hole gravou tudo em quatro dias, e nós mixamos nos três seguintes. Eric Erlandson era um guitarrista muito bom, servindo como a espinha dorsal dissonante da banda. Se não fosse por ele tocando, o disco não seria nada. Tenho certeza de que Courtney queria um som mais limpo para sua estreia no mundo da música, mas o resultado final foi cru. Ela tinha uma ótima voz para o punk rock, e os títulos e as letras das músicas eram pura provocação: "Pretty on the Inside" ("Bonita por Dentro") e "Teenage Whore" ("Vagabunda Adolescente"). Sua carreira anterior como stripper lhe deu um grande repertório para trabalhar, e ela tinha instinto para chamar atenção. Ela era sempre gentil comigo e com Don, porque iríamos levá-la a um lugar novo e melhor, ela esperava, mas berrava e gritava com todo mundo na banda.

Se Courtney quisesse algo de você, ela usaria cem por cento de seu charme e persuasão para conseguir. Naquela época, Courtney tinha uma cicatriz irregular no nariz, como se seu companheiro de quarto tivesse tentado fazer uma plástica improvisada. Em um rosto que, fora isso, era carismático, era difícil não perceber. Anos mais tarde, no Lollapalooza, ela me descreveu todas as cirurgias plásticas que planejava fazer. Ela disse: "Você provavelmente não sabia, mas eu fiz uma plástica no nariz uma vez." Eu acho que na época ela já tinha feito algumas.

Um dia, durante as gravações, Courtney me disse que achava Kurt Cobain um gato, o que me fez estremecer por dentro e torcer para que os dois nunca se conhecessem. Todos dissemos a nós mesmos: "Oh-oh, máquina destruidora a caminho." Ela também nos pediu conselhos sobre seu "caso secreto" com Billy Corgan, do Smashing Pumpkins. Eu pensei: *Eca*, só pela menção ao Billy Corgan, de quem ninguém gostava por ele ser um bebê chorão, e o Smashing Pumpkins se levava muito a sério e não era punk rock de jeito nenhum. (Era um debate tão velho quanto o tempo, quem era "punk rock" e quem era "alternativo".) É claro, todo mundo levava sua música a sério, mas havia algo irritante sobre o Billy Corgan e o Smashing Pumpkins – eles eram muito pretensiosos? Muito preocupados com sua imagem e atuação? – que levava as pessoas para o outro lado.

Courtney ter uma atração por Billy foi uma surpresa, porque ela era claramente muito punk rock. Mas era também ambiciosa e manipuladora, como Don e eu percebemos bem durante o processo de gravação. Courtney também podia ser honesta e verdadeira – você só nunca sabia para que direção ela iria –, mas sabendo que ela poderia se voltar contra mim a qualquer momento, eu sempre mantive uma certa distância.

Ao longo dos anos, Courtney disse muitas coisas terríveis sobre mim na imprensa, e sobre Thurston também, embora ele tenha sido praticamente a única pessoa legal com a Courtney depois que ela socou a cara de Kathleen Hanna na primeira noite do Lollapalooza, em 1995. Isso aconteceu enquanto Kathleen estava ao lado do palco, assistindo ao nosso show, cuidando da sua vida. Courtney e Kathleen nunca tinham se encontrado antes. Thurston não tinha uma atração por Courtney, mas, em retrospecto, percebo que ele é atraído por esse nível de obscuridade.

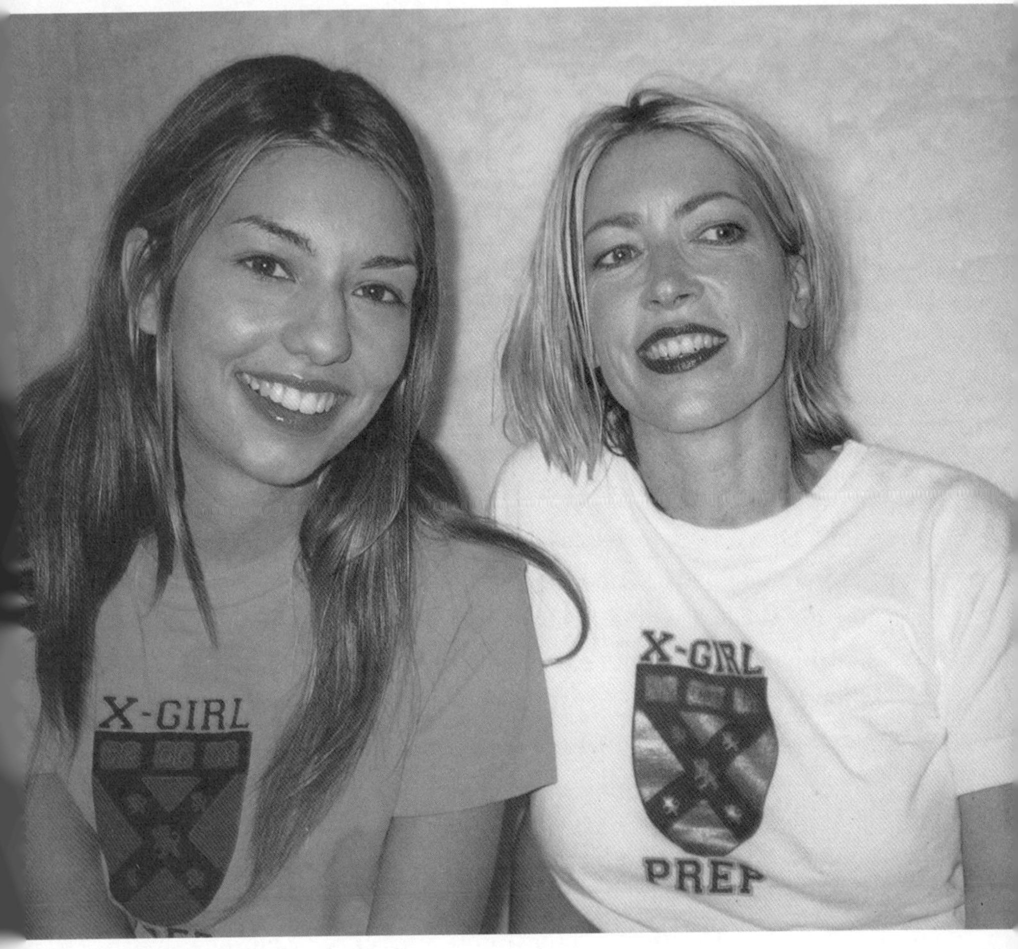
X-GIRL
X-GIRL
PREP

34

EM 1993, EU E A IRMÃ de Julie Cafritz, Daisy, decidimos lançar uma linha de roupas chamada X-Girl. Naquela época, não estava acontecendo nada do ponto de vista da moda no sul de Nova York. A moda das ruas do centro – uma combinação de vintage, punk e roupas de skatista superlargas – estava evoluindo nas (e partir das) lojas, como A.P.C., Daryl K, Betsey Johnson, Urban Outfitters e a Liquid Sky, a loja rave onde Chloë Sevigny trabalhou por um período. Havia um grande mercado das pulgas na Twenty-Third Street no Chelsea e, é claro, a Canal Jean na Broadway, onde hoje você vai encontrar uma Uniqlo enorme. Além da Patricia Field, na Eighth Street, o primeiro centro de compras dos hipsters era o East Village, com suas lojas vintage espalhadas.

Numa época em que roupas largas, desleixadas, inspiradas no grunge eram uma tendência dominante, Daisy e eu estávamos sempre em busca de um look mais casual, roupas mais justas, mais leves – estilo anos 1970, calças Levi's bootcut e camisetas com golas redondas, roupas inspiradas vagamente por Brian Jones ou Anita Pallenberg na época do *Exile on Main Street*, ou Anna Karina como ela apareceu no filme *Pierrot le fou*, do Godard. Através do Mike D, do Beastie Boys, nós conhecemos os irmãos que eram os proprietários da confecção masculina X-Large Streetwear, e um deles perguntou a Daisy, que trabalhava na loja deles no East Village na época, se ela tinha interesse em criar uma linha feminina. Daisy, por sua vez, me convidou a colaborar com ela.

Em vez de roupas largas, estilo skatista, nós queríamos criar roupas justas com cortes que caíssem bem em todos os tipos de corpo. Alguém depois as descreveu como "tenista-careta misturado com skatista-cool". Roupas justas – isso se tornou nossa principal batalha conforme enviamos as amostras de Nova York para L.A. e vice-versa. A espinha dorsal da nossa marca era seu próprio nome, X-Girl, e o sensacional design gráfico de Mike Mills. De sua própria adolescência passada em Washington, D.C., Daisy trouxe uma sensibilidade careta, enquanto eu, suponho, trouxe o rock, embora Jean-Luc Godard e Françoise Hardy fossem nossas inspirações em comum. Do mesmo jeito que ela é estilista, Daisy é também uma entusiasmada antropóloga social, e a X-Girl começou como um projeto divertido e informal, sem que nenhuma de nós soubesse realmente o que estávamos fazendo. Tínhamos um orçamento pequeno, e nenhum controle real sobre a produção, e as roupas ficaram ou muito grandes ou muito pequenas no começo.

Eu estava grávida de quatro meses quando a primeira remessa chegou. As roupas eram minúsculas. Mas de algum jeito eu consegui me enfiar em uma saia e uma camiseta para nosso clipe de "Bull in the Heather". Inicialmente, eu quis trazer as Knicks City Dancers para fazerem uma paródia da coreografia tradicional da MTV, mas, em vez disso, Kathleen Hanna fez uma participação. O Bikini Kill e as outras bandas do Riot Grrl ainda mantinham o embargo à mídia, e pedir para Kathleen aparecer em nosso clipe era um perverso desejo meu de infiltrá-la no mainstream. Com isso, as pessoas poderiam vê-la também como a menina brincalhona, travessa e carismática que ela é – uma mulher que controlava a ação dançando em volta da gente, enquanto ficávamos parados

A GAROTA DA BANDA

em uma postura de rock, tocando a música. Foi corajoso Kathleen aparecer em um clipe na MTV e arriscar ser criticada pela imensa comunidade que ela havia criado.

Para a primeira coleção da X-Girl, Spike Jonze e sua então namorada e depois esposa Sofia Coppola tiveram a ideia de montar um desfile de moda na rua, no estilo guerrilha, durante a Fashion Week. Grávida de seis meses, eu não estava prestando muita atenção a nada. Spike e Sofia encontraram os modelos e o lugar e produziram o evento todo. Marc Jacobs faria seu primeiro desfile desde que tinha saído da Perry Ellis, e o desfile da X-Girl aconteceu logo após o de Marc, com muita gente que tinha visto a apresentação dele ficando para ver a nossa.

Alguns dias antes disso, eu estive no loft da Daisy, na Crosby Street, para uma reunião. Eu estava deitada na cama de Daisy quando o telefone tocou. Daisy me passou o telefone: era Thurston. Ele disse que tinha más notícias. Meu primeiro pensamento foi de que ela ia me dizer que o Mark Arm, o vocalista do Mudhoney, tinha tido uma overdose. Mark não era um usuário regular, mas já tinha tido mais do que uma overdose, e eu estava tão preparada para ouvir Thurston dizer o nome Mark que nem processei o que ele estava dizendo – que Kurt tinha dado um tiro em si mesmo, que Kurt estava morto. É claro que fiquei completamente chocada, mas não totalmente surpresa.

Havia ocorrido um incidente em Roma, onde Kurt teve uma overdose, mas os detalhes nunca tinham ficado muito claros. Obviamente, no entanto, Kurt estava indo por um caminho ainda mais sombrio, e depois que se envolveu com Courtney, era somente uma questão de tempo antes que ele se destruísse completamente. Mas eu fiquei devastada e me sentindo como se estivesse me movimentando em câmera lenta dentro de um sonho estranho. Meu primeiro impulso foi sair para um mundo limpo, normal e fazer alguma coisa comum, do dia a dia. Eu me lembro de passar pela Pat Hearn Gallery, onde minha grande amiga Jutta Koether estava montando uma exposição. Junto com alguns outros artistas, Jutta tinha me convidado para contruibuir com sua instalação – uma mostra dentro de uma mostra. Contar a Jutta o que tinha acabado de acontecer, falar as palavras em voz alta, parecia bizarro. As palavras ficavam longe de transmitir a sensação de perda que todos, não apenas eu, estávamos sentindo.

KIM GORDON

Na noite após a morte de Kurt, durante a vigília à luz de velas para o público, uma gravação da Courtney lendo a carta de suicídio de Kurt foi usada. Enquanto a vigília continuava, Courtney apareceu pessoalmente e começou a entregar algumas roupas de Kurt aos fãs. Era como se ela estivesse partindo para seu destino – uma plataforma de celebridade e infâmia. Uma semana depois que Kurt morreu, o Hole lançou seu disco de estreia por uma grande gravadora, *Live Through This*, que elevou Courtney a um novo tipo de estrelato perverso. O *timing* não poderia ter sido melhor.

O velório público já tinha começado, e eu achei traumático. Camisetas de gosto duvidoso com o rosto de Kurt desfilando pelas calçadas de Nova York, músicas do Nirvana ecoando de todas as estações de rádio. Enquanto escrevo isto, faz vinte anos que Kurt morreu. Foi no ano em que minha filha nasceu, 1994, e que Kurt morreu, provavelmente o ano mais feliz da minha vida, mas também foi amargo, o ano mais extremo da minha vida, na alegria e na tristeza.

É engraçado como sempre penso em Kurt. Um elemento de sua autodestruição foi ter escolhido a Courtney para se alienar de todos ao seu redor, ao mesmo tempo que a fama o alienava de qualquer comunidade que ele tivesse participado.

Eu sempre vou me lembrar também de como ele era pequeno, magro, a aparência frágil, como um homem velho, com aqueles olhos grandes, iluminados, inocentes, infantis, do tamanho de um pires, como planetas rodeados por anéis. No palco, porém, era destemido como algo ainda mais assustador. Há um ponto em que a coragem se transforma em autoaniquilação, e ele era muito familiarizado com esse espaço. A maioria das pessoas que viram o Nirvana ao vivo nunca tinha testemunhado esse grau de automutilação em alguém, como quando ele se jogava na bateria como se estivesse fazendo uma dança da morte negociada em segredo.

Alguns anos atrás, Frances veio ver a gente tocar no Hollywood Bowl, e depois veio ao backstage. Ela pareceu muito simpática. Nós demos a ela algumas fotos antigas dela e de seu pai de quando ela era bebê. Eu sempre vou querer saber dela, como ela está.

35

O DESFILE DE GUERRILHA da X-Girl na calçada foi um sucesso só pelo fato de ter acontecido. Há um documentário em vídeo, on-line, desse dia, ao qual as pessoas ainda hoje se referem ocasionalmente. Nele você pode ver Francis Ford Coppola, que me conhece só pela X-Girl e que naturalmente está orgulhoso de sua filha, Sofia, e do desfile que ela tinha acabado de fazer.

Durante minha gravidez, eu fiz várias sessões de fotos para a X-Girl. Deitada em um pneu nas minhas costas. De pé, grávida de sete meses, sobre uma mesa de piquenique velha, apodrecida, segurando um guarda-chuva. (Eu me recusei.) Quando comecei a Free Kitten, minha banda com Julie Cafritz, Mark Ibold e Yoshimi, eu me lembro de fazer uma amniocentese e tirar o resto do dia de folga. Quando estava grávida de oito meses e meio, o Sonic Youth apareceu no *Late Night with David Letterman*. A máquina nunca parava, embora tudo o que eu realmente quisesse era ficar deitada o tempo todo, em parte porque tive um tumor fibroide que cresceu junto com a bebê.

Quando Coco nasceu, fiquei afastada por pouco tempo. Sempre havia pequenas coisas acontecendo, e apesar de que os artistas nunca estão realmente de férias, eles podem aproveitar o tempo livre sem a pressão de "se divertir". Eles não estão exatamente escapando, só mudando de foco. E depois vem a próxima coisa, neste caso um evento de moda em Tóquio.

Alguém nos convidou para fazer um desfile da X-Girl antes de um show do Beastie Boys. A Daisy não quis ir, então a Sofia Coppola se voluntariou. Coco estava com cinco meses na época, e Thurston veio com a gente. Chegamos em Tóquio cansados e com jet lag, mas mesmo assim eu e Sofia saímos pelas ruas para recrutar meninas para o desfile. Minha amiga Yoshimi também ajudou na missão, e Adam Yauch, do Beastie Boys, conhecia uma americana que era modelo em Tóquio, que ajudou a arrebanhar algumas de suas amigas. Eu me lembro de andar por uma loja de departamentos local com Adam e Coco. Adam era muito fofo e eu fiquei surpresa por ele preferir ficar com a gente em vez de sair para fazer compras como todos os outros. Ele comprou um chapeuzinho com orelhas de coelho para Coco, e Spike tirou uma foto dela usando.

Por meio da recepção do nosso hotel, eu consegui de alguma maneira encontrar uma babá, uma senhora mais velha, que não falava uma palavra em inglês. Dirigimos por uma hora pelos arredores de Tóquio para chegar à casa de shows. Enquanto eu e Sofia vestíamos as modelos, eu lembro da senhora japonesa olhando para Coco, que tinha adormecido, sem nunca tirar os olhos dela. Em um momento ela até começou a tirar fios soltos da parte de trás da minha blusa. Isso me deu vontade de trazer essa mulher para casa comigo e deixá-la tomar conta da família toda.

De algum jeito, conseguimos fazer o evento, mas quando olho as fotos minhas e da Sofia naquele fim de semana eu não acredito que não tenho olheiras. Eu estava exausta do jet lag, ainda amamentando, e tinha uma bebê que não dormia à noite. Também tivemos alguns compromissos com a imprensa, em que todos faziam variações das mesmas perguntas: "Como a X-Girl começou? O que o nome significa? Como é ser uma mãe no rock?"

Para a nossa coleção seguinte, em vez de uma apresentação ao vivo, eu e Daisy decidimos fazer um filme pseudogodardiano, recheado de referências marxistas irônicas, que pudéssemos apresentar para editores de revistas de moda. Chloë Sevigny, Rita Ackermann e a amiga de Daisy Pumpkin Wentzel fizeram os papéis principais. Phil Morrison e seu parceiro roteirista escreveram o roteiro e dirigiram. Phil fez um trabalho incrível ao entregar mais do que pedimos. O filme era fantástico e ainda existe hoje em sua encarnação no YouTube. Nós até tivemos uma loja X-Girl na Lafayette Street, em frente à Liquid Sky, onde Chloë ainda trabalhava, o que era conveniente para o loft da Daisy na Crosby Street e nosso apartamento. Também era inconveniente, porque se a produção da X-Girl atrasava, ou outra coisa dava errado, a gente sentia vergonha de andar na rua.

Daisy lidava com as coisas do dia a dia da empresa, e contratamos uma pessoa para gerenciar a loja e rascunhar nossas ideias. Foi mais um fardo para Daisy, e com o tempo nós duas sentimos que a X-Girl já tinha cumprido seu ciclo. Vendemos a empresa para uma firma japonesa e ganhamos algum dinheiro no processo. Depois disso, podíamos andar pela Lafayette Street de cabeça erguida novamente.

Nós partimos do princípio de que, como uma relíquia do seu tempo, a X-Girl morreria, mas isso não aconteceu, e a marca ainda existe no Japão. É estranho quando você vende um nome, ou uma marca, e ela não tem mais nada a ver com a original ou com você. De certo modo, a X-Girl me deu muito mais notoriedade que o Sonic Youth.

Washing Machine: "Little Trouble Girl"

COCO HAYLEY GORDON MOORE nasceu em 1º de julho de 1994. Sim, ela mudou nossas vidas, e ninguém é mais importante para mim. Mas a banda prosseguiu.

Quando Coco estava com dois meses, eu e Thurston fomos para L.A. filmar um clipe para nossa regravação da música dos Carpenters "Superstar", fotografado por Lance Accord – que trouxe um microfone dourado que, na minha cabeça, valeu o clipe – e com Dave Markey na direção. Eu adorava os vocais do Thurston, e a produção toda ficou linda. ("Superstar" tem uma das melhores letras de todos os tempos.) Eu ainda estava me sentindo gorda por todo o peso que ganhei na gravidez e consegui de alguma forma caber num vestido de gala gigantesco de veludo vermelho. Viajar para a Califórnia com um bebê de dois meses era outra coisa de "mãe novata" para me preocupar; leite materno vazando durante a gravação de um clipe não é uma coisa muito rock!

KIM GORDON

Depois, na primavera de 1995, quando Coco estava com dez meses, fomos todos para Memphis, trabalhar no nosso novo disco.

Sentindo que agora tínhamos uma grande bagagem como banda, nós queríamos mudar o nome de Sonic Youth para Washing Machine. As pessoas sempre gostam de descobrir coisas novas, e já existíamos há um tempo, além do que Washing Machine parecia um bom nome "indie rock". Nossa gravadora naturalmente achou que estávamos loucos, então, em vez disso, usamos o nome como título do disco novo. Fizemos camisetas antes do disco ficar pronto. Dois meninos fofos de 13 anos usando as camisetas vieram em um de nossos shows com o pai, e eu tirei uma foto deles, acreditando que seria uma ótima capa para o disco. Infelizmente, quando chegou a hora, nós não sabíamos o nome deles, nem como encontrá-los, então por motivos legais tivemos que cortar a cabeça deles fora!

Memphis, eu me lembro, era quente e verde, e fizemos incontáveis viagens para comprar sanduíches de churrasco no Payne's, um prédio inclinado e fechado, com dois Jaguares antigos estacionados em frente. No Domingo de Páscoa fomos para a igreja do reverendo Al Green e em outra noite para uma *juke joint*[6] no meio de uma plantação de milho, onde fabricavam *moonshine*[7] e tinha as paredes cobertas com pinturas incríveis em veludo preto do Michael Jackson e outras celebridades e heróis populares afro-americanos. Maurice Menares nos acompanhou para ajudar a cuidar da Coco, e eu ainda tenho uma foto ótima dela empoleirada na mesa de gravação. Certa tarde, eu e Maurice levamos Coco ao Memphis Zoo. Foi sem dúvida o zoológico mais deprimente que visitei em toda a minha vida. Quase não havia plantas e, muito menos, animais, o que, pelo menos para os animais, devia ser bom. Coco provavelmente não se lembra, mas ela visitou mais zoológicos e aquários pelo mundo do que qualquer outra criança, embora seus lugares favoritos sempre fossem os hotéis.

Ter a Coco me fez pensar novamente nas Shangri-Las, com suas músicas superdramáticas com cenários mórbidos e relacionamentos do-

---

[6] Nome usado para descrever pequenos espaços informais, geralmente operados por negros, onde há música, dança, jogos e bebida. (N. dos T.)

[7] Nome genérico dado a bebidas destiladas, geralmente de grande teor alcoólico, fabricadas ilegalmente de maneira artesanal. (N. dos T.)

entios. "Little Trouble Girl" foi minha homenagem definitiva ao estilo meio cantado, meio falado das Shangri-Las.

Na época, eu estava lendo um livro chamado *Mother Daughter Revolution*, sobre a primeira onda do feminismo dos anos 1970. Ele fala como o feminismo falha em abordar o relacionamento entre mães e filhas por causa de sua ênfase em sair de casa. Eu não terminei – quem tem tempo ou energia para ler quando acaba de se tornar mãe? –, mas lembro de como o livro falava da pressão para agradar e ser perfeita que toda mulher sofre e depois projeta em sua própria filha. Nada nunca é bom o suficiente. Nenhuma mulher pode fugir do que precisa fazer. Ninguém pode ser tudo – uma mãe, uma boa companheira, uma amante, bem como uma concorrente no local de trabalho. "Little Trouble Girl" é sobre querer ser vista pelo que você realmente é, ser capaz de expressar aquelas partes suas que não são de "boa menina", mas que são tão reais e verdadeiras quanto.

If you want me to
I will be the one
That is always good
And you'll love me too
But you'll never know
What I feel inside
That I'm really bad
Little trouble girl [8]

Convidei a Kim Deal, dos Pixies, para cantar a parte melódica. Por quê? Porque eu não conseguia! A voz dela era perfeita.

O clipe, dirigido por Mark Romanek e com fotografia de Harris Savides, foi a primeira vez em que a banda embarcou na ideia de outra pessoa sem ter criado nada. Mais tarde, eu pude trabalhar com Harris Savides em *Últimos dias*, o filme que Gus Van Sant fez sobre Kurt. Harris era

---

[8] "Se você quiser/ Eu serei aquela/ Que é sempre boa/ E você vai me amar também/ Mas você nunca vai saber/ O que eu sinto por dentro/ Que sou mesmo má/ Uma menininha problemática." (N. dos T.)

um homem incrivelmente amável e talentoso que infelizmente morreu alguns anos atrás. A gravação do clipe de "Little Trouble Girl" foi a primeira vez em que fiquei longe de Coco, e eu me lembro de entrar em pânico quando a gravação atrasou, me fazendo perder o voo noturno de volta para Nova York, onde Thurston estava cuidando dela.

Ao mesmo tempo, eu adorava passar o tempo com a Kim Deal, e quando eu assisto ao clipe novamente, minha parte favorita é ver nós duas juntas, cantando e sendo gatas. Talvez tudo sempre pareça melhor vinte anos depois. Quando a Kim apareceu em Memphis para gravar a música, ela pediu para o engenheiro tocá-la na sala maior, e cantou sem fones de ouvido. Naquela época, e ainda hoje, a voz da Kim tem uma incrível qualidade de bolo – como o som quando você fala "cake" (bolo), uma leveza, seu corpo afinado –, é como um clássico pop.

Washing Machine é um dos discos com a sonoridade que eu mais gosto, e "Washing Machine" e "The Diamond Sea" foram músicas divertidas de gravar. Essa última foi gravada em um take, e depois, quando o Sonic Youth saiu em turnê primeiro com o R.E.M., depois com o festival Lollapalooza, Spike fez um clipe com diversas gravações ao vivo dela.

Quando começamos a turnê com o R.E.M., a Coco tinha acabado de aprender a andar, e foi durante uma ida ao Kansas que eu, Thurston e Michael Stipe fomos visitar William Burroughs. Eu me lembro que William começou perguntando a Michael sobre Kurt – "E aquele menino?", ele disse. "Tão triste..." Michael, um pouco envergonhado, passou a palavra para mim e Thurston, já que nós tínhamos um histórico maior com Kurt e o Nirvana.

Para o Lollapalooza, a banda viajou em um ônibus com um berço portátil preso no fundo, onde Coco adormecia ouvindo o imenso barulho do motor. Ela dormia superbem nos ônibus. Na primeira noite, fomos para Gorge, no estado de Washington. Naquela noite éramos a atração principal não oficial junto com o Hole, e alguns de nossos amigos também estavam na escalação: Pavement, Beck, Jesus Lizard, Cypress Hill, Elastica, Mike Watt, Superchunk e Yo La Tengo. Essa foi a noite em que Courtney chegou na Kathleen Hanna e deu um soco na cara dela. Isso deu o tom do resto da turnê, com a Courtney sendo alguém para evitar e ignorar, ainda mais do que antes.

37
Free Kitten

JULIE CAFRITZ É uma das pessoas mais engraçadas que eu conheço, subreconhecida como uma guitarrista "mulher" de indie rock e cantora-deusa. Quando a gente se conheceu alguns anos antes, a banda dela, Pussy Galore, tinha acabado de se mudar para Nova York e estava procurando um baterista. Eu a apresentei ao Bob Bert, que tinha acabado de sair do Sonic Youth e parecia perfeito para eles. Julie e seu colega de banda Jon Spencer eram um pouco assustadores, eu me lembro, com suas roupas pretas e toneladas de atitude. Mas eu e Thurston adorávamos seu EP *SugarShit Sharp*, bem como sua reputação antipoliticamente correta radical, enquanto as pessoas de Washington, D.C. desprezavam a subcultura *straight-edge* do punk hardcore que pedia a seus seguidores para não beber, fumar, usar drogas, praticar sexo promíscuo e até mesmo tomar café. Não era uma coisa puritana. O *straight-edge* pedia a seus seguidores para tomarem o controle de suas vidas, não serem consumidores cegos, e não caírem no pensamento de que bebidas e drogas eram bacanas, pois eram as ferramentas de uma geração anterior. Julie se mostrou surpreendentemente acessível, e nós nos tornamos amigas.

Ao contrário do que algumas pessoas acreditavam, nós não montamos o Free Kitten como uma banda de brincadeira, criada para tirar sarro da cena de improvisação de experimental, free noise e jazz do CBGB, onde as pessoas tocavam música abstrata por longos períodos de tempo. Apesar de algumas coisas ótimas, como John Zorn, e o saxofonista de rua de jazz Charles Gayle tocando com Thurston e outros músicos da cena do East Village, nós achávamos que os homens nem sempre sabiam quando parar. Nossa inspiração vinha mais da banda de alt-rock americana Royal Trux, uma banda de duas pessoas. Naquela época, o Royal Trux – composto por Neil Hagerty e Jennifer Herrema – estava fazendo vários shows por Nova York, e cada show era completamente diferente. O Royal Trux era a arrogância do rock aperfeiçoada, com o mínimo esforço, e apesar deles estarem sempre drogados, o efeito era surpreendente e misterioso. Sem falar que o Free Kitten era também uma desculpa para eu e Julie passarmos mais tempo fazendo algo juntas.

Quando lançamos nosso primeiro EP, ninguém pareceu entender a gente. As críticas podiam ser resumidas a "Sério? Isso é tudo que elas podem fazer? Estão fingindo ser artistas ruins?". Depois, Mark Ibold e Yoshimi se juntaram ao Free Kitten. Ambos são ótimos músicos, e eu e a Julie gostávamos deles. A gente nunca sabia realmente o que Mark estava fazendo, e o deixávamos descobrir sozinho o que tocar, e a gente trazia a Yoshimi, criava as músicas no estúdio e depois sobrepunha os vocais antes de mixar as músicas. Eu e a Julie tínhamos que reaprender as músicas antes de sairmos em turnê.

Coco estava com sete meses quando fizemos nossa primeira turnê de duas semanas na Inglaterra. Novamente, graças ao jet lag e à amamentação, não foi fácil, mas Thurston foi junto para tomar conta da Coco. Ele não perderia, de qualquer maneira. Ele sempre foi um grande apoiador de qualquer coisa que eu fizesse dentro e fora da banda, e eu amava isso

A GAROTA DA BANDA

nele – sua generosidade. Criativamente, eu nunca tive nenhuma sensação de competitividade com ele. Ele também era protetor. Uma vez a banda estava fazendo um show na Suíça e um cara mordeu minha bunda enquanto eu estava no palco, e Thurston ficou tão puto que jogou uma garrafa no cara. Depois, eu me lembro que alguém me disse: "Se você fosse a Ivy, do Cramps, teria enterrado seu salto alto na cabeça do cara."

Ainda hoje eu não consigo dizer como os discos do Free Kitten soavam. Nosso único objetivo era fazê-los e lançá-los, sem pensar muito no que estávamos fazendo. O que eu mais queria era que Julie tivesse um lugar para extravasar musicalmente e escrever músicas novamente. Dito isso, ter duas bandas quando você é uma mãe recente dá muito trabalho. Naturalmente, o Sonic Youth era a prioridade, e Yoshimi estava ocupada com sua própria banda, o Boredoms. Mark ainda tocava com o Pavement, então eu e a Julie fazíamos o que podíamos para manter o Free Kitten divertido enquanto esperávamos que ele andasse com suas próprias pernas e que também fosse levado a sério. É sempre difícil fazer alguma coisa fora de um contexto familiar. *O que você está fazendo exatamente?*, todo mundo queria saber. *É um supergrupo, um projeto paralelo, uma piada interna?*

Em 1993, o Free Kitten tocou no Lollapalooza, no palco menor. Estava quente e havia muita poeira, e conseguíamos ouvir o Rage Against the Machine estremecendo tudo ao mesmo tempo no palco principal. Como parte da nossa postura anti-rock, eu e a Julie usamos vestidos estilo dona de casa combinando e tênis Pro Keds, e suamos no calor de mais de trinta graus.

No ensino médio, Coco montou sua própria banda, Big Nils. Nas raras ocasiões em que escuto uma música do Free Kitten em algum lugar, geralmente não a reconheço. Eu penso: "Ei, quem está tocando – a Coco?" E depois eu percebo... *Ah sim, claro.* É a sensação mais estranha, redescobrir a si mesma e, se já tiver passado tempo suficiente, ouvir aquilo sem odiar. É quase como olhar fotos antigas suas e perceber que você era bonita, afinal. Recentemente, eu encontrei uma foto que meu velho amigo Felipe tirou na primeira vez que visitamos Nova York numa folga da faculdade em Toronto. Estou no metrô, na frente de um grafite;

meu cabelo está escuro; meu casaco, que tinha sido da minha mãe, está esfarrapado; e eu pareço perdida. Quando li o romance *Os lança-chamas*, de Rachel Kushner, eu me identifiquei com a sensação de ser jovem em Nova York, vivendo fora do mundo da arte, e aquela foto resume aquela incerteza, e aquele tempo, exatamente. Eu a adoro.

38

NO FINAL DOS ANOS 1990, a cena musical experimental underground tinha crescido rapidamente, graças, em parte, à internet. Depois do Nirvana, a música mainstream despencou novamente para seu nível normal de suavidade, com o "grunge" se tornando apenas uma nova maneira de vender rock grandioso e chato. Apesar disso, o underground estava vivo, crescendo. A música estava ficando interessante de novo, graças a bandas noise, como o Wolf Eyes e o Lighting Bolt, e mais mulheres apareciam no que antes era uma cena masculina de colecionadores de discos. Quando o Sonic Youth tocou em Detroit, um trio chamado Universal Indians abriu para nós, e uma garota da banda usou uma pedra como palheta para tocar a guitarra – um dos movimentos mais sexy que eu já vi na música.

O Sonic Youth pegou parte do dinheiro ganho com o Lollapalooza para comprar nosso próprio estúdio na Murray Street. Por volta dessa época, começamos a lançar nossa música pelo nosso próprio selo, Sonic Youth Records, ou SYR. Nosso objetivo era lançar música menos comercial, mais experimental, que não teríamos que promover. Eu estava ouvindo bastante Brigitte Fontaine, a cantora francesa dos anos 1960 e 70, e em um momento acabamos lançando seu novo disco com seu parceiro Areski Belkacem. A música do Sonic Youth "Contre Le Sexisme" é inspirada nela. Esse foi o início do envolvimento musical de Jim O'Rourke com o Sonic Youth. Jim tocou no nosso disco *Goodbye 20th Century*, que meu velho amigo de infância Willie Winant regeu, nos guiando pelas partituras, que podem ser bastante abstratas.

Quando estávamos gravando *A Thousand Leaves*, meu pai morreu, depois de contrair pneumonia em uma casa de repouso. Ainda fico triste quando penso nele. Mesmo que ele pudesse ser um daqueles "pais distantes", como muitos homens da sua geração, ele era sempre bondoso e compreensivo, uma alma muito gentil. Não estava com ele quando morreu, um grande arrependimento meu. Quando cheguei em L.A., ele já tinha partido. Ainda hoje eu sinto que o protejo. É meu impulso guiado pela culpa, e também meu padrão com os homens, que começou com Keller e terminou com Thurston.

39

UM AMIGO MEU uma vez descreveu Cannes como uma grande loja de presentes, mas como fica na França, junto a um belíssimo mar azul, é melhor que isso, o ápice do extraordinário, o lugar onde o tapete vermelho foi inventado. Subir a escadaria do Palais – como se fosse a maior conquista que alguém pudesse atingir – é tão bom quanto dizem.

Em 2005, eu e Thurston fomos a Cannes para a exibição de *Últimos dias*, o filme de Gus Van Sant baseado no misterioso fim da vida de Kurt. Durante os dez anos desde que Kurt havia morrido, nem Thurston nem eu jamais demos uma entrevista sobre ele. Agora, de repente, nos dois dias que antecederam a exibição, demos várias, entre coquetéis e jantares. Thurston se juntou ao filme como consultor, para se certificar de que

Gus acertaria a parte musical, e também para dar um suporte ao astro do filme, Michael Pitt.

Foi uma surpresa quando Gus me ligou e me convidou para participar do filme. O papel era uma pequena participação – eu era uma executiva simpática de uma gravadora, se é que tal pessoa existe –, mas também é o único momento em que o personagem de Michael Pitt interage com alguém no filme. Antes de filmarmos, Gus discutiu a cena comigo e me perguntou o que eu iria dizer. Eu criei o personagem com base em Rosemary Carroll, que era advogada de Courtney e mulher de Danny Goldberg, o chefe da empresa de gerenciamento que nos representava. Rosemary é uma mulher excêntrica e pouco convencional, que em um momento de sua vida foi casada com o poeta Jim Carroll.

Passamos pelos diálogos improvisados diversas vezes, gravando mais de uma vez. No final de cada take, Gus fazia pequenas sugestões, como "Deixa mais curto". Michael Pitt tinha uma semelhança incrível com Kurt, embora, quando eu o encarei de pé, me surpreendi com sua altura, lembrando de como Kurt era pequeno, a fragilidade em contraste com a força explosiva.

Eu fiz o filme porque acreditava que Gus faria algo interessante, e ele fez. Acima de tudo, foi uma experiência positiva e indolor, que me deixou mimada para outras experiências cinematográficas, já que, afinal, eu só trabalhei com os melhores – Gus, Olivier Assayas e Todd Haynes! Rá-rá! Atuar é algo que eu sempre achei que teria uma habilidade natural para fazer. Isso me conecta a um estranho sentido tridimensional que sempre tive, uma confiança espacial de saber onde as coisas estão o tempo todo, de ser capaz de me movimentar por um palco sem olhar, sempre sabendo onde o público está ou, neste caso, a câmera. Quando componho letras de músicas, às vezes finjo ser outra pessoa, um personagem, tento me colocar em sua cabeça ou situação, enquanto extraio alguma emoção verdadeira que já experimentei, como fiz em "The Sprawl" e "Pacific Coast Highway". Eu sempre me inspirei no cinema, tanto para letras de música como para ideias de moda, e posso passar horas assistindo a filmes. Acho que eu nunca seria uma grande atriz, mas talvez traga algo diferente, estranho, novo.

A GAROTA DA BANDA

Quando chegamos na escadaria do Palais, começou a tocar uma música de um single que eu e Thurston fizemos juntos usando o nome Mirror/Dash – uma música lo-fi, íntima, melancólica – e fiquei impressionada por eles estarem tocando aquilo num evento público e tão celebrado quanto o festival de cinema de Cannes.

Subir a escadaria envolve uma intrincada coreografia que é repetida a cada vez que um filme chega ao Palais. Guardas ladeavam as laterais da escada, segurando – eu não estou brincando – armas. Os integrantes da equipe entrelaçaram os braços, um ao lado do outro. Asia Argento, Gus, Michael, a namorada de Michael, Jamie, e eu demos alguns passos juntos. Paramos. Demos mais alguns passos, paramos novamente. Eu supus que isso era para acrescentar mais cerimônia e ritual à pompa, à constelação de flashes. Por mais estranho que possa parecer, a experiência foi relaxante, especialmente por acontecer enquanto o sol se punha no horizonte. Honestamente, foi um dos pontos altos da minha carreira.

Ao mesmo tempo, durante um período em que acabei me acostumando a desviar os olhos dos aspectos mais grosseiramente comerciais da herança de Kurt – discos pirata, ilustrações vendidas nas calçadas, camisetas, pôsteres, capas de revistas –, aqui estava eu em um filme que emprestava uma licença poética aos últimos dias de Kurt. Algumas pessoas, eu sabia, iriam odiar o filme, principalmente aqueles fãs mais ardentes que queriam uma interpretação mais literal, menos abstrata ou sórdida. Eu nunca quis explorar qualquer amizade ou afinidade que eu e Kurt tivemos, e até na sua morte eu quero protegê-lo, e é por isso que me sinto estranha até mesmo escrevendo o que escrevi neste livro. Mas, como disse antes, eu penso no Kurt com bastante frequência. Como acontece com muita gente que morre violentamente, ou muito jovem, nunca há uma resolução ou encerramento. Kurt ainda me acompanha, dentro e fora de mim também, com sua música.

40
Murray Street... e além

AGORA NOSSO ESTÚDIO OFICIAL era na Murray Street, e Jim O' Rourke estava tocando oficialmente com a gente e nos ajudando na masterização e na mixagem de nossos discos. Em *Murray Street*, eu comecei a tocar guitarra mais do que nunca. Foi ótimo ter o Jim tocando baixo – ele tinha muito mais facilidade que eu – e isso alterou automaticamente o processo de composição. Era provavelmente mais divertido para Steve também tocar bateria junto com alguém menos minimalista.

Todo mundo em Nova York tem sua própria história do 11 de Setembro. Na época, Jim estava praticamente morando no estúdio da Murray Street, que ficava a somente algumas quadras das Torres Gêmeas. Eu estava em nosso apartamento na Lafayette Street, me aprontando para ir a Paris tocar com um quarteto de improviso do qual eu fazia parte em uma festa organizada pela Gap. Nós íamos viajar naquela noite. Thurston estava em nossa nova casa em Northampton com a Coco. Na noite anterior, eu tinha ido a uma festa enorme do Marc Jacobs em um cais na West Side Highway depois de seu desfile na Fashion Week. Marc estava lançando sua primeira linha de perfumes, e milhares de gardênias brancas formavam um arco na entrada da festa, que era superescura, em contraste com as luzes brilhantes do cais. Tinha chovido recentemente, e meus saltos altos ficavam afundando no piso macio de cascalho. Não podia ter sido um momento fashion mais decadente e exagerado, mesmo assim bonito.

Na manhã seguinte, a Daisy me telefonou e disse para ligar a TV porque um avião tinha acabado de bater no World Trade Center. O marido de Daisy, Rob, trabalhava em um prédio na frente das torres, mas ainda não tinha ido para o escritório. Eu liguei para o Jim e lhe disse para sair do estúdio, e depois liguei para Thurston. Jim não sabia de nada, mas me disse que a poeira estava começando a entrar pelas janelas abertas. Era difícil para mim – para todo mundo – tentar entender o que estava acontecendo. Eu não tinha TV ou rádio, mas o telefone estava funcionando, pelo menos no começo. Quando o segundo avião bateu, o telefone só estalava e ficava mudo, e quando liguei para Thurston pela segunda vez, não consegui falar com ele, mas convenci finalmente o Jim a vir para o nosso apartamento. Enquanto Jim deixava a Murray Street, a segunda torre estava desmoronando e pessoas pulavam das janelas. Lee, sua mulher, Leah, e seus filhos, que moravam no centro, também apareceram em nosso apartamento. Lá embaixo, literalmente bem na frente da nossa porta, havia barricadas na Houston Street e na Lafayette, e a polícia não deixava ninguém ir para o sul da Houston sem identificação e comprovante de residência.

Foi um dia surreal, aterrorizante. As pessoas – modelos desocupadas, pessoas que tinham vindo à cidade para a Fashion Week – vagavam em transe por Nolita e pelo Soho. Jim chegou finalmente, completamente traumatizado. Todos dormimos lá naquela noite.

Na manhã seguinte, eu me lembro de descer a Bleecker Street até o apartamento da Daisy e do Rob. As ruas estavam vazias. Eu fiquei muito comovida ao pensar em Nova York enquanto olhava para onde as

A GAROTA DA BANDA

torres ficavam e via um grande nada. Parecia o fim. Nós cinco, eu, Daisy, Rob, e seus dois filhos, fomos para o norte da ilha, sem saber por quais ruas podíamos dirigir e quais tinham barreiras. Tanto a FDR Drive, no East Side, como a West Side Highway estavam fechadas. Naquele dia, Daisy e Rob levaram os filhos para Northampton, e eu peguei uma carona com eles. Aquele era o fim para eles e para Nova York. Lee e sua família foram para Long Island. Jim seguiu mais tarde para Northampton.

Na semana seguinte, oito pessoas de Nova York estavam vivendo em nossa casa. Jim ficou lá por mais de um mês. Estava muito abalado para voltar. Eu também estava perplexa – quem não estaria? Todo dia eu acordava cedo e ligava a CNN só para me certificar de que nada mais tinha acontecido, e também acordava no meio da noite. Este ainda é meu padrão de sono. Levou um tempo para a banda conseguir retornar ao estúdio e, quando voltamos, tivemos que pedir permissão para passar pela Chambers Street. Mais tarde eu descobri que a maior parte da eletricidade do distrito financeiro passava diretamente sob a Murray Street, e o impacto dos aviões havia fritado nossa mesa de som. A própria Murray Street estava cercada com correntes nos dois lados da calçada, e durante meses foi um grande buraco, com as calçadas e o asfalto sendo molhados regularmente para dissolver a poeira que ainda permeava o ar. *Isso é para limpar o pó de todas as pessoas mortas nas torres?*, eu sempre pensava.

Não havia mais nada a fazer, a não ser retornar ao trabalho. Apesar das circunstâncias em que o fizemos, o disco *Murray Street* é ainda um dos meus favoritos, e traz a música de nove minutos "Sympathy for the Strawberry". Eu me lembro do desafio que foi pensar em ideias para o vocal em cima de grandes massas de música abstrata. Como uma cantora não cantora, foi provavelmente mais fácil para mim do que teria sido para uma cantora mais convencional, mas eu gravitei sobre o que achava que conseguiria fazer, e fiz isso cada vez mais emocionalmente. Com sua abordagem mais natural na mixagem, Jim não tentou me fazer parecer uma cantora.

Sonic Nurse, o disco seguinte que o Sonic Youth lançou, nós também fizemos com o Jim. A música "Pattern Recognition" teve base em um livro do William Gibson que eu tinha lido e gostado. Não era um de seus títulos de ficção científica, mas um thriller que se passava em um presente extremamente contemporâneo sobre uma mulher que era "*cool hunter*" – um termo incrível, eu achei, para descrever uma pessoa contratada por empresas para detectar tendências para marcas. "Pattern Recognition" era uma das minhas músicas favoritas para tocar ao vivo, uma canção sensual, de diversos movimentos, que viajavam para lugares múltiplos. Eu também adorava cantar "I Love You Golden Blue", embora ficasse frequentemente à beira das lágrimas sempre que cantava. É uma canção sobre alguém que acredita que não pode se mostrar ao mundo. Achando que apenas destruirá as pessoas com quem se importa, ele evita qualquer intimidade. Ele está preso. Eu não podia deixar de pensar que aquilo era verdade em relação a muitos homens-meninos que eu havia conhecido na vida.

Depois que Jim saiu da banda e se mudou para o Japão, nós começamos a trabalhar em nosso disco *Rather Ripped*, o último de nossa assim chamada trilogia, com o John Agnello. John trouxe um som maior, mais conciso, à banda – não melhor, só diferente. Após anos tentando mixar em grupo, foi um alívio ter primeiro o Jim e depois o John conosco. Nessa época, o Mark Ibold tinha começado a tocar baixo com a gente em tempo integral. "Jams Run Free", do *Rather Ripped*, era uma música muito mais natural para minha voz. Rodopiando no centro do palco, com Mark no baixo, eu era livre, e essa se tornou minha música preferida para cantar ao vivo. Eu podia girar tão rápido que tudo ficava borrado, as luzes e os sons colidindo e se despedaçando ao mesmo tempo. Esse é um momento em que você perde toda a noção do seu corpo e se sente completamente carregada pela música, um momento que faz todo o trabalho, o cansaço e o tédio de excursionar valer a pena.

Para nosso disco seguinte, Thurston escolheu o título *The Eternal*. Talvez ele soubesse que seria nosso último disco como uma banda. "Massage the History" foi a única música que escrevi sobre nosso relacionamento. Tem a frase "I dreamed" ("Eu sonhei") nela, talvez porque eu estivesse sonhando com o primeiro disco que fizemos. Foi antes de descobrir o que era a nuvem escura que seguia Thurston, mas eu já a havia sentido.

41

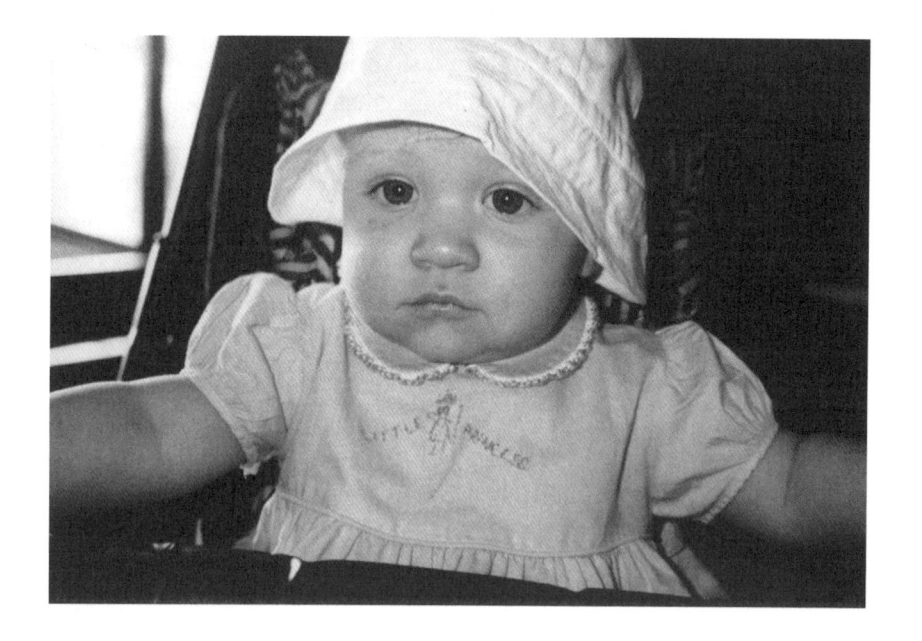

EM ALGUM MOMENTO, quando eu já estava próxima dos 40 anos, comecei a ver bebês. Bebês na calçada, em carrinhos, em cima dos ombros. O problema era que eu nunca conseguia decidir quando era a melhor hora para começar uma família. A minha vida com Thurston como um casal, e como uma banda, era só compor, gravar, falar com a imprensa, fazer turnês infinitas. Ainda assim, quando a ideia surgiu na minha cabeça, foi difícil esquecê-la.

Como sempre, a autoconfiança e a segurança de Thurston ajudaram a me convencer que conseguiríamos ser pais. Ele não falava muito sobre ter filhos, mas também não discutia nada muito profundamente – a música nos conectava, tomava o lugar das palavras, e a gente acabava concordando sobre a maioria das coisas.

Mas depois que a Coco nasceu, eu percebi que nós nunca conversamos sobre que tipo de pais ou parceiros queríamos ser. Eu simplesmente assumi que Thurston apoiava as questões femininas, como igualdade de participação no cuidado com os filhos, igualdade de responsabilidade com as questões domésticas e assim por diante.

Como a maior parte das mães recentes, eu descobri que não importa o quanto você acha que a experiência será justa e compartilhada, ou o quanto o homem acredita que a responsabilidade com as crianças deve ser dividida, não será. Não pode ser. A maior parte do cuidado com os filhos cai nos ombros das mulheres. Algumas coisas, como lavar roupas, são mais fáceis de se fazer sozinha do que ter que explicar detalhadamente para outra pessoa. Outras coisas eram biológicas. Quando a Coco era bebê, sempre que ela chorava eu sentia imediatamente, fisicamente, porque meus seios começavam a vazar. Thurston, e qualquer outro homem, na verdade, nunca tinha essa mesma sensação de urgência, esse desejo de fazer o choro parar não só para acalmar seu bebê, mas para o bem de seu próprio corpo. Isso não quer dizer que os homens não são bons pais, apesar de que podem fazer as mulheres se sentirem sozinhas no que elas esperavam que fosse uma divisão igualitária de tarefas. Essa é uma dinâmica que foi levada para outras áreas do nosso relacionamento.

Estar grávida me deixou nervosa. Quando estava no terceiro trimestre, eu me lembro de ir a uma festa onde encontrei Peter Buck, do R.E.M., e sua mulher na época, Stephanie. Eles tinham acabado de ter gêmeas, Zelda e Zoe, e eu fiquei com medo quando Stephanie me perguntou se eu queria segurar uma delas. Eu também tive uma série de sonhos ansiosos. Em um deles, Coco era uma bebê que falava e que saiu para almoçar sem mim. Em outro, logo depois que Kurt se matou, alguém trouxe a Frances Bean para eu cuidar. (Na vida real, sempre que Courtney visitava Nova York, sua babá, Jackie, trazia a Frances para brincar com a Coco. Eu tenho fotos da Frances enrolada na nossa cama de gato nojenta. Bebês engatinhando parecem gravitar para os lugares que você menos quer que eles vão.)

Thurston imediatamente abraçou a paternidade. Ele havia nascido para isso, na verdade. Eu fiz minha parte lendo livros sobre educação e bebês, mas ele tinha muito mais experiência com crianças, por ter cuidado de várias quando era mais novo. Ele nunca achava estranho segurar a Coco ou se sentar no chão para brincar com ela.

Ao mesmo tempo, era difícil dizer a ele tudo o que eu estava sentindo sem ofendê-lo, pois ele levava tudo para o lado pessoal. Eu gostaria que ele dissesse, às vezes: "Me diz o que eu posso fazer para te ajudar", mas nunca fez isso. Não era um problema; era o jeito dele. Mas me fazia sentir como se eu fosse a única no controle, a única cuidando da gente como uma família, a zeladora. Nem sempre eu ficava à vontade com esse papel, mas não tinha muita escolha. Eu tinha que fazer o que era certo para nossa família.

Ter um bebê também criou uma imensa crise de identidade dentro de mim. Também não ajudava o fato de que, nas coletivas de imprensa, algum jornalista sempre me perguntava: "Como é ser uma mãe rock-and-roll?" Tenho certeza de que também faziam essa pergunta ao Thurston, mas pelo menos na superfície isso não parecia aborrecê-lo tanto. Como vários caras, ele era o "pai legal, divertido", o que era ótimo para Coco em diversos aspectos. No final, ele era provavelmente um melhor pai do que companheiro, já que cada vez mais ele começava a se afastar de mim, querendo fazer tudo do seu jeito. Olhando para trás, acho que provavelmente era porque ele não queria mais ficar comigo.

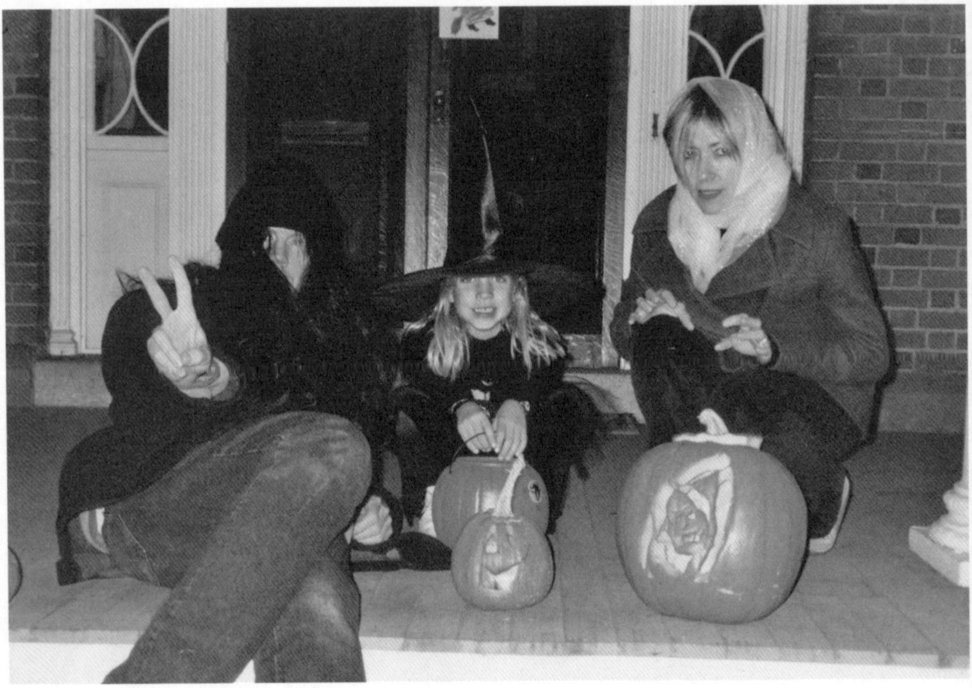

42

NÃO É QUE NOSSO APARTAMENTO na Lafayette estivesse apertado, simplesmente tinha chegado a hora de uma mudança. Qualquer um que sai de Nova York sabe que quando a cidade já não funciona mais para você como antes a única pergunta é para onde ir. Portland, Oregon. Raleigh-Durham, Carolina do Norte. Nós consideramos esses dois lugares e também olhamos o Brooklyn – Carroll Gardens e Cobble Hill –, mas os preços desses bairros eram acima do que queríamos pagar, e eu não queria morar mais longe, nos subúrbios de Nova York.

Eu também estava pensando no futuro. Eu não queria criar a Coco na Lafayette Street. Não ao lado do Soho, não com hordas de modelos esqueléticas em cada calçada do shopping a céu aberto de consumismo de alto padrão. A cultura das babás de Nova York também me incomodava, com os pais trabalhando o dia inteiro para poder pagar para uma desconhecida tomar conta de uma criança que eles nunca conseguem ver. Os gastos e a inconveniência e, mais tarde, as escolas e provas e inscrições e o microgerenciamento de seu filho em uma cidade onde nenhuma criança pode andar sozinha, onde não há jardins nem vizinhos de verdade – tudo isso foram fatores em nossa decisão de ir.

Northampton, Massachusetts, era há muito tempo um mercado secundário para nós. Era uma cidade de estudantes. O Smith era lá, e bem perto ficavam as universidades Amherst, UMass Amherst, Hampshire, Mount Holyoke. Williams também ficava a uma hora de viagem. Era cheia de pessoas da cidade de Nova York, então não parecia um subúrbio tradicional ou uma cidade-dormitório. Northampton é também uma das cidades pequenas mais liberais dos Estados Unidos. A rua principal era um borrão pontuado por cafés, estúdios de tatuagem, restaurantes vegetarianos, estúdios de yoga e consultórios de terapeutas. Implícita à decisão de mudar para lá estava a esperança de que talvez eu, Thurston e Coco pudéssemos ficar mais centrados na família, mais unidos, menos dispersos. Para facilitar as coisas, tínhamos bons amigos na região, como Byron Coley e sua família, e J Mascis, que morava em Amherst.

Mas mudar da cidade para o interior ainda parecia exótico. Um corretor nos mostrou alguns imóveis, a maior parte eram casas de fazenda com quartos retangulares sem iluminação e tetos que batiam em nossas cabeças. Thurston foi criado em uma casa extremamente velha, com tetos tão baixos que ele não conseguia ficar em pé em seu próprio quarto. Quando encontramos à venda uma casa de tijolos grande e espaçosa, com três andares e um quintal, perto do campus do Smith College, nós corremos para comprá-la, ou melhor, Thurston correu. Ele abordava as coisas com um excesso de confiança infantil, ao contrário de mim, que recuava e questionava mais as coisas. No final, usando o dinheiro que eu tinha ganho com a venda da X-Girl, nós compramos a casa. Nós mantivemos o apartamento da Lafayette Street, mas agora éramos habitantes da Nova Inglaterra.

Antes mesmo da gente mudar, um jornal local, o *Gazette*, publicou uma matéria de capa sobre nossa mudança para Northampton, o que me incomodou, porque agora todo mundo na cidade sabia onde morávamos. Uma noite, eu me lembro, alguém deixou uma fita demo na varanda da entrada. Outra noite, dois alunos do Smith que moravam do outro lado da rua grudaram um bilhete em nossa porta perguntando se eu e a Julie Cafritz poderíamos tocar em um programa de rádio do Smith College. Julie e seu marido, Bob, haviam se mudado para a região alguns anos depois que a gente. Eu e Julie acabamos participando do programa, e nos divertimos.

Em comparação com Nova York, tudo parecia mais barato em Massachusetts, e a casa nos deu uma sensação inteiramente nova de espaço e liberdade. O porão era ideal para tocar, e também dava para guardar a imensa coleção de LPs do Thurston. Com o tempo, foi se enchendo de livros, fitas cassete e VHS, além de vários materiais de arquivo e merchandise do Sonic Youth, dividindo espaço com os móveis de família que herdei dos meus pais, assim como outras lembranças, incluindo bonecos de argila que fiz quando era adolescente.

Com o passar do tempo, acabei gostando de morar em Northampton. Era uma cidade muito mais ligada a Nova York do que a Boston – as pessoas liam o *New York Times*, não o *Boston Globe* –, embora Nova York estivesse a três horas de viagem ao sul, enquanto Boston ficava a menos de cento e cinquenta quilômetros para o leste. Era também rural e bonita, uma cidade pequena, com a sofisticação de uma cidade maior. A última coisa que eu queria no mundo era morar em um subúrbio, mas com seus estudantes, acadêmicos, hippies, fazendeiros, pessoas vindas de Nova York e velhos yankees, Northampton era algo completamente diferente. Alguns anos depois que eu e Thurston nos mudamos, encontrei Lawrence Weiner, o artista, em uma exposição em Nova York. "Você ainda mora em Massachusetts?", ele perguntou. "Então por que está aqui? Você não precisa de um passaporte para sair?" A ideia que Lawrence tinha de Northampton, e de toda a Nova Inglaterra, era de que os puritanos ainda mandavam em tudo. Eu ri.

Qualquer fantasia que eu tinha sobre morar em Northampton não conseguia me fazer superar o medo que todo ex-nova-iorquino sente de estar cercado pela tranquilidade e a conformidade. Mas nenhum lugar pode proporcionar tudo. Eu fico igualmente desconfiada dos estalos de energia que Nova York oferece, que fragmentam e esgotam as pessoas. Morar lá dá uma sensação falsa de autoimportância e autoconfiança. Se você é muito ansioso, a cidade trabalha sua ansiedade por você, te deixando estranhamente calmo.

43

AQUELE PRIMEIRO INVERNO na Nova Inglaterra foi difícil. Tempestades de neve, seguidas por mais tempestades de neve, com grandes blocos de gelo se pendurando nas calhas como espadas ou imagens congeladas de relâmpagos, e a responsabilidade de cuidar de coisas que nunca precisamos pensar antes, como tirar a neve das escadas da parte de trás da casa ou da entrada. Às vezes, quando eu dirigia pela Rota 9 para Amherst em janeiro ou fevereiro, tudo parecia tão cinzento e feio, especialmente as barracas de legumes e verduras fechadas e, naturalmente, o shopping, cheio de lojas suburbanas parecendo caixas gigantescas, como a Home Depot, Chipotle, Target, Walmart, exatamente como qualquer subúrbio da América.

Nós queríamos uma mudança, algo diferente, e tínhamos conseguido. Mas quando eu olho para trás, talvez nós tivéssemos nos mudado em uma tentativa de nos afastar não de Nova York, mas de uma tensão silenciosa que vinha crescendo em nosso casamento desde que a Coco nasceu. O jogo que eu e Thurston parecíamos jogar, sem dizer uma única palavra, era *Quem é o adulto aqui?*.

A Coco tinha começado o jardim de infância na escola-laboratório local, afiliada ao Smith College, que não era tanto uma escola-laboratório de verdade, era mais uma pequena escola particular com algumas ideias progressistas. Ficava a apenas um quarteirão da nossa casa, uma caminhada fácil nas manhãs e tardes, e me lembrava a escola-laboratório da UCLA que eu frequentei quando tinha essa idade, aquela com o lindo campus e o córrego.

Outros problemas de família também estavam ganhando espaço. No penúltimo dia de uma turnê que estávamos fazendo com o Pearl Jam no ano 2000, o mesmo ano em que Al Gore perdeu a eleição presidencial para o Bush, minha mãe se envolveu em um grave acidente de carro. Sua cuidadora a levava para alguns compromissos quando fez uma curva à esquerda na hora errada. Foram tomadas medidas heroicas para revivê-la. Minha velha amiga de L.A., Margie, que era como uma irmã mais velha para mim, me ligou para dar a notícia alguns minutos antes de nós entrarmos no palco em Washington, D.C. Ian MacKaye, o artista icônico do Minor Threat e do Fugazi, estava lá. Ele me disse: "Existe uma realidade da turnê, e existe a realidade." Thurston e eu pegamos um avião para L.A. Eu chorei a viagem toda.

Minha mãe tinha sofrido uma lesão grave na cabeça e ficou em uma UTI em Los Angeles por mais de um mês. Thurston só pôde ficar alguns dias, depois teve que voltar para o leste para cuidar da Coco, que tínhamos deixado com a babá. Eu ainda estava em Los Angeles no primeiro dia da Coco no ensino fundamental. Thurston tirou uma linda fotografia dos dois a caminho da escola, e meu coração partiu por não estar lá, por me sentir dividida ao meio pela alegria de ver a Coco entrar no primeiro ano e manter a vigília sobre minha mãe. Mas eu também me sentia sortuda e segura, porque Thurston era um bom pai e podia dar à nossa filha o que ela precisasse, mesmo que eu não pudesse estar lá fisicamente.

Minha mãe ficou no hospital por mais dois meses. Ela permaneceu com um tubo de alimentação, incapaz de se comunicar durante os três últimos anos de sua vida. Mas ela estava lúcida, sabia quem era todo mundo ao seu redor, e sua personalidade estava intacta. Às vezes eu me perguntava se ela me olhava com amargura ou reprovação em relação à sua condição – tinha sido correta a decisão de permitir esforços heroicos para salvá-la? Difícil dizer, e eu nunca vou saber.

No fim, minha mãe voltou para casa com uma equipe de cuidadores. Eu ia para lá a cada dois meses para vê-la e conferir seu progresso, e quando eu não conseguia estar lá, Margie estava, me atualizando sobre o desenvolvimento dela. Eu nunca teria conseguido sobreviver a esse período sem a Margie. Minha mãe tinha se esforçado muito em seus últimos anos para garantir que nunca terminaria em uma cadeira de rodas – ela fazia yoga, jogava golfe e caminhava todos os dias –, então era terrível para mim vê-la desse jeito. Além disso, eu sofria pelo fato dela ter morado a vida toda em Los Angeles sem sofrer um acidente de carro grave, somente para isso acontecer quando outra pessoa, uma cuidadora, estava na direção.

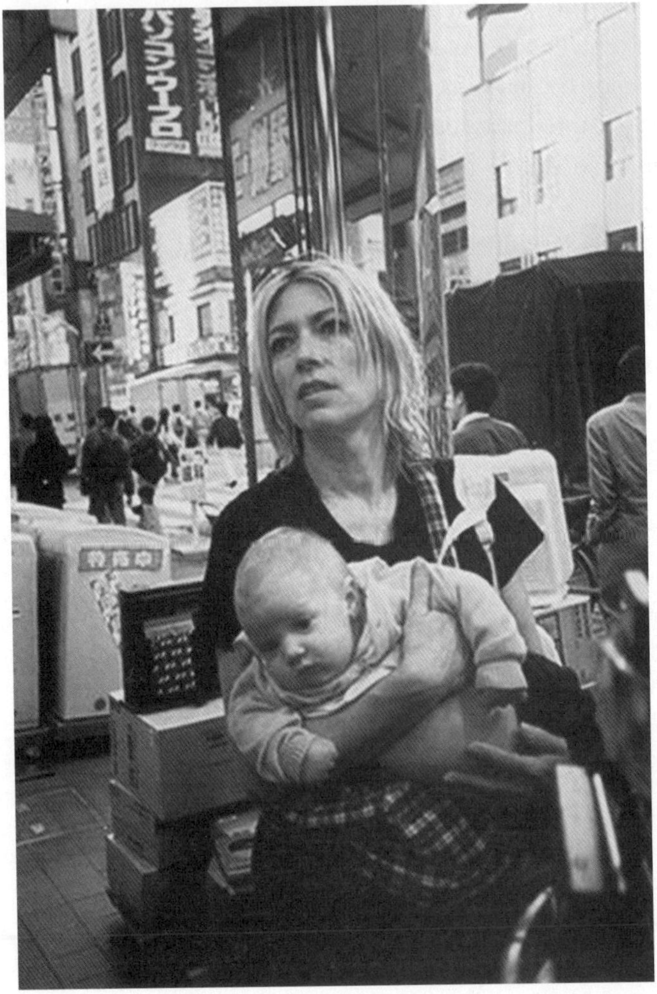

44

UMA COISA ERA SAIR de Nova York, outra coisa era começar a se acostumar a uma cidade nova, uma casa nova, um ritmo diário novo. Pelas manhãs, ou eu ou Thurston levávamos a Coco para a escola e ficávamos batendo papo com os outros pais. Muitos, como eu falei, tinham vindo da cidade, sofisticados e elegantes, mas nenhum vinha do nosso mundo do rock. Eu nunca me identifiquei muito com aquele mundo, de qualquer maneira. Não importava se nós nos sentíssemos locais, ou o quanto fôssemos engajados na cidade, nossas vidas eram diferentes das vidas das outras pessoas. Ninguém mais saía em turnês e depois voltava para casa para pensar no que fazer em seguida.

Numa manhã, após ter deixado a Coco na escola, eu fiquei conversando com um dos pais. Ele era inteligente e engraçado, um cientista. "Eu vou para a academia", ele me disse. "O que você vai fazer hoje?"

"Tenho que ir para casa e entrevistar a Yoko Ono pelo telefone", respondi. As palavras saíram antes que eu pudesse editá-las.

"Uau", ele disse, "você tem uma vida muito glamourosa, não?" Eu não tinha, no entanto. Entrevistar a Yoko Ono foi apenas uma outra coisa que eu terminei fazendo porque tinha caído no meu colo, estressante em sua própria maneira.

A parte mais difícil de ser uma mãe em uma banda tinha a ver com a logística. Na maior parte das vezes, o Sonic Youth excursionava de acordo com a programação da escola da Coco e com os feriados. Até os 10 anos, mais ou menos, a Coco sempre ia com a gente. Depois disso, ela ficava em casa e passava as poucas semanas que estávamos fora com uma babá. Em um momento, a sobrinha de Thurston, Katie, começou a nos acompanhar nas turnês para ajudar a cuidar da Coco. Coco a adorava, e Katie podia conhecer um pouco do mundo. Durante as semanas sem turnês, Thurston, eu, ou ambos, tínhamos que ir a Nova York para ensaiar, gravar, dar entrevistas e fazer sessões de fotos, e isso tudo não era fácil para uma criança. Dependendo do seu humor no dia, Coco era a criança mais flexível ou a menos flexível do planeta. Quando precisávamos que ela se levantasse cedo para pegar um avião, ela era ótima, especialmente para uma criança que podia ser bem difícil de acordar de manhã. Mas se você entrasse em um quarto de hotel, e por algum motivo tivesse algo errado, mesmo que ela o detestasse ela seria teimosa e se recusaria a sair.

Mesmo com a Katie junto para ajudar, excursionar com uma criança era desgastante. Arrumar malas, desarrumar malas, correr para pegar aviões, entrar em uma van para o hotel e depois para a passagem de som. Nos aeroportos, bichinhos de pelúcia Beanie Babies chamam a atenção a cada quinze metros. Disciplinar uma criança em público não é moleza, especialmente quando existem alguns olhos sobre você. Esquecer acidentalmente um bichinho de pelúcia adorado pode criar horas e até dias de angústia. Uma vez, quando Coco estava com 18 meses, nós estávamos fazendo uma turnê pelo Sudeste Asiático com os Beastie Boys. Coco tinha uma Zoe de pelúcia – Zoe é a irmã do Elmo, da Vila Sésamo. Enquanto tentávamos vencer fluxos infinitos de trânsito em Jacarta, nós

A GAROTA DA BANDA

deixamos a Zoe cair e ela foi atropelada. Por algum milagre, um taxista parou seu carro, recolheu Zoe e nos entregou de volta, listrada com marcas de lama. Nessa mesma viagem, esquecemos Zoe em Auckland, e nosso incrível *tour manager*, Peter, a enviou para nosso show seguinte, em Wellington.

E também havia os camarins e os banheiros. Toda mulher artista que já excursionou tem uma história enraizada na cabeça de como foi a turnê a partir dos camarins no backstage e dos banheiros sujos. O CBGB é um bom exemplo antigo. Os banheiros não tinham portas ou assentos nos vasos sanitários. As pias eram quebradas e as pichações se espalhavam por paredes e espelhos. A maioria dos clubes de rock não tem banheiros no camarim para os músicos. Você tem que passar pela casa quente e úmida antes de tocar, para se trocar ou fazer xixi, tentando sempre evitar que suas roupas ou pés encostem no chão. Geralmente você tem que esperar na fila por uma das duas cabines disponíveis, que muitas vezes estão entupidas com papel higiênico e não é possível dar a descarga. Os festivais têm sua própria versão de banheiros ruins, uma fileira de banheiros químicos repugnantes. É por isso que sei que estou velha, porque hoje eu tenho uma verdadeira intolerância a camarins toscos, feios, mal iluminados e banheiros destruídos. Em uma determinada idade, seu cérebro apenas diz: Não.

Sempre foi bom voltar para casa. Nós tínhamos nosso grupo de amigos não convencionais em Northampton. Byron Coley e sua mulher, Lili Dwight, tinham dois filhos, uma com a mesma idade de Coco. Havia J Mascis e sua namorada e depois esposa, Luisa, que se tornou uma de minhas amigas mais próximas. Julie Cafritz também estava lá, com seu então marido, Bob Lawton, que agendava os shows do Sonic Youth há muitos anos. Julie se mudou para Northampton um ou dois anos depois que a gente, e um dia após o 11 de Setembro, sua irmã e minha sócia na X-Girl, Daisy, e sua família foram para Northampton e nunca mais foram embora. Daisy não retornaria a Nova York por anos, mesmo para visitar.

Para mim era difícil trabalhar em projetos de arte, cuidar da casa, educar uma filha e ter uma carreira de tempo integral na música. Eu nunca tive qualquer talento doméstico ou hobbies. Eu sou uma boa cozinheira e poderia encher a casa com materiais de arte, mas isso é basicamente até onde vai meu lado dona de casa. Coco uma vez repetiu para mim algo que a mãe de uma amiga tinha lhe dito, que o motivo de eu não poder fazer qualquer coisa – e eu supus que ela queria dizer coisas domésticas, como artesanato, costurar ou confeitar – era porque eu era uma artista. Me magoou o fato da mãe de sua amiga, de quem eu gostava, ter dito aquilo. Talvez Coco tivesse entendido errado, ou talvez eu tivesse, ou talvez nenhuma de nós tivéssemos. A verdade é que eu nunca quis ser uma dona de casa. Eu nunca quis ser qualquer coisa, exceto quem eu era.

Thurston fazia mais coisas em Northampton do que eu, incluindo se apresentar. Existia, e ainda existe, uma cena de música experimental razoavelmente saudável em Northampton – "o Vale Feliz", como os locais a chamam. Thurston e Byron Coley também embarcaram em um monte de projetos de discos e livros. Eles lançaram um livro sobre a cena No Wave e abriram sua própria gravadora, a Ecstatic Yod. Quanto a mim, eu não me importava de ficar menos ocupada. Eu estava em Northampton por causa da Coco, mesmo que isso significasse que, com as viagens, o trabalho artístico e outras responsabilidades, eu não pudesse estar lá o tempo todo.

A filha de Byron, Addie, e Coco cresceram juntas, e quando foram para o terceiro ano, as duas começaram a estudar em outra escola local, a Center School, um lugar progressista que ficava a meia hora ao norte. Quando Coco passou para o segundo ciclo do ensino fundamental, começou a ter uma percepção maior sobre eu e Thurston sermos seus pais. Ela ficava desconfiada de qualquer um – professores, outros estudantes – que expressasse qualquer interesse na gente ou dissesse a ela que gostava da nossa música. Ficava preocupada em deixar seu grupo de amigos mais próximos e em entrar no ensino médio com a sombra de seus pais pairando sobre ela. "Você não sabe o que é ser sua filha", disse-me Coco mais de uma vez, e era verdade, nós não sabíamos, principalmente porque eu nunca achava que o Sonic Youth fosse tão conhecido.

Ainda assim, referências à banda apareciam aqui e ali. Alguém mencionava o episódio dos Simpsons em que eu e Thurston aparecemos, ou eu encontrava um pai no supermercado local que me dizia como estava impressionado por "Kool Thing" ter entrado no último Guitar Hero. O personagem de Jason Bateman no filme Juno citou a gente, e nós também aparecemos em episódios de Gossip Girl e Gilmore Girls.

Em casa, como tínhamos quartos extras para preencher, criamos um tipo de falsa grande família. Primeiro foi o Keith, que trabalhou como caseiro não oficial antes de nos mudarmos e morou no nosso espaçoso terceiro andar enquanto reformamos a casa. Keith era designer de interiores, incrivelmente útil para encontrar trabalhadores locais e um arquiteto. Nos verões, quando saíamos em turnê, ele cuidava do lugar para a gente. Teve a outra sobrinha de Thurston, Louise, que se mudou para Northampton para cursar o ensino médio e morar com a gente quando Coco tinha por volta de 8 anos. Louise queria escapar dos confins de Bethel, Connecticut, para onde sua mãe tinha se mudado com o restante da família para ficar mais perto da mãe de Thurston. Louise acabou sendo uma ótima companhia para a Coco, mas não importava o quanto ela era autossuficiente, era mais uma pessoa para alimentar, e cuidar, e se preocupar, mesmo que a distância.

Depois que Keith foi embora, dois amigos músicos, Christina Carter e Andrew Macgregor, se mudaram para o terceiro andar. Andrew estava ajudando Byron em uma loja de discos que ele tinha aberto e precisava de um lugar barato para morar. Christina, que gravava lindas músicas em seu quarto, vivia de sua música fazendo turnês. Andrew e Christina tinham seus próprios horários e eram companhias agradáveis para se ter em casa. Em um verão, quando Thurston e eu estávamos fazendo uma turnê, Andrew levou nosso cachorro, Merzbow, para um festival de música experimental em que ele ia tocar, onde as pessoas acampavam. Quando Andrew gravou seu show, dava para ouvir Merzbow latindo no fundo.

Keith, Andrew e Christina deram início à nossa tradição de sempre ter alguém morando no terceiro andar. Era útil quando Thurston ou eu tínhamos que ir para Nova York, e apesar de que nenhum de nossos inquilinos tivesse muita experiência com crianças, eles eram pessoas responsáveis, e eu preciso acreditar que eles também gostavam de estar perto delas.

Era sempre difícil partir. Geralmente nós saíamos em turnê quando o tempo estava ficando bom, o que significava que tínhamos que perder o verão inteiro. Quando junho chegava, nós tínhamos uma ou duas semanas de folga, mas depois ficávamos fora até o início de setembro, quando as aulas da Coco começavam. Eu nunca senti como se tivesse tido algo parecido com férias, talvez porque nunca tive.

Ainda assim, a gente sempre tentava tornar as viagens internacionais as mais divertidas possíveis para a Coco, e mais tarde, quando ela já estava um pouco maior, convidava uma amiga para viajar com a gente durante parte da turnê. Eu acho que ela ficava feliz em mostrar para seus amigos de uma vez por todas como a vida de um rock star não era nada glamourosa.

45

DESCENDO AS ESCADAS, o porão cheirava a mofo, sua escuridão quebrada apenas por uma única lâmpada pendurada em um fio comprido no meio da sala. Um tapete velho cobria parte do piso de cimento. No fundo da sala, um pequeno amplificador de baixo e um amplificador de guitarra estavam montados, junto com uma pequena bateria e um único microfone em um pedestal bem embaixo da lâmpada que balançava.

Adolescentes desciam para a sala. Três meninas e um menino caminharam até os instrumentos. Uma menina pequena com cabelos vermelho-arroxeados com um moicano grande e cacheado pegou a guitarra, enquanto outra menina, alta e forte, plugou o baixo. O baterista era magricelo e parecia despretensioso enquanto tomava seu lugar atrás da bateria, como um gatinho tosado, sonolento e alheio ao mundo.

KIM GORDON

A cantora era alta, cabelo loiro na altura dos ombros cortado de qualquer jeito, como se ela mesma tivesse pego a tesoura. Ela usava uma calça jeans cinza justa e uma camiseta do Mudhoney dos anos 1980 escrito: TOUCH ME I'M SICK (Me toque, estou doente). O baterista começou a música, e a menina se inclinou ao microfone para cantar as palavras "Wake up, wake up, wake up..." ("Acorde, acorde, acorde..."), mexendo levemente o pedestal do microfone de um lado para outro, sem se movimentar muito, apenas o bastante para mostrar que ela era autoconfiante e não estava se esforçando demais.

A voz era familiar, parecia a minha. Os movimentos da cantora também pareciam os meus, mas mais seguros. Ela não estava entregando muito, só o suficiente para mostrar que, se quisesse, poderia.

Uma pequena roda se formou em torno do grupo, dois adolescentes com moicanos dançando na frente, embora a cantora fosse mais alta que eles. Em um momento ela inclinou-se para um amigo meu, que filmava tudo, e sussurrou: "Odeio esses dois meninos, eles são tão irritantes."

A menina era minha filha de 16 anos, e eu não estava realmente lá, ao vivo, mas assistindo ao vídeo na sala de estar da minha casa, porque Coco não queria que eu ou Thurston a víssemos tocando. A lâmpada balançava lá em cima, criando sombras estranhas na tela antes de encher a lente de branco. Isso fez com que arrepios de pura alegria subissem e descessem pela minha espinha.

Desde que me tornei mãe, jornalistas sempre fizeram a pergunta "Como é ser uma roqueira que também é mãe?". É uma pergunta que eu nunca consegui responder de forma satisfatória para mim, ou para qualquer um, sem dar uma daquelas respostas do tipo "Como toda mulher que precisa equilibrar uma família e um trabalho..." – a mais sem graça que eu podia pensar, o que parecia bem apropriado.

Talvez para mim este momento era como ver um filho se formando no ensino médio. Eu não conseguia descrever. Não era algo que eu tinha sonhado ou esperado que fosse acontecer, ou mesmo pensado que a Coco tivesse interesse em fazer. O fato de que ela era tão boa me surpreendeu, e o fato de que sua banda, que começou como uma brincadeira,

A GAROTA DA BANDA

um grupo de amigos passando o tempo e se divertindo, tivesse se juntado quase magicamente era muito rock.

Algumas semanas depois, eu e Thurston fomos ao show deles e nos escondemos no fundo. Estavam abrindo para uma banda chamada Yuck, supostamente influenciada pelo Dinosaur Jr., Teenage Fanclub e Sonic Youth. Pelo sistema de som da casa, a banda da Coco soava incrível. A guitarrista parecia pronta para pular de alguma ou para alguma coisa, criando uma tensão genuína. Ela tocava de forma linear, como o Pavement, e a baixista parecia o Public Image no começo. O som deles tinha ondulações, projetava dissonância, o baterista tinha suingue e muita energia. Eu mataria para poder tocar com ele. E, mais uma vez, a vocalista, minha filha, era destemida em seu estilo punk de não cantora que me perseguia como uma música que eu não conseguia lembrar.

Na manhã seguinte, no café da manhã, perguntei se ela e os outros integrantes de sua banda haviam passado algum tempo com o Yuck. É claro, ela disse – eles passaram um tempo juntos e conversaram um pouco. Não pude deixar de perguntar se eles sabiam quem eram os pais dela. "De jeito nenhum", ela disse. Não é demais?

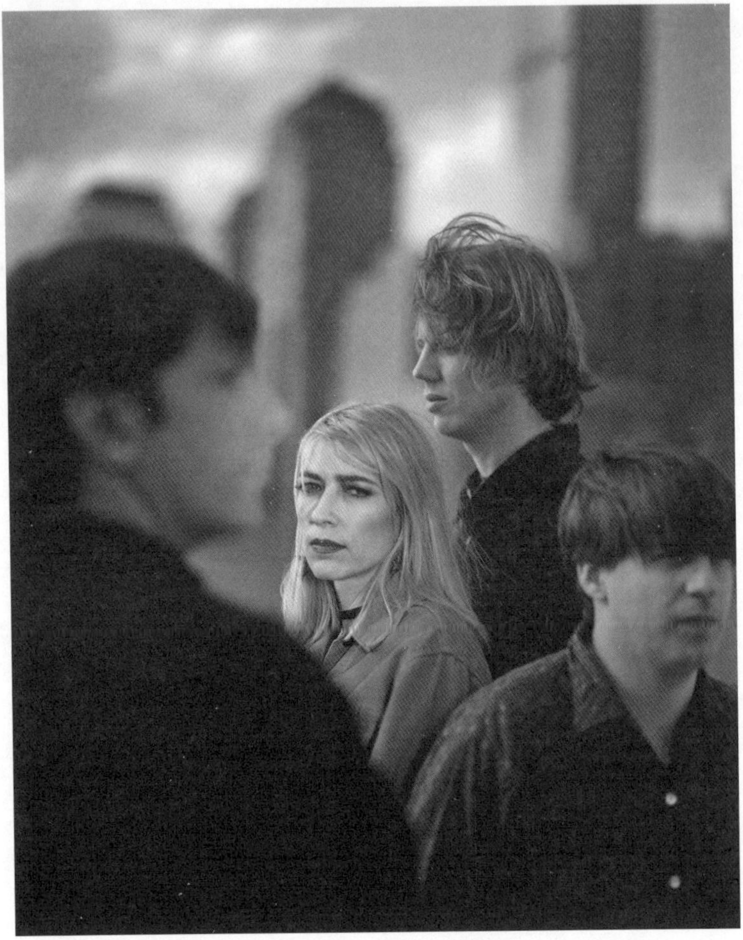

46

MESMO SENDO UMA PESSOA conhecida do público, você nunca entende como encontra outras pessoas. Por algum motivo, eu e Thurston parecíamos sempre cruzar com uma geração de baby boomers tardios que moravam em cidades, tiveram filhos em uma tentativa de criar bebês do rock, e não queriam envelhecer da mesma maneira que seus pais. Eles tinham a música em comum com seus filhos. Mesmo se estivessem com seus 40 ou 50 anos, eles ainda tinham um fogo queimando dentro deles, um dedo médio levantado, um desdém, escondidos sob anos de vida. Conforme o tempo foi passando, parecia que Thurston e eu simbolizávamos esse sentimento para muitos.

A banda, porém, era um trabalho como qualquer outro. Até onde consigo lembrar, eu sempre tive o cuidado de não me apresentar como a metade feminina de um "casal forte". Eu também sempre fiz o possível para nunca brigar com Thurston na frente de Lee e Steve. A minha vida inteira eu acomodei os sentimentos de outras pessoas – o que é irônico, dada a frequência com que a imprensa gosta de mencionar minha aparente personalidade forte. A menos que fosse algo extremamente importante, eu segurava minha língua para o bem maior – a música –, embora talvez fosse mais profundo que isso.

Por outro lado, eu e Lee discutíamos com frequência, geralmente durante a mixagem. Lee perdia o foco, insistindo em ouvir a mixagem de várias maneiras diferentes antes de retornar à versão original com a qual a gente já tinha concordado. Às vezes Lee tinha uma boa ideia, e suas viagens valiam a pena. Eu vim a perceber que seu amor por versões diferentes era somente seu jeito de trabalhar. Finalmente senti que eu e Lee poderíamos acertar nossos problemas e que uma hora chegaríamos a algum acordo – nós dois éramos apenas pessoas muito teimosas.

Quando Thurston não gostava de alguma coisa, ele simplesmente se fechava. Ficava de mau humor e colocava o restante de nós sob sua nuvem, não querendo conversar, incapaz de enfrentar qualquer tipo de confronto. Nessas horas, eu me transformava em uma embaixadora, uma diplomata. Em 2011, o Sonic Youth fez a trilha sonora para um filme francês, *Simon Werner a disparu*, dirigido por Fabrice Gobert, e eu lembro bem que Thurston não queria estar lá, embora na época eu não tivesse percebido que ele já estava envolvido com outra mulher. O Sonic Youth compartilha todos os direitos de publicação, e eu acho que com o passar do tempo Thurston passou a se ressentir disso. Bandas são a família disfuncional definitiva. Se Steve estivesse incomodado com alguma coisa que Lee tinha feito, ele geralmente contava para o Thurston primeiro. Eu tenho certeza de que fui uma fonte de chateação para Steve, porque normalmente dizia o que se passava pela minha cabeça durante a mixagem, especialmente sobre a bateria, já que ela afetava fortemente o som do disco todo. Mas até aí Lee fazia a mesma coisa.

Conforme fomos ficando mais experientes, a dinâmica da banda ficou mais fácil, e contratamos pessoas para trabalhar que conseguiam lidar com a gente. Depois que me tornei mãe, eu recuei muitas vezes, reconhecendo que não poderia estar envolvida em todas as decisões relacionadas à banda, que eu não tinha energia, e em alguns casos, até mesmo interesse. Eu confiava que Thurston tomaria boas decisões. Em resposta, ele sempre me apresentava as opções disponíveis e, na maioria das vezes, eu concordava com ele. Eu estava simplesmente mais seletiva em relação ao que iria me importar.

Era complexo, já que Steve e Lee ficavam em Nova York, e na maior parte do tempo Thurston e eu estávamos em Northampton. Após o ano 2000, o estúdio na cidade tornou-se cada vez mais deles. Eu estava ocupada tentando equilibrar e programar nossas vidas. Se eu e Thurston estivéssemos ensaiando em Nova York, por exemplo, isso significava que faria mais sentido sair de Nova York para uma turnê, do que do aeroporto mais próximo em Massachusetts. Se fôssemos viajar por somente alguns dias, isso significava que eu teria que achar uma babá ou cuidadora para cuidar da Coco enquanto estivéssemos fora.

Thurston não pensava tão à frente. A maioria das pessoas o via como uma pessoa exuberante, aparentemente feliz, que vivia inteiramente no presente. Particularmente, eu sabia que ele era mais calculista, porque suas letras sempre foram bem trabalhadas, com alusões ao rock, e ele refletia muito sobre sua estratégia rock-and-roll. Dan Graham uma vez viu a gente tocar a música "Confusion Is Sex" no CBGB e disse depois, após assistir ao Thurston conscientemente tentar fazer um "momento rock" acontecer: "Você deveria gritar e depois cair no palco, não cair no palco e depois gritar." Eu nunca teria tentado algo assim – aquilo simplesmente não era eu, e Thurston era o verdadeiro roqueiro, o punkólogo, o cara que idolatrava Richard Hell com sua música, sua poesia e sua autoadoração.

Depois que nos mudamos e Thurston ficou mais velho, ele ficou melhor em recusar algumas propostas de vez em quando. Caso contrário, seria preciso voltar para Nova York a cada dois dias. Para ser justa, eu não acho que ele realmente quisesse morar em uma cidadezinha de Massachusetts. Era provavelmente por isso que ele se mantinha tão ocupado, para não pensar no assunto. Talvez o lembrasse de sua própria infância em Bethel, Connecticut – seu velho anseio de escapar e se libertar. O silêncio das cidades pequenas quase obriga você a ter recursos internos, o que o barulho de Nova York não faz. Em Nova York, tudo o que importa é a distração e o que vem a seguir. A cidade tem estações, mas são discretas, e a transição do verão para o outono e para o inverno tem mais a ver com a mudança de temperatura do que com as folhas caindo, ou as árvores ficando nuas, ou a grama indo do marrom para o verde, ou envelhecer. Com sua dopamina correndo solta pelas ruas, Nova York era provavelmente boa para os nervos de Thurston, representando-os por ele. Sempre que voltava da cidade, ele ficava com um humor ótimo. Ele vinha até a cozinha e me envolvia em seus longos braços, uma criança grande.

Quase no fim, porém, ele parou até mesmo de fazer isso. Parecia perdido em seu próprio padrão de tempo, sua própria estação. Depois de alguns dias que voltava de Nova York, a falta de distrações começava a tomar conta dele. Ficava em seu telefone, os dedos rápidos, correndo atrás das coisas que ele achava que estava perdendo. Quando entrava em um lugar, falava alto, com uma voz de capitão, exigindo atenção. Era como se estivesse falando sobre seu próprio estado de espírito, pressionando, afastando outras pessoas do que realmente estava acontecendo. Ele tinha perdido aquele brilho juvenil. Ele não estava feliz, eu sabia, o que me fazia sentir solitária e, de algum modo, culpada.

É difícil descobrir quando tudo começou. Eu estava ciente de sua infelicidade, mas eu dava desculpas também. Tinha minhas próprias dúvidas sobre nosso relacionamento, mas eu as escondia, pensando que todo relacionamento longo tem suas armadilhas, nada é perfeito, ninguém pode ter tudo. De muitas maneiras, minha vida musical e criativa com Thurston era ideal, apesar de que eu não estava sendo fiel a mim mesma quando eu não seguia com o meu trabalho artístico. Quando nos mudamos de Nova York, minha vida como artista visual quase se tornou minha maior preocupação. Eu guardava qualquer minuto que passava longe da Coco e da casa e da banda para fazer arte. Em 2003, eu fiz uma exposição na galeria Participant Inc., em Nova York. Aquele também foi o ano que eu me encontrei com "ela" pela primeira vez, quando ela veio até a galeria no meio da instalação.

47
"Cotton Crown"

Love has come to stay in all the way
It's gonna stay forever and every day
It feels like a wish coming true
It feels like an angel dreaming of you
Feels like heaven forgiving and getting
Feels like we're fading and celebrating
You got a carnal spirit spraying
I'm gonna laugh it up
You got a cotton crown
Gonna keep it underground
You're gonna take control of the chemistry
And you're gonna manifest the mystery

KIM GORDON

You got a magic wheel in your memory
I'm wasted in time and I'm looking everywhere
I don't care where
I don't care where
Angels are dreaming of you
Angels are dreaming of you
Angels are dreaming of you
Angels are dreaming of you
New York City is forever kitty
I'm wasted in time and you're never ready
Fading fading celebrating
I got your cotton crown
I got your cotton crown
I got your cotton crown
I got your cotton crown
I got your cotton crown
I got your [9]

---

[9] O amor veio para ficar até o fim/ Vai ficar para sempre e a cada dia/ (Parece um desejo se tornando realidade/ Parece um anjo sonhando com você/ Parece o paraíso perdoando e recebendo/ Parece que estamos desaparecendo e celebrando/ Você tem uma alma carnal jovial/ Eu vou rir disso/ Você tem uma coroa de algodão/ Vou mantê-la escondida/ Você vai assumir o controle da química/ E você vai manifestar o mistério/ Você tem uma roda mágica na memória/ Eu estou perdido no tempo e procurando por toda parte/ Eu não me importo onde (2x)/ Os anjos estão sonhando com você (4x)/ A cidade de Nova York está sempre deslumbrante/ Eu estou perdido no tempo e você nunca está pronta/ Desaparecendo, desaparecendo, celebrando/ Eu peguei sua coroa de algodão (4x)/ Eu peguei sua... (N. dos T.)

48

NOSSO CASAMENTO entrou em combustão quando eu inadvertidamente descobri um monte de mensagens de texto entre Thurston e a outra mulher. O choque foi terrível, e a única razão de eu não ter tido um colapso total foi a Coco. Eu faria qualquer coisa no mundo para protegê-la de ter que lidar com o que estava acontecendo entre seus pais. Não é somente horrível descobrir que você não é a pessoa mais adorada na vida do seu pai, a traição muda também a maneira que você vê os homens, ainda mais quando você está entrando no chamado mundo adulto.

E foi assim que tudo começou, em câmera lenta, uma série de mentiras, ultimatos e falsas promessas, seguidos por e-mails e mensagens de texto que quase pareciam ter sido planejados para serem encontrados, como que para me forçar a tomar uma decisão que ele, Thurston, era

KIM GORDON

covarde demais para enfrentar. Eu fiquei furiosa. Não era somente pela responsabilidade que ele se recusava a assumir; era pela pessoa em quem ele tinha me transformado: sua mãe. Eu podia ou aguentar a humilhação ou terminar tudo.

Nós tentamos salvar o casamento. Nós dois fizemos terapia e também frequentamos um terapeuta de casais. Mas era como lidar com um viciado que não conseguia melhorar, que não conseguia se controlar. A gente ainda dormia na mesma cama – era uma cama grande –, mas de manhã cada um se trocava e descia para cuidar da própria vida. Eu fazia o café da manhã para mim e Thurston desaparecia em seu escritório no primeiro andar ou no porão, onde ficava sua coleção de vinis. Durante o dia, sempre que eu o via, ele estava escrevendo loucamente em seu iPhone, como se estivesse procurando alguma coisa.

Antes de Thurston, ela, a mulher, esteve envolvida romanticamente com um ex-colaborador próximo do Sonic Youth que eu vou chamar de Tom. Todos nós tínhamos visto aquele cara muito tímido, avesso à tecnologia e à intimidade, se transformar em um homem grudado em um telefone celular, que ele começou a chamar de seu "walkie-talkie", cujo número confidencial somente ela sabia, e como Tom começou a falar sobre morar com ela, e sobre casar, e ter filhos, e como no segundo em que ele saía do palco já estava com seu telefone na orelha, como se ela tivesse virado uma parte de seu corpo.

Isso terminou mal, dramaticamente, loucamente, como uma história de tabloide. Ninguém consegue realmente entender como Thurston, que sempre teve um bom faro para reconhecer as pessoas que só queriam nos usar, as groupies, os malucos ou os aproveitadores, também tinha se deixado levar por ela. Ela era uma corrente que arrastava você para o fundo e somente quando já estava a quilômetros de casa é que você percebia.

Alguém me disse depois que a mulher teria ficado feliz em seduzir qualquer um da banda. Na verdade, eu fui a primeira que ela foi atrás. Dois anos antes, ela havia entrado na galeria Participant Inc., onde eu estava montando uma exposição, e se apresentou dizendo que trabalhava em uma conhecida editora. Então disparou: "Eu vou embora da cidade amanhã", disse, "mas você teria algum interesse em fazer um livro?"

A história é que ela precisava de alguém – eu – para editar um livro sobre mixtapes que ia publicar. "Obrigada, mas eu não estou interessada agora", respondi. Eu não achava que Thurston também teria qualquer interesse. Ele não era do tipo que gostava de livros com mais imagens do que textos, que era o que o projeto parecia. Quando perguntei a Richard Kern sobre ela, ele me disse que procurava manter distância, o que me fez rir, porque se um cineasta cujo trabalho envolve muita exploração estética de sexo extremo, violência e perversão quer manter distância, era provável que ela não fosse normal.

Mas quando contei a Thurston sobre o projeto de mixtape, e comentei sobre ela ser uma predadora sexual, ele ficou interessado. Dois anos depois de Tom ter se mudado para o outro lado do país para escapar dela, Thurston e a mulher – que então estava envolvida com outra pessoa e também tinha uma bebê – abriram uma pequena editora, a Ecstatic Peace Library, com o objetivo de publicar edições limitadas de livros de arte, design, fotografia e poesia. Eles montaram o escritório em nosso apartamento na Lafayette Street, que na época ficava vazio a maior parte do tempo.

Depois eu descobri que ela estava praticamente morando lá, cozinhando e deixando pratos e panelas secando ao lado da pia, e até arrumando na cama as bonecas velhas de quando Coco era pequena nas noites em que sua filha dormia no antigo quarto da minha própria filha.

Os poucos livros que a Ecstatic Peace Library publicou eram, na maioria, escolhas dela, o que me surpreendeu. O primeiro foi um de seus amigos fotógrafos, James Hamilton, que trabalhou no *Village Voice* nos anos 1970. Ela tinha uma ideia para um livro da Yoko Ono que se transformaria numa pipa. Parecia um livro feito para ser vendido na lojinha de suvenires do MoMA.

Durante esse período, eu não suspeitei de nada, mesmo que todo mundo que a conhecesse ou se encontrasse com ela tivesse a mesma reação tóxica e sombria, a mesma sensação de "O que foi *isso*?", como se alguém, ou alguma coisa, estivesse tentando controlá-los. Ela me dizia as coisas mais estranhas enquanto agarrava meu braço e me levava para um táxi. "Eu quero ser sua assistente pessoal" e "O que eu posso fazer por você? Você precisa de meias?". Então desaparecia e voltava quinze minutos depois com meia dúzia de pares.

Sua gentileza parecia ainda mais estranha, porque ela sabia que eu não gostava dela, especialmente depois que vi o que aconteceu entre ela e Tom. "Por que você está trabalhando com ela?", perguntei para Thurston uma vez. "Ela me parece tão louca."

"Bem, ela é profissional quando estamos trabalhando juntos", disse Thurston. E acrescentou: "Eu sei como lidar com ela."

49

MINHA AMIGA JULIE me disse depois que há muito tempo suspeitava que Thurston e a mulher estivessem tendo um caso. "Eram os cigarros", ela me disse.

Eu e Thurston estávamos passando uma semana em Martha's Vineyard, na casa que Julie e Daisy tinham alugado em Chilmark. Thurston ia para fora toda hora, ou saía para longas caminhadas, e quando voltava, todos sentiam o cheiro de cigarro nele. Ele sempre tinha sido um fumante ocasional, mas, recentemente, estava a todo vapor, embora sempre fizesse questão de nunca fumar na minha frente ou na frente de Coco. Era sempre lá fora, longe de casa, as bitucas pisadas na grama ou na entrada da garagem eram a única prova.

"Você não acha estranho o Thurston não contar para você que ele fuma?", a mulher me disse uma vez. "Que ele queira esconder isso?" Ela riu. "Por que você acha que ele faz isso?" Ela parecia sentir um tipo de prazer sádico por eu não saber a resposta.

Thurston foi embora de Vineyard mais cedo, para ir a Nova York para o enterro de Tuli Kupferberg, um membro dos Fugs, uma banda sobre a qual ele e Byron Coley planejavam escrever um livro. Pelo menos essa foi a desculpa oficial. Eu perdi a conversa que meus amigos tiveram naquela noite sobre Thurston e o motivo dele ter ido embora da ilha mais cedo. "Eu acho que ele está tendo um caso com ela", Julie disse sem rodeios.

"Pare", alguém disse. "Pode parar com essa linha de raciocínio."

Outra pessoa disse: "Vamos tentar ser otimistas."

"São os cigarros, estou falando", Julie disse. "Os cigarros são sempre um sinal. Gravem as minhas palavras." Quando a verdade veio à tona, Julie me disse que ela sempre fumava a mesma marca de cigarros que a pessoa com quem ela estivesse saindo na época, e que Thurston estava fumando a mesma marca que a mulher fumava.

Uma manhã eu acordei para ir à yoga. Thurston ainda estava dormindo, e eu olhei seu celular. Foi aí que vi as mensagens dela sobre o fim de semana maravilhoso que eles passaram juntos, sobre o quanto ela o amava, e ele respondendo as mesmas coisas. Era como um pesadelo do qual você nunca consegue acordar. Na aula de yoga, eu fiquei tremendo, e quando voltei para casa, eu o confrontei. No início ele negou, mas eu disse que tinha visto as mensagens – exatamente como nos filmes, só que isso era dolorosamente real.

Thurston disse que queria dar um fim a tudo aquilo. Disse que queria voltar para nossa família.

Com o tempo eu encontrei e-mails e vídeos dela no laptop de Thurston, e as centenas de mensagens de texto entre os dois eram exibidas orgulhosamente na nossa conta mensal de telefone celular. Quando eu confrontei Thurston novamente, ele negou, depois admitiu e prometeu que não havia mais nada entre eles. Era um padrão que iria se repetir diversas vezes. Eu queria acreditar nele. Eu compreendi que os cigarros eram um símbolo de um segredo entre eles, um ritual e um tabu que só poderiam acontecer fora de casa, quando não havia mais ninguém por perto.

Em outubro daquele mesmo ano, Thurston foi para a Carolina do Norte para um segundo enterro, desta vez de um velho amigo chamado Harold, que tinha sido padrinho do nosso casamento 27 anos antes.

Thurston parecia nervoso e eu me ofereci para ir com ele, já que sabia o quanto ele gostava de Harold e que provavelmente seria uma experiência muito dramática. Eu tentei acalmar seus nervos com o fato de que ele e Harold haviam se afastado ao longo dos anos. Mas algumas semanas depois, com minha paranoia agora mais intensificada, fiquei sabendo que Thurston e a mulher se encontraram na Carolina do Norte, e que ele tinha feito duas reservas de hotel separadas, uma em um hotel barato – para eu não desconfiar, talvez – e a outra em uma pousada mais cara.

Eu só fui descobrir isso quando estava em Nova York, prestes a ir para uma festa de lançamento da Ecstatic Peace. Nessa época, a Ecstatic Peace Library já tinha fechado, mas o livro que ela e Thurston fizeram juntos ainda seria publicado. Foram tomadas as providências para garantir que ela não apareceria. Eu não queria ir – era traumático até mesmo estar na mesma sala que James Hamilton, que sabia do caso –, mas tinha que demarcar o território do que restava do meu casamento.

Naquele dia, quando descobri a verdade sobre o encontro, eu me lembro de caminhar por Nova York tremendo, tentando não chorar. Liguei para minha terapeuta em Massachusetts, embora eu nem me lembre o que ela falou. A festa do livro foi tão dolorosa quanto eu temi que seria. No dia seguinte, Thurston tinha um voo marcado para L.A. para gravar um disco produzido por nosso amigo Beck, e eu estava planejando voltar para casa. Quando eu confrontei Thurston sobre seu encontro na Carolina do Norte, nós estávamos conversando nos bancos da frente do meu carro, porque um amigo ia passar a noite em nosso apartamento e não teríamos nenhuma privacidade.

KIM GORDON

Eu não lembro o que Thurston disse, só que ele me convenceu a não colocar um fim no nosso casamento ali mesmo. Foi uma recaída idiota, ele falou, e não aconteceria outra vez. Eu ainda queria acreditar nele.

Nos meses anteriores, eu tinha dito a Thurston que, como alguém que tinha sido traída por ele, eu achava que tinha todo o direito de olhar seu laptop, especialmente se, como ele sempre dizia, não havia nada a esconder. Não demorou muito para encontrar um e-mail para a mulher, não enviado, escondido na lixeira. A droga era que ela o havia transformado em um mentiroso compulsivo, chegando ao ponto em que recentemente dois dos nossos melhores amigos me disseram que ficavam tão desanimados pelo que alguém chamou de "obscuridade" de Thurston que não queriam mais ir à nossa casa.

50

EU HAVIA INCENTIVADO Thurston a trabalhar em seu disco solo com o Beck. Apesar de que não era seu primeiro disco solo, meu raciocínio era que se Thurston tivesse uma presença solo mais forte como músico, e se ele pudesse trabalhar fora da sua zona de conforto, talvez se sentisse menos engolido pela banda e ficasse mais feliz com sua vida.

Ele e Beck começaram a gravar em Malibu. No início de janeiro, eu e Thurston fomos para L.A. para uma dessas sessões. No avião, seu humor estava extremamente instável, num momento ele chorava, e no outro ficava distante e distraído.

Dois ou três dias depois, Thurston me disse que a tinha visto outra vez, que os dois tinham se encontrado depois do Natal, antes da gente ir para a Inglaterra, fazer um show de Réveillon. Antes de sairmos para aquele show no Reino Unido, eu vi uma foto incrivelmente perturbadora dela no lixo eletrônico de Thurston. A foto parecia posada, uma coisa estranha, meio Cleópatra. A mulher estava posando no que parecia ser um quarto de hotel muito caro. Ela usava um tipo de lingerie de cetim, com pulseiras de cetim em volta de seus braços. Ela estava saturada na luz. Thurston me garantiu que a foto tinha sido tirada há muito tempo, mas alguma coisa na maneira como ele estava agindo me fez acreditar que ela possuía um significado especial para os dois, e que se eu descobrisse a verdade iria terminar nosso casamento no mesmo momento. A viagem inteira para Londres foi dolorosa e tensa.

Quando Thurston me disse que tinha se encontrado com ela novamente perto do Natal, eu saí da casa do Beck e fui para a casa da minha empresária, Michele, que também é uma grande amiga, para contar a história toda a ela. Michele não estava em casa, e enquanto eu a esperava voltar, Thurston apareceu. Ele estava nervoso. Eu havia dito que ele tinha arruinado todas as chances que eu tinha dado a ele, e que estava tudo acabado entre nós. Ele ficou lá, sentado em uma cadeira, enquanto eu gritava para ele ir embora, mas por algum motivo ele não se mexia. Por fim Michele chegou, e Thurston foi embora, e então eu voltei para casa no dia seguinte.

Naquela noite, meu telefone celular tocou. Era Thurston, ligando de Malibu. Ele tinha tido um momento de lucidez, disse: ele não queria me perder, nem a Coco, nem nossa vida juntos.

O disco solo de Thurston, chamado *Demolished Thoughts*, parecia uma coleção, na maior parte acústica, de minibilhetes suicidas imaturos e egocêntricos. Quando comecei a incentivar Thurston a gravá-lo, eu não tinha parado para pensar sobre o que as letras falariam, mas depois de ouvir partes de uma ou duas músicas eu percebi que nunca poderia ouvir aquilo novamente. "Eu acho que as letras são provavelmente sobre vocês dois", Julie disse, tentando ajudar, mas para mim as letras e as músicas eram, e sempre serão, sobre ela.

"Eu nem sei o que fazer com este disco", Thurston me disse. "Eu só tenho vontade de ir para o meio do mato e desaparecer." Nossos empresários disseram que ele poderia atrasar o lançamento, mas, em vez disso, ele simplesmente se recusou a promovê-lo, basicamente fingindo que o disco e todas as músicas nele não existiam. Como os cigarros. Como ela. Depois alguém me mostrou um comentário postado no site do Sonic Youth. "Parece gatinha", um fã escreveu. Devia ter visto uma foto dos dois em algum site, ou ouviu a fofoca por aí. Ele acrescentou: "Kim, cuidado, afinal os homens são porcos e acontecem mais casos no trabalho do que em qualquer outro lugar." Para terminar, o fã escreveu uma frase de efeito que tirou de *O cavaleiro das trevas*, o segundo dos três filmes do Batman do diretor Christopher Nolan: "Alguns homens só querem ver o mundo pegar fogo."

Alguns meses mais tarde, perto do aniversário de 17 anos da Coco, eu descobri que Thurston tinha se encontrado com ela novamente, em um show que ele fez na Europa, embora tivesse prometido a seu terapeuta que, se ela aparecesse de novo ou entrasse em contato com ele, ele deveria ligar para o médico e também me contar. Ele não fez nada disso. Eu voltei a entrar no e-mail dele, onde encontrei vários videozinhos pornôs que ela tinha mandado para ele. Thurston disse que não havia respondido, mas pouco tempo depois eu encontrei um e-mail que ele tinha esboçado para ela com uma foto dele em anexo. Talvez não tivesse enviado porque sua vaidade falou mais alto, ou talvez quisesse que eu o encontrasse. Eu pedi para que ele saísse de casa.

O anúncio oficial da nossa separação foi programado para que pudéssemos nos sentar com a Coco e contar a ela antes que a notícia aparecesse na internet e um monte de estranhos começasse a discutir as nossas vidas. A web já é problema o suficiente, especialmente quando você está no último ano do ensino médio e preocupado com a faculdade. Apesar de que eu e Thurston já estivéssemos separados desde agosto, ainda não tínhamos feito nenhuma declaração pública, mas as pessoas estavam começando a especular.

Eu não impedi Coco de ficar brava comigo por não ter contado a ela antes. Os jovens acham que tudo é um problema de família e que eles deveriam ter um voto igual ou algum controle sobre tudo que acontece na vida de seus familiares. E ser um adolescente faz todos se sentirem duplamente inseguros. Nós já tínhamos mais do que arruinado seu último ano da escola. Como ela nos disse, nós não poderíamos ter ideia do que era ter a gente como pais.

    Mas eu senti um pouco de compaixão por Thurston, e ainda sinto. Tive pena da maneira como ele perdeu seu casamento, sua banda, sua filha, sua família, nossa vida juntos – e ele mesmo. Mas isso é muito diferente de perdoar.

51

OUTRO DIA eu estava pensando sobre onde a música foi, por onde passou, como evoluiu. Os anos 1960 foram tão adorados. Mais do que qualquer outra década, eles incorporaram a ideia de que um indivíduo podia encontrar uma identidade em um movimento musical. Não a mesma identidade que vem do despertar sexual – que é uma coisa mais dos anos 1950 –, mas um despertar coletivo, o tipo que envolve adolescentes histéricas chorando juntas, estimulando e incentivando umas às outras, um contágio turvo de lágrimas e desejo. No fim da década de 1960, a atmosfera hippie, relax e viajante, começou a se misturar com um desejo por dinheiro e, com isso, a música e o movimento começaram a se afastar.

O racha do idealismo entre os artistas e o público marcou o fim dos anos 1960. Altamont, os tumultos no centro das cidades, Watts, Detroit, os assassinatos de Manson, o Festival da Ilha de Wight. Neste, o público derrubou as paredes provisórias, paredes que não existiam antes. Do enorme espaço ao ar livre vinham gritos de "farsantes!". Esperando música de graça, eles estragaram a atmosfera do festival e fizeram com que alguns artistas cancelassem e outros temessem por sua segurança. Chegou ao ponto de Joni Mitchell parar de tocar no meio de uma música e começar a chorar. O público não estava realmente ouvindo, e ela deve ter percebido nesse momento que aquilo tudo – os anos 1960, aquela liberdade – tinha acabado.

Uma vez eu vi um outro documentário, feito logo após Woodstock, sobre um pequeno festival chamado Big Sur Folk Festival. O festival aconteceu em Esalen, um spa hippie cuja missão era desenvolver o autoconhecimento através do corpo. Esse festival era uma mistura de rock, folk e soul, com o público de um lado de uma piscina e os artistas do outro. O Crosby, Stills, Nash & Young tocou. Durante o show, alguém da plateia se levantou e passou para o lado da banda. Ele começou a discursar sobre os casacos de pele que eles estavam vestindo, acusando-os de terem se vendido. Houve uma discussão, uma briga, com o Stills tentando acalmar o cara e usar o incidente como uma lição e também como introdução para a música seguinte – como *todos* nós podemos cair na armadilha do dinheiro. Mas o que ele estava realmente dizendo? De que lado ele realmente estava?

A década de 1970 foi a primeira era que aprendeu como explorar a cultura jovem, e foi o berço do rock corporativo. Não durou muito. Em 1977, o Clash já tinha escrito uma música com a frase *"No Elvis, Beatles, or the Rolling Stones"* ("Não tem Elvis, Beatles ou os Rolling Stones"), e o Iggy Pop and the Stooges já tinha estourado como a primeira banda punk. Mas Iggy tinha estado lá o tempo todo, ressoando sob os céus contemplativos dos anos 1960 – uma ruptura no que o entretenimento e as vibrações positivas supostamente deveriam ser. Iggy ia para o meio do público, quebrava vidros, se lambuzava com manteiga de amendoim. Era um espetáculo encenado? Era rock? Era vida real? Iggy deu ao público algo que ele nunca tinham visto, e seu distanciamento de suas expectativas criou algo diferente e novo. "Nós vamos nos divertir muito esta

A GAROTA DA BANDA

noite", dizia, quase forçando a ideia ao público goela abaixo. Eu aplaudo o Iggy por ter desconstruído a própria ideia de entretenimento. O que é um astro? O estrelato é uma espécie de suspensão da idade adulta? É um lugar além do bem e do mal? Um astro é uma pessoa em quem você precisa acreditar – alguém audacioso, sem medo de correr riscos, alguém que chega perto da borda sem cair?

Houve outros, é claro – Velvet Underground, The Doors – que correram riscos nos anos 1960, quando ninguém sabia para onde tudo estava indo. Antes deles, houve a Geração Beat, e antes dos Beats, os artistas de vanguarda, os futuristas, o Fluxus, e antes disso, o blues, a música outsider, um luto pelo que se espera, mas nunca vai acontecer, então por que não dançar e tocar e esquecer por alguns instantes que estamos todos sozinhos, no fim das contas?

Corta agora para a Public Image Ltd. tocando no Ritz, em 1981, em Nova York. Sid Vicious estava morto e os Sex Pistols tinham acabado. O Public Image Ltd. tinha causado impacto e seu terceiro disco, *The Flowers of Romance*, trazia um mistério, com a menina na capa. A plateia do Ritz esperou ansiosamente a aparição da banda. A tela gigante, de cinema, onde passavam clipes antes dos shows, ainda estava abaixada. A tela era uma barreira natural, usada para criar e motivar a reação do público. Primeiro apareceu uma imagem enorme da cara de John Lydon, rindo. Depois ele começou a cantar. Na tela era projetado um filme estranho de um beco escuro e a menina da capa do *The Flowers of Romance* saindo de uma lata de lixo. O filme parou, mas a tela permaneceu no lugar, e de repente, atrás dela, apareceram as sombras dos três membros da banda. A tela ainda permanecia. Furioso por ver as figuras fantasmagóricas, ritualísticas, do grupo fora de seu alcance, atrás da tela, o público ficou agitado; eles não conseguiam ver a banda em carne e osso. Começaram a gritar. Alguns atiraram cadeiras de metal. A banda correu para fora do palco e o público passou a destruir a tela.

O Public Image não tinha ido lá com a intenção de causar um tumulto. Eles estavam simplesmente tentando algo novo. As expectativas do público foram frustradas. A completa ousadia da banda era o que tinha levado multidões ao Ritz, mas lá o público não conseguiu aceitar o que a banda estava oferecendo. Era demais. E aquela experiência, aquele sentimento, nunca vai aparecer no YouTube, nunca será baixada no laptop ou no celular de ninguém. Hoje em dia você nunca irá encontrar uma foto disso, porque a internet não existia, e ninguém estava prestando atenção, ou se preocupando em documentar o que estava acontecendo bem na frente de seus olhos, à exceção de um fanzine feito por um grupo de meninas de Nova York de quinze anos chamado *The Decline of Western Civilization* (*O declínio da civilização ocidental*).

Elvis Presley, Eddie Cochran, Jimi Hendrix, Janis Joplin, Jim Morrison, Sid Vicious, Darby Crash, Ian Curtis, Michael Jackson e outros, todos morreram, após uma moda, por causa da nossa necessidade de "heroísmo". Usando seus egos para esculpir sua música — em alguns casos, acreditando em suas próprias personalidades criadas pela mídia —, eles usaram suas próprias imagens para destruir o padrão do que tinha acontecido antes, dando origem a novos formatos. O público pagou pra ver. Eles também pagaram pra ver a destruição das próprias vidas desses artistas — aquela liberdade ilusória se transformando em liberdade real.

Por esse motivo, a década de 1980 foi similar à de 1960. Agora todos eles fazem parte da mesma era pré-internet. Hoje, a nostalgia da vida pré-internet é generalizada. Como era essa época, vagar em um estado de eterno desconhecimento, vasculhar por bits de informação? Será que o que buscamos em um show hoje em dia é diferente do que era antes? Não, é a mesma coisa: a necessidade de transcendência, ou talvez somente uma distração — um dia na praia, uma viagem para as montanhas — da vida monótona, do tédio, da dor, da solidão. Talvez seja isso o que o show sempre foi, para falar a verdade. Um beijo infinito — isso é tudo o que sempre queremos quando pagamos para ouvir alguém tocar.

Será que os anos 1990 existiram mesmo? A música mainstream americana de hoje é tão conservadora quanto na década de 1980. A música experimental virou um gênero. Os comerciais de TV de coletâneas de música que passam de madrugada misturam e fundem os anos 1980 com os 90 de um jeito que me deixa nervosa. Para o Sonic Youth, havia quase uma coisa conquistada e inconsciente sobre enfrentar os obstáculos das drogas e da ganância, além de clubes com gente superbronzeada e dentes polidos. Depois, conforme o milênio se aproximava, a música se transformou em arrependimento e sacrifício pela ascensão imprudente e decadente de todos rumo ao sucesso.

No ano passado, eu fui ver o comediante Dave Chappelle se apresentar no Oddball Festival, em Hartford. Era a primeira vez que alguém, nesse caso a Live Nation, organizava um festival itinerante composto somente de comediantes de stand-up. Antes de Chappelle, se apresentaram o Demetri Martin e o Flight of the Conchords, e, embora cada um tivesse tido um pouco de dificuldade com o público, que ficava entrando e saindo e falando alto, eles lidaram com isso com calma e bom humor.

A coisa que os comediantes de stand-up mais odeiam é que as pessoas conversem durante suas apresentações. Ninguém é mais vulnerável que os comediantes. Eles não são como atores fazendo um esquete. Eles usam suas próprias personalidades. Gostam de controlar e esmagar a situação, conquistar seu espaço, e se perdem o público, tentam reconquistá-lo.

Quando Dave Chappelle apareceu, foi recebido por aplausos altos, esplendorosos e muito aguardados, foi um grande momento, e eu quase chorei. Depois de aproximadamente dez minutos, Chappelle começou a pedir para as pessoas pararem de falar, para o deixarem fazer seu show. Mas ninguém prestou atenção. Eles só intensificaram a brincadeira, gritando coisas para ele. Chappelle então pegou seu maço de cigarros e anunciou que era um homem paciente e que iria simplesmente esperar durante os 25 minutos que seu contrato estipulava.

E foi isso que ele fez. Ficou lá, parado. Ele até ficou mais tempo que isso, continuou a conversar com o público, cujo comportamento a essa hora já tinha começado a piorar. Então ele disse boa-noite e saiu do palco. Na noite seguinte, em Pittsburgh, ouvi dizer que ele arrasou.

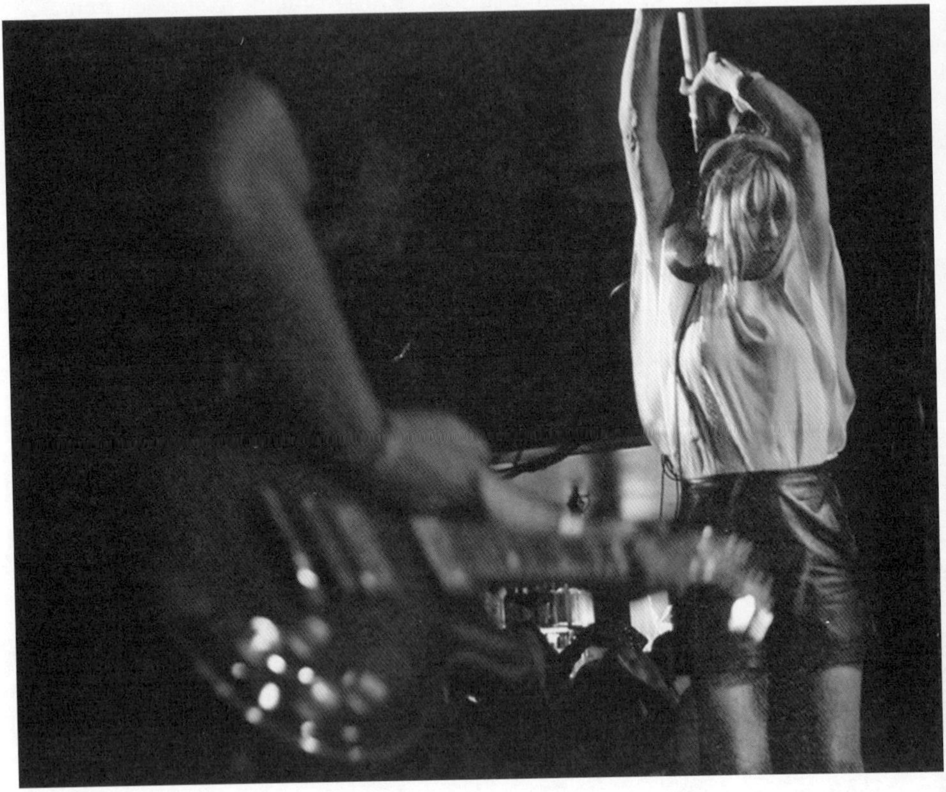

52

QUANDO CONHECI Jutta Koether, ela era editora e redatora na revista *Spex*. Ela estava me entrevistando e ao Thurston durante a nossa turnê europeia do *Daydream Nation*, e pareceu confusa pelo fato de que o Sonic Youth, conhecido como uma espécie de banda de punk rock, usaria a ilustração da vela de Gerhard Richter na capa do disco. Para a Alemanha, Gerhard era, e ainda é, seu principal artista contemporâneo, mas para Jutta parecia que estávamos fazendo uma decisão artística banal e orientada pelo *status quo*. Após semanas dando entrevistas, onde a maioria dos jornalistas fazia as mesmas três ou quatro perguntas, era ótimo ter alguém que nos desafiasse. Para mim, a capa com o Gerhard era uma decisão estética do tipo cavalo de Troia – disfarçava a subversão sob um exterior benigno, assim como Reagan nos anos 1980 escondia o tormento e a instabilidade.

Eu e Jutta nos tornamos amigas. Um dia, depois que ela se mudou para Nova York, nós nos encontramos sem querer na St. Mark's Place, e começamos a fazer coisas juntas. Ela estava fazendo arte, mas também apresentações musicais e artísticas.

Ao longo dos anos, eu e Jutta iniciamos o que se tornaria uma série de instalações e performances colaborativas. A primeira foi *Club in the Shadow*, na galeria de Kenny Schachter, no West Village, um espaço pouco convencional, projetado por Vito Acconci. A localização era mais engraçada para mim por estar situada em um beco próximo às torres de Richard Meier, cheias de apartamentos multimilionários de frente ao rio Hudson, de pessoas como Calvin Klein e Martha Stewart.

Também fizemos performances – peças de um ato, nós as chamávamos –, onde combinávamos textos e música *noise* improvisada. Recentemente, trabalhamos juntas em um show no PS1, em Nova York, para a última noite da retrospectiva de Mike Kelley, e depois, novamente, no Geffen Contemporary, onde a mostra de Mike ia estrear em L.A. Em 2012, Mike foi encontrado morto em sua casa em South Pasadena, um aparente suicídio. No PS1, exibimos um dos vídeos de Mike atrás da gente na grande tenda abobadada ao lado dos edifícios PS1. No início de sua carreira, Mike montou uma banda com Tony Oursler e alguns outros, chamada The Poetics, cujas músicas saíam bem alto de um toca-fitas no palco, e eu e Jutta improvisávamos em cima delas. O texto que usamos veio de uma antiga entrevista que Mike fez comigo uma vez, e eu e Jutta revezamos os papéis de Mike e eu mesma no meio da apresentação. Era um prazer poder criar algo a partir de uma coisa que Mike tinha feito. Ajudava a fazer sua morte parecer menos definitiva, mais como uma continuação de um diálogo com seu trabalho, suas ideias e seu senso de humor. É difícil pensar em Mike tão frustrado a ponto de desistir, quando durante toda sua vida ele nunca desistiu, sempre quis triunfar.

Eu também montei uma outra banda. Desde o início, a Body/Head, o grupo que formei com o músico Bill Nace, tinha um conceito estranho.

A GAROTA DA BANDA

A maioria das pessoas tem uma grande dificuldade com a ideia do improviso, acreditando que não deve ser bom ou que não significa nada. Um ano depois que meu casamento e a banda tinham terminado, Coco foi embora, para estudar em uma faculdade de arte no Meio-Oeste. Ainda havia gente morando em nossa casa, mas era hora de fazer outras coisas. Começar um grupo novo parecia uma coisa interessante a fazer.

Bill tinha tocado em uma dupla com Thurston, e nós três tocamos juntos algumas vezes. Mais tarde, eu e Bill começamos a tocar em nosso porão como uma dupla, gravando tudo em cassetes. No segundo em que escolhemos um nome, sabíamos que éramos uma banda, e não algo pontual. Eu não estava tentando necessariamente fugir do Sonic Youth, e às vezes eu até usava a afinação de guitarra do Sonic Youth, mas assim que você tira a bateria, tudo soa diferente. Eu não tinha a menor vontade de fazer qualquer coisa que parecesse explicitamente rock. Essa coisa de tocar rock já tinha chegado ao meu limite. Tinha mais a ver com criar o que eu e Bill queríamos ouvir – música moderna, barulhenta, dinâmica, emotiva e livre. Nós demos o direito da primeira recusa à gravadora do Sonic Youth, a Matador, sem acreditar que eles iriam realmente querer nos lançar. Mas eles quiseram, e foi um LP duplo.

Uma das músicas, "Last Mistress", foi influenciada pelo filme de 2007 de Catherine Breillat, *Une vieille maîtresse*. Breillat queria ir a Paris para estudar cinema, mas como era mulher, não a deixaram. *Pensando bem, Robbe-Grillet escreveu um livro que virou um filme*, ela escreveu um livro. Eu pensei: *Como uma menina que foi educada em uma escola católica super-rígida nas províncias francesas desenvolve esse nível de sofisticação?* Talvez fosse uma escola católica de vanguarda.

O melhor tipo de música vem quando você é intuitivo, inconsciente de seu corpo, perdendo a cabeça, de certo modo: a dinâmica do Body/Head. Mas o que eu e Bill fazíamos juntos não saía necessariamente como improviso. Como tocávamos tanto juntos, a música do Body/Head era trabalhada, e inevitavelmente repetíamos determinados elementos durante a execução. Eu ainda considero música, no entanto – *noise* excêntrico/rock, ao contrário de, por exemplo, arte performática, que é um termo que eu detesto. Sempre que tocamos ao vivo, exibimos um filme atrás da gente em câmera lenta, uma colaboração com Richard Kern. Era música como filme, como se o público estivesse assistindo a uma trilha sonora. Isso significava que as plateias para quem tocávamos chegavam com poucas expectativas. Elas sabiam, por exemplo, que eu não iria começar a tocar uma música do Sonic Youth de repente.

53

VOLTAR PARA CASA depois de três semanas na Califórnia no inverno passado me fez perceber como Nova York e Northampton me dão a sensação de peso. No Leste, a neve é cinzenta e alta e derrete, e todos são branquelos. As memórias que eu tenho, e a casa que ainda é minha, ambas estão cheias de coisas que adornam uma vida que eu já não vivo, sentimentos que eu já não tenho.

Eu nunca teria comprado nossa casa, ou a decorado como eu fiz, se não estivesse tentando criar um lar. Eu quis dar à Coco a vida mais normal possível – algo próximo da estabilidade de classe média que tanto eu como Thurston conhecemos na infância. A casa de Northampton tem estilo boho e é bagunçada, cheia de arte e livros. Mas eu sinceramente nunca senti que uma casa tão grande quanto a nossa, com suas tábuas escuras rangendo e o conforto professoral, fosse meu estilo. Foi uma concessão, longe da sensibilidade de Nova York, do moderno justaposto à história, e da sensibilidade de L.A., aquela sensação de luz, transitoriedade, como um bangalô.

Para fugir do gelo e da neve, eu passei parte do último inverno no alto de uma colina no Echo Park. Meu anfitrião do Airbnb, e dono da casa, morava ao lado em uma casa parecida, que transmitia a mesma sensação. Morar em uma casa quase sem mobília era revigorante. Dava para ver o letreiro de Hollywood, todo o centro e, se o dia estivesse claro, quase até o mar. Era a L.A. antiga, sem McMansões ou imensos edifícios comerciais. A três mil quilômetros a leste, eu tinha uma casa enorme, de três andares, cheia de artefatos relacionados a uma vida que já não me parecia relevante, mas sob a luz magnífica de L.A. eu poderia transformar esse pensamento. Talvez fosse assim que Thurston se sentisse morando em Londres, uma vida boêmia e hipster livre de qualquer responsabilidade. Ele voltou à vida que tinha em Nova York quando nos conhecemos, embora a mulher ainda estivesse com ele, e Thurston não estivesse realmente solteiro, do ponto de vista emocional e de atenção, há, como ele disse para alguém em uma entrevista recente, seis anos.

Quanto mais velha eu fico, menor o mundo parece. Larry Gagosian voltou para minha vida – desta vez patrocinando uma mostra das minhas obras de arte em uma casa no alto da Laurel Canyon com a Mulholland Drive. Quem iria imaginar que eu acabaria fazendo uma exposição com Larry Gagosian?

No outono passado, Mark Francis, um curador super-respeitado que trabalha para Larry em Londres, me incluiu em uma mostra coletiva com vários dos meus pintores favoritos – Yves Klein, Lucio Fontana, Chris Wool. A mostra foi batizada com o nome de uma pintura de Wool intitulada *The Show Is Over* (O espetáculo acabou). Mais tarde, Mark me perguntou se eu gostaria de fazer uma pequena exposição em L.A., e eu disse sim. Inicialmente eu esperava fazê-la em alguma casa pequena e desconhecida – comunidades de casas-modelo sempre me fascinaram –, mas a casa Schindler na Laurel Canyon acabou por ser um local perfeito e emoldurou uma série de duas dúzias de pinturas de guirlandas que eu vinha fazendo, uma exposição que chamei de *Coming Soon* (Em Breve). Para mim, as guirlandas eram símbolos dos subúrbios – um formato simples de decoração que poderia, de alguma forma, ser transformado em outra coisa. Eu gostava da ideia de como uma guirlanda, um objeto comum, poderia ser, ou significar, absolutamente nada, um objeto no qual as pessoas projetam qualquer coisa que quiserem. As minhas eram centralizadas, tortas, azul Yves Klein ou azul múltiplos mares, cobre, prata, ouro cromado. Eu queria reformular a ideia de encenar uma casa, como a gente vê nos reality shows imobiliários. A casa Schindler tinha uma ótima relação com a natureza, tanto seu interior como a parte externa, um silêncio nobre, a luz criando drama com suas proporções, tornando-a uma espécie de versão pornográfica do ideal de casa do modernismo do meio do século. Ali perto, na Mulholland, um drama real acontecia: caminhões de bombeiros, helicópteros e o trânsito que subia e descia pelo desfiladeiro em uma via expressa que saía de West Hollywood em direção a Studio City e além. Mulholland Drive tem mais drama cinematográfico e da vida real do que qualquer outra estrada em L.A., e também era o caminho preferido da família Manson para idas ao outro lado da cidade e explorações de rastreamento assustadoras de sua casa, perto de Calabasas, até Hollywood.

Eu usava o belíssimo porão para fazer todas as pinturas. Uma camada fina de plástico transparente era colocada no piso de cimento, o plástico era tão transparente que eu parecia estar pintando diretamente no piso. As guirlandas eram então colocadas sobre a tela, no piso, pintadas com tinta spray, e depois removidas, as guirlandas se transformando em máscaras, delineando o espaço em branco ou negativo, onde haviam sido colocadas na superfície. Como parte da instalação na casa, eu joguei um par de leggings no chão do quarto. Aaron, o representante de Gagosian, podia mudá-las de lugar, se ele quisesse. *Kim Gordon Design Office* foi como a mostra foi creditada, levando o nome *Design Office*, que eu tinha lançado no início dos anos 1980.

Alguns dias depois da abertura da mostra, Lisa Spellman me convidou oficialmente para me juntar à sua 303 Gallery, em Nova York, e eu aceitei também. Mas por mais que eu sempre tente me afastar dos shows, a música continua me puxando – porque no meio de todo o resto eu recebi outro convite para o qual também disse sim.

No início da primavera passada, eu peguei o voo noturno de L.A. para Nova York vários dias para ensaiar com os membros do Nirvana Dave Grohl e Krist Novoselic. O Nirvana seria introduzido ao Rock and Roll Hall of Fame, no primeiro ano de sua elegibilidade, e Dave e Krist decidiram convidar várias mulheres para cantar com eles, para representar a voz de Kurt: Joan Jett, Annie Clark (também conhecida como St. Vincent), Lorde e eu. Foi um gesto ousado, extremamente anti-Rock and Roll Hall of Fame, mas eu fiquei incrivelmente lisonjeada por eles terem me convidado e muito feliz de estar com os membros sobreviventes do Nirvana, compartilhando um momento que aconteceria quase vinte anos depois do dia em que Kurt morreu.

Dave e Krist também tinham convidado seus antigos bateristas e membros da equipe, muitos dos quais também trabalharam com a gente quando o Nirvana fez a turnê com o Sonic Youth no início dos anos 1990. Os mesmos empresários, as mesmas pessoas de gravadoras – todos também estavam no Barclays Center aquela noite. As únicas pessoas que faltaram ao encontro, realmente, foram os outros membros do Sonic Youth, Kathleen Hanna e Tobi Vail. Quanto ao Rock and Roll Hall of Fame, Kurt odiaria fazer parte daquilo, mas eu também acho que ele ficaria feliz em ter quatro mulheres cantando suas músicas.

No palco, eu lembrei que Kurt foi o artista mais intenso que eu já tinha visto. Durante o show, eu só pensava em como queria passar o mesmo tipo de audácia para o público. Eu cantei "Aneurysm", com seu refrão, *"Beat me out of me"* ("Me bata até que eu saia de mim") trazendo toda a minha própria raiva e mágoa dos últimos anos – uma explosão de dor de quatro minutos, onde eu pude finalmente me permitir sentir a tristeza furiosa pela morte de Kurt e tudo o que a cercou. Mais tarde nessa noite, quando cantamos mais músicas em um pequeno clube do Brooklyn e eu olhei para a plateia e vi Carrie Brownstein e J Mascis, pessoas que Kurt convidara para se juntar ao Nirvana em algum momento, era como se eu estivesse em casa. Foi um verdadeiro reencontro dos anos 1990 para todos nós que fizemos parte daquela época. Após o show do Hall of Fame, Michael Stipe, que empossou oficialmente o Nirvana, veio até mim e disse: "Seu canto foi a coisa mais punk rock que já aconteceu ou que provavelmente *irá* acontecer neste evento." A melhor parte da noite aconteceu depois, em um pequeno clube de metal no Brooklyn, numa after-party onde todos nós tocamos mais músicas do Nirvana junto com J Mascis e John McCauley, do Deer Tick.

Depois voltei para L.A. Voltei para a arte.

Eu ainda posso sentir na minha cabeça a sensação de beijar alguém estacionado em uma colina na frente da casa em Echo Park. Eu e o cara nos reencontramos em uma festa, através de amigos, na noite anterior. Ele era charmoso, e eu também estava superatraída por ele. Depois ele me deu uma carona para casa, estacionou no meio da minha rua, em uma colina, o motor ainda funcionando, freio de emergência puxado com força. Ele estava só jogando, eu sabia disso muito bem, e nosso beijo de boa-noite se transformou em uma completa pegação. Eu tive que escapar, porque ia pegar um voo em duas horas. Ele ficou chocado, como se quisesse perguntar: *Nossa – você não quer trepar comigo aqui no carro?* Eu sei, parece que sou uma pessoa completamente nova agora, e acho que sou.

KIM GORDON

Créditos

Todas as fotografias são cortesia da coleção pessoal da autora, exceto:

Páginas 1, 188: Charles Peterson
Páginas 2-3, 79, 90: Felipe Orrego
Página 95: Robert Balazik
Página 106: Foto de Isa Genzken, cortesia da Galerie Buchholz, Berlim/Colônia
Páginas 127, 249: Ton van Gool
Página 148: Richard Kern
Página 155: Pat Blashill
Páginas 170, 174, 197: Tony Mott
Página 193: Chris Morret
Página 204: Takashi Homma
Página 217: Jim Spring Yenzee e JensJurgensen
Página 242: Sofia Coppola
Página 252: George Holz
Página 276: Vice Cooler
Página 280: Louise Erdman
Página 281: MAK Center/Patricia Parinejad
Página 286: Fotografia de Jiro Schneider. Cortesia da Gagosian Gallery

Impressão e Acabamento:
EDITORA JPA LTDA.